[Wissen für die Praxis]

Weiterführend empfehlen wir:

Kommunale Forderungen in der Insolvenz
(Online-Dienst; Bestellnr.: 941020)

Haushaltsrecht
(Online-Dienst; Bestellnr.: 941007)

E-Mail: WALHALLA@WALHALLA.de
https://www.WALHALLA.de

Walhalla Fachverlag · Haus an der Eisernen Brücke · 93042 Regensburg
Telefon 0941 5684-0 · Telefax 0941 5684-111

WALHALLA

Michael Moericke

Innovatives Forderungsmanagement für Kommunen

Ein Praxishandbuch zur Optimierung von Prozessen, Liquidität und Bürgerkommunikation

Bibliografische Information der Deutschen Nationalbibliothek
Die Deutsche Nationalbibliothek verzeichnet diese Publikation in der Deutschen Nationalbibliografie; detaillierte bibliografische Daten sind im Internet über www.dnb.de abrufbar.

Zitiervorschlag:
Moericke, Innovatives Forderungsmanagement
Regensburg, 2026

Walhalla
Mediengruppe
WALHALLA – eine Marke der Walhalla Mediengruppe

1. Auflage
Angabe Januar 2026

Kontakt bei Fragen zur Produktsicherheit:
Walhalla u. Praetoria Verlag GmbH & Co. KG, Haus an der Eisernen Brücke, 93042 Regensburg, E-Mail: produktsicherheit@walhalla.de, Telefon: 0941 5684-0

Produktion: Walhalla Mediengruppe, Regensburg
Umschlaggestaltung: grubergrafik, Augsburg
Printed in Germany
ISBN 978-3-8029-1517-8

Zur Walhalla Mediengruppe gehören die Marken WALHALLA, Deichmann+Fuchs, metropolitan und Annual Multimedia Award.

Schnellübersicht

Gesamtinhaltsverzeichnis

Vorwort

> ***„Zahlungsmoral ist, was wir zulassen!"***

Dieses Handbuch sollten Sie gründlich lesen, wenn Sie einen für die meisten Verwaltungen neuen Ansatz für das Forderungsmanagement suchen oder dazu Anregungen aus der Praxis erhalten möchten.

Zum besseren Verständnis einige Bemerkungen zu meiner Person: Seit Mitte der 1970er-Jahre beschäftige ich mich mit dem Einzug von Forderungen der unterschiedlichsten Gläubiger.

Am Anfang war ich für Banken und Sparkassen (von der kleinen Kontoüberziehung bis zur millionenschweren Industrie- und Gewerbefinanzierung) tätig. Ich beschäftigte mich mit Krediten, die ohne Sicherheiten gewährt wurden, bis zu komplexen Sicherheiten – und damit Bewertungsthemen von Forderungen, Grundstücken, Fahrzeugen bis hin zu Schiffen und Flugzeugen. Weiter ging es mit Forderungsportfolios aus den Bereichen Versorgung, Telekommunikation und Verwaltung mit sehr großen Stückzahlen im eher unteren Bereich der Einzelforderungshöhe und schließlich von Versicherungs- und Industriekonzernen.

Alle hatten ein gemeinsames Interesse, es ging darum, möglichst viel der offenen (notleidenden) Forderungen zu realisieren. Eine Prämisse war dabei, so wenig gutes Geld wie möglich der Realisierung des schlechten Geldes hinterherzuwerfen. In den 1970er-Jahren wurden diese Anforderungen seitens der Vorstände noch relativ einfach formuliert: *„Wir möchten für jede ausgegebene Mark drei Mark zurückhaben!"* Nachdem sich diese Anforderung noch relativ gut umsetzen ließ, haben sich diese Ansprüche zwischenzeitlich deutlich verändert. In der Konsequenz führte dies dazu, dass mit der Bearbeitung notleidender Forderungen Geld verdient werden sollte, was auch mit sehr guten Ergebnissen gelang.

In den 2010er-Jahren kam es dazu, dass auch einzelne Vertreter der öffentlichen Verwaltungen – im Zusammenhang mit der Einführung der doppelten Buchhaltung – feststellten, dass sie auf großen Forderungsbeständen saßen. Hierbei trat zutage, dass sie eigentlich nicht so recht wussten, wie sie mit den Forderungsbeständen umgehen sollten, um diese ordnungsgemäß zu bewirtschaften. Ich hatte das Glück, einen Landrat zu treffen, der bereit war, neue Wege zu gehen und mit Traditionen und der Vergangenheit zu brechen.

Das Ergebnis dieses neuen Weges möchte ich Ihnen in diesem Handbuch näherbringen und schon jetzt darauf hinweisen, dass dieser Weg – gerade in der öffentlichen Verwaltung – noch lange nicht zu Ende ist. Aber dazu später mehr.

Der größte Teil der in den Verwaltungen zu bearbeitenden Forderungen haben eine öffentlich-rechtliche Grundlage in der föderalen Gesetzgebung. Dies kann zweifellos Vorteile mit sich bringen, aber auch Herausforderungen:

Vorteile:

- **Vielfalt und regionale Autonomie** → Jedes Bundesland kann eigene Gesetze erlassen und Regelungen anpassen.
- **Machtverteilung und Kontrolle** → keine zentrale Macht, sondern geteilte Verantwortung
- **Bürgernähe** → Entscheidungen können besser an regionale Bedürfnisse angepasst werden.

Herausforderungen:

- **uneinheitliche Regelungen** → unterschiedliche Bildungssysteme, Verwaltungsvorschriften und Gesetze
- **lange Entscheidungswege** → viele Abstimmungen zwischen Bund und Ländern notwendig
- **finanzielle Ungleichheiten** → Länderfinanzausgleich sorgt oft für politische Konflikte.

Die föderale Struktur Deutschlands sorgt für eine dezentrale Organisation des Staates, in deren Rahmen die Bundesländer eigene Gesetzgebungs- und Verwaltungsbefugnisse haben. Dadurch wird regionale Vielfalt ermöglicht, aber es entstehen auch Herausforderungen in der Koordination und Finanzierung zwischen Bund und Ländern.

Vor diesem Hintergrund beruht ein großer Teil der umgesetzten neuen Wege auf dem Landesrecht des **Bundeslandes Hessen**. Wobei die anderen Bundesländer hier in vielen Bereichen bereits nachziehen. Andererseits gibt es auch Entwicklungen, bei denen die übrigen Bundesländer durchaus einen Vorsprung errungen haben.

Der Bürger, der eigentliche Souverän und sprichwörtliche „Kunde" i. S. d. Verwaltungsprodukte, wechselt im Kontext des Forderungsmanagements die Rolle. Er wird zum „Schuldner" des Gläubigers „kommunale Verwaltung".

Der Autor, Michael Moericke

Gastvorwort von Arne Schneider

Innovatives Forderungsmanagement für Kommunen

Die effiziente Bewirtschaftung der Ressourcen ist eine der zentralen Herausforderungen moderner Kommunalverwaltungen. Mehr denn je ist die Bewirtschaftung von Forderungen der öffentlichen Hand ein zentraler Erfolgsfaktor für die nachhaltige Haushaltswirtschaft von Städten und Gemeinden. Ein effektives Forderungsmanagement erhöht die Liquidität der Kommune.

Das vorliegende Fachbuch „Innovatives Forderungsmanagement für Kommunen" möchte neue Wege aufzeigen, wie Städte und Gemeinden ihre offenen Forderungen professionell, rechtssicher und bürgernah bewirtschaften können. Es verbindet bewährte Grundlagen mit aktuellen Ansätzen aus der Praxis und stellt die Besonderheiten des kommunalen Umfelds in den Mittelpunkt. Die föderale Struktur Deutschlands, die Vielfalt der Rechtsgrundlagen und die spezifischen Herausforderungen der öffentlichen Verwaltung werden dabei ebenso berücksichtigt wie die Chancen der Digitalisierung und der kontinuierlichen Prozessoptimierung.

Ein modernes Forderungsmanagement ist weit mehr als die reine Einziehung offener Beträge. Es umfasst die präventive Vermeidung von Forderungsausfällen, die transparente Kommunikation mit Schuldnerinnen und Schuldnern sowie die konsequente Nutzung von Kennzahlen zur Steuerung und Kontrolle. Ziel ist es, die Zahlungsbereitschaft zu fördern, Risiken zu minimieren und die Ressourcen der Verwaltung optimal einzusetzen – zum Wohle der Allgemeinheit.

Die Freie und Hansestadt Hamburg hat in den vergangenen Jahren zahlreiche Maßnahmen zur Modernisierung und Digitalisierung des Forderungsmanagements ergriffen. Insbesondere vor dem Hintergrund eines zunehmenden Fachkräftemangels ist eine medienbruchfreie und effiziente Organisation des Forderungsmanagements zwingend.

Dieses Buch richtet sich an alle, die Verantwortung für das kommunale Forderungsmanagement tragen und nach innovativen, praxistauglichen Lösungen suchen. Es soll Anregungen geben, den Wandel aktiv zu gestalten und die Zukunftsfähigkeit der eigenen Organisation zu sichern. Eine starke Kommune braucht ein gutes Forderungsmanagement.

***

Zur Person: Arne Schneider ist Amtsleiter (Haushaltsdirektor) des Amts für Haushalt und Aufgabenplanung in der Behörde für Finanzen und Bezirke der Freien und Hansestadt Hamburg.

Abkürzungsverzeichnis

Abkürzung	Erklärung
AG	Aktiengesellschaft
AO	Abgabenordnung
ARAP	aktiver Rechnungsabgrenzungsposten
BAföG	Bundesausbildungsförderungsgesetz
BayVwZVG	Bayerisches Verwaltungszustellungs- und Vollstreckungsgesetz
BbgVwZG	Verwaltungszustellungsgesetz für das Land Brandenburg
BGB	Bürgerliches Gesetzbuch
BHO	Bundeshaushaltsordnung
BMG	Bundesmeldegesetz
ca.	circa
DATEV eG	Anbieter für Businesssoftware
d. h.	das heißt
DSGVO	Datenschutz-Grundverordnung
DSO	Days Sales Outstanding (Forderungslaufzeit)
EC-Cash	Electronic-Cash-Verfahren, ein elektronisches Debitkarten-Zahlungssystem der Deutschen Kreditwirtschaft (DK), welches heute als girocard-Verfahren bezeichnet wird
EGovG	E-Government-Gesetz – Gesetz zur Förderung der elektronischen Verwaltung
EK	Eigenkapital
EUR	Euro
EWB	Einzelwertberichtigung
FAQ	Frequently Asked Questions, häufig gestellte Fragen
FB	Fachbereich
ff.	fortfolgend
FiBu	Finanzbuchhaltung
FM	Forderungsmanagement
ggf.	gegebenenfalls
GmbH	Gesellschaft mit beschränkter Haftung
GoB	Grundsätze ordnungsgemäßer/ordnungsmäßiger Buchführung
GuV, G+V	Gewinn- und Verlustrechnung
HessVwVG	Hessisches Verwaltungsvollstreckungsgesetz
HGB	Handelsgesetzbuch

Abkürzung	Erklärung
HVwKostG	Hessisches Verwaltungskostengesetz
IKS	Internes Kontrollsystem
IKZ	interkommunale Zusammenarbeit
InsO	Insolvenzordnung
i. S. d.	im Sinne des/der
IT	Informationstechnologie
JA	Jahresabschluss
JVA	Justizvollzugsanstalt
KAG	Kommunalabgabengesetz
Kfz.	Kraftfahrzeug
KI	künstliche Intelligenz
Kita	Kindertageseinrichtung
KPI	Key Performance Indicator
KVP	Kontinuierlicher Verbesserungsprozess
LVwVG BW	Landesverwaltungsvollstreckungsgesetz für Baden-Württemberg
m. E.	meines Erachtens
MKZ	Mahnkennzeichen
OLG	Oberlandesgericht
OwiG	Gesetz über Ordnungswidrigkeiten
OZG	Gesetz zur Verbesserung des Onlinezugangs zu Verwaltungsleistungen (Onlinezugangsgesetz)
p. a.	per annum, pro Jahr, jährlich
PfÜB	Pfändungs- und Überweisungsbeschluss
PRAP	Passiver Rechnungsabgrenzungsposten
RP	Regierungspräsidium
S.	Seite
SächsVwVG	Verwaltungsvollstreckungsgesetz für den Freistaat Sachsen
SAP	Anbieter für Businesssoftware
SCHUFA	Schutzgemeinschaft für allgemeine Kreditsicherung
SEPA	Single Euro Payments Area; Einheitlicher Euro-Zahlungsverkehrsraum
SGB	Sozialgesetzbuch
SMART	spezifisch, messbar, akzeptiert, realistisch, terminiert
SMS	Textnachricht, Kurzmitteilung

Abkürzung	Erklärung
Std.	Stunde(n)
StGB	Strafgesetzbuch
SWOT	Strenghts (Stärken), Weaknesses (Schwächen), Opportunities (Chancen), Threats (Risiken)
ThürVwZVG	Thüringer Verwaltungszustellungs- und Vollstreckungsgesetz
u. U.	unter Umständen
UVK	Unterhaltsvorschusskasse
UZE	ungeklärte Zahlungseingänge
VA	Vermögensauskunft
VB	Vollstreckungsbescheid
vs.	versus
VwGO	Verwaltungsgerichtsordnung
VwKostG	Verwaltungskostengesetz
VwVfG	Verwaltungsverfahrensgesetz
VwVG	Verwaltungsvollstreckungsgesetz
VwVG M-V	Verwaltungsverfahrens-, Zustellungs- und Vollstreckungsgesetz des Landes Mecklenburg-Vorpommern
z. B.	zum Beispiel
ZPO	Zivilprozessordnung

Abbildungsverzeichnis

Anmerkung: Ist keine andere Quelle bei Abbildungen vermerkt, handelt es sich um eigene Darstellungen des Autors.

Tabellenverzeichnis

Anmerkung: Ist keine andere Quelle bei Tabellen vermerkt, handelt es sich um eigene Darstellungen des Autors.

I. Einführung: Kommunales Forderungsmanagement

I. Einführung: Kommunales Forderungsmanagement

1. Grundlagen des Forderungsmanagements

Betrachten wir zunächst unabhängig von der Forderungsart die grundsätzlichen Erwägungen. Wenn ich eine Forderung einem Schuldner gegenüber geltend mache, dann sicherlich mit der Erwartung, dass der Schuldner diese Forderung auch bezahlt.

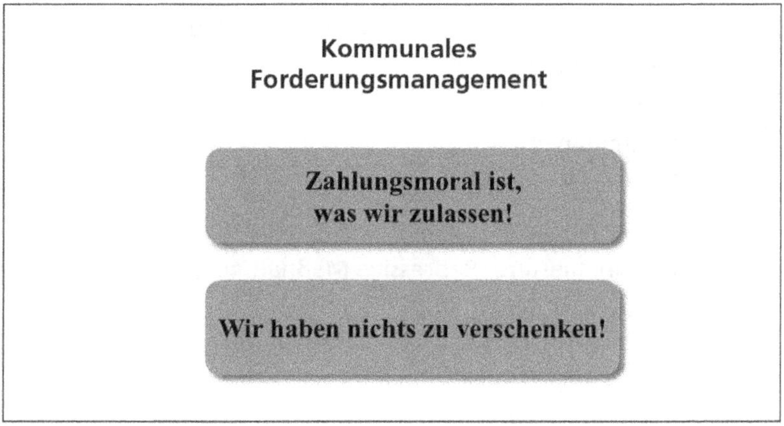

Abbildung 1: Plakative Aussagen zum Kommunalen Forderungsmanagement

„Wir haben nichts zu verschenken!"

Ich denke, hier werden mir alle Kämmerer oder sonstigen Haushaltsverantwortlichen zustimmen.

„Zahlungsmoral ist, was wir zulassen!"

Hier wird der Anteil der Zustimmung schon etwas bescheidener ausfallen. Hintergrund ist der gute Glaube, ein funktionstüchtiges Mahnverfahren installiert zu haben.

1.1 Leistungserbringung und Forderungsentstehung

„Jede Leistung ist ein Geschenk, bis sie bezahlt ist!"

Diese Maxime betont zunächst, dass die kommunale Verwaltung einerseits dem Zahlungspflichtigen die kostenlose Nutzung der Leistung für einen bestimmten Zeitraum einräumt und sie andererseits bilanziell als einen immateriellen Vermögenswert (Forderung) bewertet und einbucht. Die Finanzierung erfolgt gerade aktuell wieder (bei nicht ausgeglichenen Haushalten) über die Aufnahme von Kassenkrediten.

Die Aufgabe des Forderungsmanagements ist es, die Risiken zu vermeiden und zu reduzieren. Die kommunale Verwaltung hat sicherzustellen, dass die ihr zustehenden Erträge vollständig erfasst und die Forderungen rechtzeitig geltend gemacht werden. Dazu zählen alle Maßnahmen der Bearbeitung und Sicherung der Debitoren. Das allein stellt für viele Verwaltungen schon eine Herausforderung dar.

Die **„Vertragsgestaltung"** trägt dazu bei, dass das Risiko des Forderungsausfalls minimiert wird. Dazu gehören **„die Vereinbarung der Zahlungskonditionen"** (z. B. Fälligkeit, **Vorkasse, Abschlagszahlungen** und die Aufrechnung bzw. Verrechnung etc.) wie auch **die Vereinbarung von „sicheren" Zahlungswegen** (z. B. SEPA-Lastschriftmandat, EC-Cash, PayPal, Klarna, Giropay). Und hier fangen bereits die neuen Wege an.

Die Verwaltung ist eigentlich in der Lage, die **Zahlungsbedingungen** unter Risikogesichtspunkten **vorzugeben** (z. B. Zulassung, Baugenehmigung). Für einen Großteil der erbrachten Leistungen lassen sich damit die Risiken minimieren, in dem die **Zahlung vor oder Zug um Zug gegen Leistungserbringung erfolgt**. Daneben gibt es sicherlich **Leistungen und Ansprüche, die nicht gegen Vorkasse abgewickelt werden können** (z. B. im Sozialbereich). Hier ist es **notwendig, eine eindeutige Identifikation des Zahlungspflichtigen** vorzunehmen (Stammdaten).

Wir kommen im weiteren Verlauf detailliert zu den einzelnen Punkten zurück.

1.2 Feststellungen der Aufsichtsbehörde(n) zum kommunalen Forderungsmanagement

Um zu verstehen, wie die tatsächliche Situation in den meisten Verwaltungen ist, orientieren wir uns am besten an den Aufsichts-

I

gremien. In meinem Fall als Teil einer Hessischen Verwaltung also am Hessischen Rechnungshof.

Der Hessische Rechnungshof erstellt z. B. regelmäßig ein Konsolidierungsbuch. Hierin werden die Erfahrungen aus den überörtlichen Prüfungen kommunaler Körperschaften zusammengefasst und beschrieben.

Zum Thema „Forderungsmanagement" wird darin explizit genannt:[1]

- Mit steigendem Alter der Forderung steigt das Ausfallrisiko,
- Forderungen sollten daher konsequent überwacht und gesteuert werden,
- eine zeitnahe Realisierung ist anzustreben,
- damit die Liquidität verbessert wird.

Erforderlich ist mithin die *„Installation eines Forderungsmanagements"*[2] mit nachfolgenden Elementen:

- zentrale Forderungsübersicht
- Dienstanweisung zum Mahnwesen
- Implementation eines standardisierten Mahnprozesses
- Dienstanweisung zu Zwangsmaßnahmen in der Vollstreckung
- Durchführung von Vollstreckungsmaßnahmen
- Zusammenarbeit mit Inkassobüros oder anderen Dritten
- Wertberichtigungen von Forderungen

und die Reduzierung des Bestandes überfälliger Forderungen. Dabei ist die Priorisierung hoher überfälliger Forderungen zielführend.

2. Operative Ziele des Forderungsmanagements

Die operativen Ziele des Forderungsmanagements der öffentlichen Verwaltung umfassen vor allem:

---

1 https://rechnungshof.hessen.de/sites/rechnungshof.hessen.de/files/2024-11/konsolidierungsbuch_2025.pdf, S. 95, zuletzt abgerufen am 11. 6. 2025, Darstellung als Aufzählung durch den Verfasser

2 https://rechnungshof.hessen.de/sites/rechnungshof.hessen.de/files/2024-11/konsolidierungsbuch_2025.pdf, S. 96, zuletzt abgerufen am 11. 6. 2025

- **Liquiditätssicherung** und Minimierung von Zahlungsausfällen
- **Prozessoptimierung** und Effizienzsteigerung durch Automatisierung und klare Abläufe
- **Rechtssicherheit** bei der Durchsetzung von Forderungen
- **Bürgerfreundliche Kommunikation** und Konfliktvermeidung
- **Kostenminimierung** und effizienten Ressourceneinsatz

Diese Ziele tragen dazu bei, dass die öffentlichen Haushalte stabil bleiben und gleichzeitig eine vertrauensvolle Beziehung innerhalb der Verwaltung oder gegenüber Bürgern beibehalten wird.

Hervorzuheben ist in diesem Kontext, dass sich diese Ziele an alle Prozessbeteiligten richten und jeder einzelne, insbesondere Haushaltsverantwortliche, hier in der Verantwortung steht. Wir unterscheiden hier bürger-/kundenorientierte Fachbereiche und Fachbereiche aus dem Finanzwesen.

2.1 Sicherstellung der Liquidität und Haushaltsdisziplin

- **Zügiger Forderungseinzug:** Offene Forderungen – wie Steuern, Gebühren oder Beiträge – sollen möglichst schnell realisiert werden, um den regelmäßigen Finanzmittelzufluss sicherzustellen.
- **Minimierung von Zahlungsausfällen:** Durch ein konsequentes Monitoring und frühzeitige Intervention (z. B. Mahnverfahren) wird versucht, Forderungsausfälle zu verhindern und den Verlust von Haushaltsmitteln zu minimieren. Doch leider ist es heute immer noch nicht die Regel, dass regelmäßige Mahnläufe erfolgen und dann auch zeitnah die Vollstreckung in die Wege geleitet wird.

2.2 Effizienzsteigerung

- **Automatisierung und Standardisierung:** Der Einsatz moderner IT-Systeme und automatisierter Prozesse (z. B. in der Rechnungsstellung, Überwachung offener Posten und im Mahnwesen) soll den Verwaltungsaufwand reduzieren und Fehler vermeiden.
- **Optimierung interner Abläufe:** Durch klare Zuständigkeitsregelungen und standardisierte Verfahren werden Entscheidungswege verkürzt und Ressourcen effizient eingesetzt.

- **Regelmäßiges Reporting und Controlling:** Durch kontinuierliches Monitoring der Forderungseingänge und des Mahnprozesses können Schwachstellen identifiziert und zeitnah korrigiert werden.

I

2.3 Wahrung rechtlicher Rahmenbedingungen und Durchsetzungssicherheit

- **Einhaltung gesetzlicher Vorgaben:** Alle Maßnahmen im Forderungsmanagement müssen mit den gesetzlichen Bestimmungen (z. B. AO) sowie internen Richtlinien der Verwaltung übereinstimmen.
- **Rechtssichere Mahn- und Vollstreckungsverfahren:** Die Operativität soll gewährleisten, dass bei Bedarf rechtliche Schritte (öffentlich-rechtliche Vollstreckung und ggf. gerichtliches Mahnverfahren) effektiv und formal korrekt eingeleitet werden können.

2.4 Kommunikation

- **Transparenz und faire Kommunikation:** Auch bei der Durchsetzung offener Forderungen wird darauf geachtet, den Dialog mit den Schuldnern – seien es Bürger oder Verwaltung – möglichst lösungsorientiert zu gestalten. Privatrechtliche Gläubiger gehen hier heute auch schon neue Wege mit der Einrichtung von Chatbots, die dem Kunden automatisiert Zahlungserleichterungen anbieten.
- **Vermeidung von Eskalationen:** Durch frühzeitige und verständliche Mahnungen können Konflikte reduziert und Kulanzlösungen gefunden werden, die den Interessen der öffentlichen Verwaltung sowie der Schuldner gerecht werden.

2.5 Kostenminimierung

- **Reduktion von Verwaltungskosten:** Effiziente Prozesse und der Einsatz von IT-Lösungen tragen dazu bei, den personellen und administrativen Aufwand im Forderungsmanagement zu verringern. Auch im Bereich der öffentlichen Verwaltung gibt es die Möglichkeit, Mitarbeiter mit hoch automatisierten IT-Lösungen zu unterstützen (welche u. U. die Bearbeitung von bis zu 10.000 Schuldnern im Jahr durch einen einzigen Mitarbeiter ermöglichen).

- **Vermeidung unnötiger Rechtskosten:** Durch präventive Maßnahmen und frühzeitiges Handeln sollen langwierige und kostenintensive Vollstreckungs- und Gerichtsverfahren vermieden werden.

Fazit

Aus Sicht des Fachbereichs:

- Vollständigkeit sollte unter der Doppik eine Selbstverständlichkeit sein. Gerade im Bereich des Unterhaltsvorschusses besteht jedoch in vielen Verwaltungen noch ein erhöhter Handlungsbedarf.
- Fälligkeiten und die damit verbundenen Zahlungsziele werden selten unter den Gesichtspunkten der Liquiditätsicherstellung vorgegeben.
- Satzungen der Verwaltung sehen häufig die Möglichkeit vor, Vorkasse oder Sicherheitsleistung zu vereinbaren. Leider werden diese zu selten genutzt.
- Sofern kein Workflow die Verbuchung unterstützt, kann es auch hier schon zu Verzögerungen kommen.
- Stammdaten sollten zentral und damit einheitlich erfasst werden.
- Berechnung von Säumniszuschlägen und Verzugsschäden sollte ab der Überfälligkeit obligatorisch sein.
- Bonitätsbewertung vor Auftragserteilung ist sinnvoll („Ist die vollständige Leistungserbringung sicher?").

Aus Sicht des Finanzbereichs:

- Sämtliche Forderungen müssen vollständig erfasst werden.
- vollständige und konsequente Fälligkeitsüberwachung mit kurzen Mahnintervallen
- Vorkasse und Sicherheitsleistung fordern, wo immer das möglich ist.
- eineindeutige Vorgabe zur Stammdatenerfassung
- Vollständige Geltendmachung von Säumniszuschlägen und Verzugsschäden; der Verzug bei der Kommune muss teurer sein als die Kreditinanspruchnahme bei der Hausbank.
- Bonitätsbewertung ist aus mehreren Gründen sinnvoll („Ist die Forderung werthaltig? Sind Bewertungskorrekturen notwendig?").

Operative Ziele des Forderungsmanagements	
Aufgabe des Forderungsmanagement ist es, die Risiken zu vermeiden und zu reduzieren. Dazu zählen alle Maßnahmen der Bearbeitung und Sicherung der Debitoren.	
Ziele des Managements	
... der Forderungsentstehung und der Forderungsfestsetzung	... bestehender Forderungen
Zuständigkeit: Fachbereich	**Zuständigkeit: Fachdienst Finanzen**
– Vollständigkeit der erfassten Forderungen – Verkürzung der Zahlungsziele – Vereinbarung von „Zahlungsbedingungen" – Beschleunigung der Rechnungserstellung und Forderungsverbuchung – einheitliches und effektives Stammdatenmanagement – Ausschöpfung der Forderungspotenziale – Erschließung neuer Einnahmequellen – Risikoanalyse im Sinne einer Bonitätsprüfung im Vorfeld größerer Projekte in den Bereichen Hoch- und Tiefbau sowie bei Dienstleistungsverträgen	– Vollständigkeit der erfassten Forderungen – Verkürzung der Zahlungsziele – Vereinbarung von „Zahlungsbedingungen" – Beschleunigung der Rechnungserstellung und Forderungsverbuchung – einheitliches und effektives Stammdatenmanagement – Ausschöpfung der Forderungspotenziale – Erschließung neuer Einnahmequellen – Risikoanalyse im Sinne einer Bonitätsprüfung im Vorfeld größerer Projekte in den Bereichen Hoch- und Tiefbau sowie bei Dienstleistungsverträgen

Tabelle 1: Operative Ziele des Forderungsmanagements

3. Prävention und Risikominimierung

Wir betrachten sowohl die Risikoprävention als auch die Risikominimierung:

Risikovermeidung **Präventive Maßnahmen**	**Risikoreduzierung** **Repressive Maßnahmen**
– Vorprüfung potenzieller Kunden – Kundenidentifizierung – Kundenplausibilisierung/-verifizierung – Anlage/Pflege der Kundenstammdaten – Bonitätsprüfung/-überwachung – Risikoklassifizierung (ABC-Analyse) – eigene Zahlungserfahrungen – Disziplinierung der Zahlungspflichtigen – Zahlungsbedingungen – Forderungssicherung	– Leistungserbringung, Rechnungs-/Bescheiderstellung – Zahlungsverkehr – Mahnverfahren – Forderungsbewertung/Wertberichtigung – Reklamationsmanagement – Rückzahlungsvereinbarungen/Moratorien/Schuldanerkenntnis – Kunden-/Auftragssperren – Mahnverfahren (2. Mahnung) – aktives Telefoninkasso – Titulierung – Vollstreckung – Insolvenzverfahren – Niederschlagung befristet/unbefristet – Abschreibung/Ausbuchung – Langzeitüberwachung/Monitoring

Tabelle 2: Präventive und repressive Maßnahmen im Forderungsmanagement

3.1 Risikovermeidung (präventive Maßnahmen)

Präventive Maßnahmen auf Seiten der jeweiligen Fachabteilung

- **Vorprüfung potenzieller Kunden:** Dies ist sicherlich im Bereich der Verwaltung ein Punkt, der nur eingeschränkt beeinflusst werden kann. Im Gegensatz zur Privatwirtschaft ist es der Verwaltung nur selten möglich, sich einen Kunden auszusuchen.

Trotzdem können hier die eigenen mit dem Kunden/Bürger gemachten Zahlungserfahrungen aus der Vergangenheit Berücksichtigung finden.

I

- **Kundenidentifizierung:** Dies sollte eigentlich eine Selbstverständlichkeit sein. Der Kunde sollte eineindeutig identifiziert werden können *(„Ist es tatsächlich die Person, die ich erwarte?")*.
- **Kundenplausibilisierung und -verifizierung:** Eine eineindeutige Kundenidentifizierung ist die zweifelsfreie und unverwechselbare Zuordnung eines Kunden zu einer einzigen Identität, z. B. durch eine Kundennummer, den Personalausweis oder digitale Identitätsnachweise.
- **Anlage und Pflege der Kundenstammdaten:** Die korrekte Schreibweise von Nachnamen ist teilweise eine Herausforderung und bedarf konkreter Vorgaben.
- **Bonitätsprüfung und -überwachung:** Diese findet im Regelfall selbst bei großen und größten Forderungen (z. B. Baugenehmigungen) nicht statt *(„Warum eigentlich? Warum sollten die Verwaltungen nicht auch die Möglichkeit haben/bekommen, auf die zugänglichen Bonitätsdaten zuzugreifen?")*.
- **Risikoklassifizierung (ABC-Analyse):** Eine Einteilung von eingegangenen bzw. ausstehenden Forderungen in Risikoklassen findet ebenfalls im Regelfall nicht statt.
- **Eigene Zahlungserfahrungen:** In Verwaltungen besteht regelmäßig ein großes Erfahrungswissen aus der täglichen Arbeit, allerdings wird dieser „Erfahrungsschatz" ebenfalls selten berücksichtigt *(„Warum sollte man nicht aus den eigenen Erfahrungen lernen?")*.
- **Disziplinierung der Zahlungspflichtigen:** Diese stellt sich bei einer konsequenten Bearbeitung und Berechnung von Säumniszuschlägen im Regelfall von selbst ein. Das undisziplinierte Zahlungsverhalten darf nicht noch durch zinslose Kreditierungen belohnt werden.
- **Zahlungsbedingungen:** Im Regelfall kann die Verwaltung hier über die Festlegung der Fälligkeitstermine immer Einfluss nehmen.

- **Forderungssicherung:** Hier bieten sich, je nach den zugrunde liegenden Regelungen (wie Satzung oder Haushaltsordnung), anteilige Vorauszahlungen an. So kann das Risiko zumindest reduziert werden.

3.2 Risikominimierung (repressive Maßnahmen)

- **Leistungserbringung, Rechnung- und Bescheiderstellung:** Angezeigt ist eine unmittelbare Verbuchung der offenen Forderung.
- **Zahlungsverkehr:** Schnelle, zeitnahe Abwicklung durch hohe Automatisierung reduziert hier die Fehleranfälligkeit.
- **Mahnverfahren:** Konsequent, zeitnah und regelmäßig, d. h. mit möglichst kurzen Mahnintervallen (wöchentlich, in großen Verwaltungen täglich). So ist der Rücklauf der Mahnläufe auch noch verkraftbar und die Kunden treffen nicht nur auf blockierte Leitungen.
- **Forderungsbewertung und Wertberichtigung:** Zeitnahe Kategorisierung und Priorisierung der Bearbeitung. Abhängig davon ist u. U. eine Wertberichtigung erforderlich.
- **Reklamationsmanagement:** Zentrale Fragen: *„Ist der Bescheid unverständlich? Gibt es eine berechtigte Reklamation seitens des Bürgers?“* Der Bescheid oder die Rechnung sollte selbsterklärend formuliert sein und keine übertriebenen Abkürzungen oder Fachbegriffe enthalten. Ziel ist, dass ein neutraler Dritter den Inhalt und die Zusammenhänge verstehen und nachvollziehen kann.
- **Rückzahlungsvereinbarungen/Moratorien/Schuldanerkenntnis:** *„Ist eine Stundung/Ratenzahlung gerechtfertigt? Lässt sich die Forderung dadurch retten?“* Hier sollte zwischen zahlungsunwilligen und zahlungsunfähigen Kunden unterschieden werden. Weitere Kriterien können im Einzelfall gravierende Unterschiede sein, die auf die weitere Bearbeitung erhebliche Auswirkungen haben sollten.
- **Kunden-/Auftragssperren:**[3] In der Verwaltung auch eher unwahrscheinlich. Mögliche Ausnahme in Hessen ist die Kfz-Zu-

---

3 In Hessen müssen Familien die Kosten für die Schulspeisung grundsätzlich selbst tragen, es sei denn, sie erfüllen bestimmte Voraussetzungen für eine Unterstützung.

lassung: Neuzulassung eines Kfz erst nach vollständiger Begleichung etwaiger Rückstände aus Kfz-Zulassung.[4]

– **Mahnverfahren (2. Mahnung):** *„Macht es Sinn, mehrfach zu mahnen?"* Im Regelfall nicht, mehrfaches Mahnen verzögert nur das Verfahren. Nur in Ausnahmefällen kann es sinnvoll sein. Im Regelfall resultieren Mahnung und Vollstreckungsandrohung aus unterschiedlichen Systemen. Eine zusätzliche Mahnung kann bei einem Stau im Bereich der Vollstreckung sinnvoll sein. Über die zusätzliche Mahnung bleibt der Druck auf den Schuldner erhalten. Eine zusätzliche, d. h. 2. Mahnung bringt aber nur selten mehr als eine direkte Vollstreckungsandrohung.

– **Aktives Telefoninkasso:** *„Macht es Sinn, in eine direkte Kommunikation mit dem Schuldner zur Vermeidung einer Vollstreckung einzusteigen?"* Ja, durchaus, aber nach meiner Erfahrung ist eine aktive telefonische Ansprache in den Verwaltungen immer noch die Ausnahme. Der Schwerpunkt der Tätigkeit liegt in der Annahme der eingehenden Anrufe und deren Abarbeitung.

– **Titulierung:** Für die Zwangsvollstreckung durch Vollstreckungsbehörden (z. B. Kommunalverwaltungen, Finanzämter) muss ein Bescheid **vollstreckbar** sein. Das setzt u. a. voraus, dass Bestimmtheit des Inhalts, Angabe von Zahlungspflichtigem, Betrag und Frist sowie ein Hinweis auf die Möglichkeit der Vollstreckung enthalten sind.

– **Vollstreckung:** Ein öffentlich-rechtlicher Anspruch kann nur vollstreckt werden, wenn ein vollstreckbarer Titel (z. B. Bescheid) mit Zahlungsfrist und **kein** aufschiebender Rechtsbehelf vorliegen.

– **Insolvenzverfahren:** Das **Insolvenzverfahren** ist ein gerichtliches Verfahren zur gemeinschaftlichen Befriedigung von Gläubigern eines Schuldners (natürliche oder juristische Person), wenn dieser zahlungsunfähig oder überschuldet ist. Es ist in der **Insolvenzordnung (InsO)**[5] geregelt.

– **Niederschlagung (befristet/unbefristet):** Die **Niederschlagung** bedeutet, dass eine **behördliche Forderung nicht weiter betrieben wird**, obwohl sie weiterhin besteht. Es handelt sich dabei

---

4 https://www.rv.hessenrecht.hessen.de/bshe/document/jlr-KFZZulKostRGHE-V3P5, § 2

5 https://www.gesetze-im-internet.de/inso/BJNR286600994.html, zuletzt abgerufen am 11. 6. 2025

nicht um einen Erlass oder eine Stundung, sondern um eine **Verzichtserklärung auf Vollstreckung**. In der Regel erfolgt dies aus Zweckmäßigkeitsgründen.

- **Ausbuchung uneinbringlicher Forderungen:** Die **Ausbuchung** einer Forderung kann erfolgen, wenn sie **endgültig uneinbringlich** ist (z. B. durch Verjährung oder Insolvenz des Schuldners).
- **Langzeitüberwachung und Monitoring:** Die **Langzeitüberwachung** ist eine **kassenmäßige Maßnahme**, bei der eine bestehende Forderung dauerhaft in einer **Überwachungsdatei bzw. Sonderliste** geführt wird, obwohl sie zurzeit **nicht vollstreckt werden kann** (z. B. aufgrund von Mittellosigkeit des Schuldners, Insolvenzverfahren, Stundung bzw. Ratenzahlungsvereinbarung, Aufenthaltsunbekanntheit oder vorläufiger Niederschlagung).

II. Psychologie im Forderungsmanagement

II. Psychologie im Forderungsmanagement

1. Psychologische Aspekte im Forderungsmanagement

II

Forderungsmanagement ist nicht nur eine juristische oder finanzielle Disziplin, sondern auch eine psychologische. Für den Umgang mit Schuldnern ist ein tiefes Verständnis menschlichen Verhaltens von Vorteil. Zahlungsausfälle haben oft nicht nur wirtschaftliche, sondern auch emotionale und kognitive Ursachen. Gläubiger, die diese psychologischen Prinzipien gezielt einsetzen, können die Zahlungsmoral verbessern, Kundenbeziehungen erhalten und Eskalationen vermeiden.

1.1 Kommunikation und Überzeugungstechniken

Die Art und Weise, wie eine Zahlungserinnerung oder Mahnung formuliert ist, hat großen Einfluss darauf, ob und wie schnell eine Reaktion erfolgt. Nachfolgend werden die wichtigsten psychologischen Aspekte im Forderungsmanagement ausführlich erläutert.

- **Tonfall und Wortwahl:**
  - Freundliche, aber bestimmte Formulierungen erhöhen die Kooperationsbereitschaft.
  - Neutrale oder positive Botschaften („*Wir erinnern Sie daran, dass Ihre Rechnung noch offen ist!*“) sind effektiver als negative oder aggressive Töne („*Sie haben Ihre Rechnung nicht bezahlt!*“).
- **Klarheit und Einfachheit:**
  - Zu viele Informationen oder komplizierte juristische Formulierungen überfordern Schuldner und können dazu führen, dass sie die Mahnung ignorieren.
  - Eine klare Handlungsaufforderung („*Bitte überweisen Sie den Betrag bis zum [Datum]!*“) steigert die Wahrscheinlichkeit einer Zahlung.

- **Personalisierung:**
  - Menschen reagieren positiver auf individuell an sie gerichtete Nachrichten als auf standardisierte Schreiben.
  - Eine persönliche Ansprache und direkte Ansprechpartner können die Erfolgschancen erhöhen.

Dieser **psychologische Effekt** ist auch als **„Framing"** bekannt. Demnach beeinflusst die Art, wie eine Botschaft präsentiert wird, die Entscheidung des Empfängers. Wenn eine Mahnung z. B. als *„letzte Chance zur Vermeidung von Zusatzkosten"* statt als *„letzte Warnung"* formuliert ist, steigt die Zahlungsbereitschaft. Auch können verbraucherfreundliche Hinweise auf mögliche Konsequenzen zielführend sein, z. B. der Hinweis auf eine Vermeidung der Meldung an die SCHUFA. In Hessen ist dies mit ausdrücklicher Genehmigung des Hessischen Beauftragten für Datenschutz und Informationsfreiheit explizit möglich.[6]

1.2 Vermeidungsverhalten und Schuldgefühle

Viele Schuldner zahlen nicht, weil sie sich überfordert fühlen oder Schuldgefühle haben. Statt sich mit dem Problem auseinanderzusetzen, vermeiden sie die Kommunikation.

- **Angst vor Konfrontation:**
  - Viele Menschen schieben Schulden vor sich her, weil sie unangenehme Gespräche fürchten.
  - Wenn das Forderungsmanagement verständnisvoll und lösungsorientiert agiert, sind Schuldner eher bereit, eine Lösung zu suchen.
- **Scham und Schuldgefühle:**
  - Schuldner schämen sich oft für ihre finanzielle Lage und meiden daher den Kontakt.
  - Eine respektvolle und nicht vorwurfsvolle Ansprache kann helfen, diese Barriere zu überwinden.

---

6 https://datenschutz.hessen.de/sites/datenschutz.hessen.de/files/2022-11/faq-auskunfteien_20220728.pdf, S. 4 f. und die dort genannte Quelle, zuletzt abgerufen am 12. 6. 2025

- **Psychologischer Trick:**
  - Schuldgefühle bewusst ansprechen. Eine Formulierung wie *„Vielleicht haben Sie es übersehen"* wirkt weniger anklagend als *„Sie haben nicht gezahlt!"*, erzeugt aber dennoch eine innere Verpflichtung zur Zahlung.

Dieser **psychologische Effekt** ist auch unter der Bezeichnung **„kognitive Dissonanz"** bekannt. Menschen empfinden Unbehagen, wenn ihr Verhalten nicht mit ihrem Selbstbild übereinstimmt. Die meisten Menschen sehen sich als ehrliche Personen. Eine Zahlungserinnerung, die darauf hinweist, dass eine Zahlung *„möglicherweise nur vergessen wurde"*, kann Schuldner dazu bewegen, ihr Verhalten mit ihrem Selbstbild in Einklang zu bringen – indem sie zahlen.

1.3 Verlustaversion und Dringlichkeit

Menschen reagieren stärker auf den möglichen Verlust als auf den möglichen Gewinn.

- **Vermeidung von Kosten statt Anreiz zum Sparen:**
  - *„Vermeiden Sie Mahngebühren!"* wirkt besser als *„Zahlen Sie rechtzeitig, um Mahngebühren zu sparen!"*.
  - Menschen reagieren stärker auf die Angst vor einem Verlust als auf die Aussicht auf eine Belohnung.
- **Klare Fristen setzen:**
  - *„Zahlen Sie innerhalb von sieben Tagen!"* erzeugt mehr Druck als *„Bitte zahlen Sie bald!"*.
  - Feste Zeitlimits helfen, das Thema für den Schuldner priorisiert zu halten.

Dieser **psychologische Effekt**, auch bekannt unter **„Prospect Theory"**, bezeichnet die **Verlustaversion**. Laut der von Daniel Kahneman und Amos Tversky entwickelten Prospect Theory wiegt der psychologische Schmerz eines Verlustes schwerer als die Freude über einen gleichwertigen Gewinn. Verwaltungen nutzen dies, indem sie in Mahnungen eher auf drohende Konsequenzen als auf mögliche Vorteile hinweisen.

1.4 Reziprozität und soziale Normen

Menschen neigen dazu, sich sozial angepasst zu verhalten und sich für erhaltene Gefälligkeiten zu revanchieren.

- **Reziprozitätsprinzip nutzen:**
  - Wer dem Schuldner eine kleine Erleichterung gewährt (z. B. eine Ratenzahlungsmöglichkeit), kann erwarten, dass der Schuldner sich verpflichtet fühlt, im Gegenzug kooperativer zu sein.

- **Soziale Normen betonen:**
  - *„Die meisten unserer Kunden zahlen pünktlich!"* kann Schuldner dazu bewegen, sich ebenfalls als „normaler" Kunde zu verhalten.
  - Eine Statistik in der E-Mail (*„85 % unserer Kunden zahlen fristgerecht!"*) kann als sozialer Beweis dienen.

Dieser **psychologische Effekt** ist auch bekannt unter dem Begriff **„soziale Bewährtheit"**. Menschen orientieren sich an anderen, besonders wenn sie unsicher sind. Schuldner, die sehen, dass die Mehrheit pünktlich zahlt, sind eher geneigt, sich ebenso zu verhalten.

1.5 Emotionale Intelligenz und Konfliktlösung

Besonders bei hartnäckigen Zahlungsausfällen oder persönlichen Gesprächen spielt emotionale Intelligenz eine große Rolle.

- **Empathie zeigen:**
  - Wenn ein Schuldner in einer finanziellen Notlage ist, kann ein verständnisvoller Umgang Vertrauen aufbauen und die Wahrscheinlichkeit einer Teilzahlung erhöhen.
- **Aktives Zuhören:**
  - Durch das Ernstnehmen der Sorgen des Schuldners lassen sich eher Lösungen finden.
- **Deeskalation statt Konfrontation:**
  - Drohungen oder harsche Worte führen meist zu Gegenwehr. Eine konstruktive Gesprächsführung bringt bessere Ergebnisse.

Der letztgenannte **psychologische Effekt** bezeichnet das **„Harvard-Prinzip der Verhandlungsführung"**. Dieses Harvard-Prinzip besagt, dass Verhandlungen erfolgreicher sind, wenn sich auf Interessen statt auf Positionen fokussiert wird.[7] Im Forderungsmanagement bedeutet das: Statt starr auf die Zahlung zu bestehen, sollte nach Win-win-Lösungen gesucht werden (z. B. Ratenzahlungen anbieten). Hier sollte ein Angebot mit einer geringen Anzahl von Raten (maximal drei) in einem überschaubaren – kurzen – Zeitraum schon helfen.

Effektives Forderungsmanagement geht weit über rechtliche und buchhalterische Maßnahmen hinaus. Durch den gezielten Einsatz psychologischer Prinzipien lassen sich Zahlungsausfälle reduzieren, ohne die Kundenbeziehung zu gefährden. Eine Kombination aus freundlicher, aber bestimmter Kommunikation, dem Wissen um menschliche Verhaltensweisen und einer empathischen Gesprächsführung führt langfristig zu besseren Ergebnissen.

Fazit

Psychologie und Forderungsmanagement sind eng miteinander verbunden, da beide Bereiche das menschliche Verhalten, die Entscheidungsfindung und die zwischenmenschliche Kommunikation betreffen. Im Forderungsmanagement geht es darum, ausstehende Zahlungen einzutreiben, ohne die Kundenbeziehung dauerhaft zu beschädigen oder rechtliche Auseinandersetzungen unnötig zu eskalieren. Psychologische Erkenntnisse helfen dabei, Schuldner besser zu verstehen, ihre Zahlungsbereitschaft zu fördern und gleichzeitig auf eine respektvolle und effektive Kommunikation zu setzen.

2. Schuldnertypen

Hier macht eine einheitliche Behandlung innerhalb der jeweiligen Schuldnertypen (z. B. in einer FM-Strategie) wieder Sinn. Wenn jeder Verantwortliche seine eigene Strategie fährt, führt das sicher nicht zu einem einheitlichen konsequenten Erscheinungsbild.

2.1 Schuldnertypen – das Verhalten von Schuldnern verstehen

Jeder Schuldner hat individuelle Gründe für Zahlungsverzüge. Die Psychologie hilft, diese Verhaltensweisen zu analysieren und ent-

[7] Vgl. Fisher, Roger; Ury, William; Patton, Bruce: Das Harvard-Konzept: Die unschlagbare Methode für beste Verhandlungsergebnisse, 25., überarb. Aufl., Frankfurt, New York, Campus-Verlag, 2015.

sprechende Strategien zu entwickeln. Es gibt verschiedene Schuldnertypen:

- **Der Vergessliche:** Dieser Typ hat keine schlechte Absicht, sondern schlicht die Rechnung übersehen. Eine freundliche Erinnerung kann hier oft schon ausreichen.
- **Der Überforderte:** Manche Schuldner haben aufgrund persönlicher oder finanzieller Probleme Schwierigkeiten, ihre Rechnungen zu begleichen. Hier hilft ein einfühlsamer und lösungsorientierter Ansatz, um realistische Ratenzahlungen oder Alternativen zu besprechen.
- **Der strategische Schuldner:** Dieser Typ nutzt bewusst den Spielraum aus und zahlt erst nach mehreren Mahnungen oder bei drohenden Konsequenzen. Hier sind klare, konsequente Maßnahmen gefragt, um das Zahlungsverhalten zu beeinflussen und den Schuldner für die Zukunft zu disziplinieren.
- **Der Verweigerer:** Dieser Schuldner stellt sich absichtlich quer, ignoriert Forderungen oder versucht, Zahlungen zu umgehen. Hier ist eine durchdachte Strategie nötig, die sowohl psychologische als auch rechtliche Mittel nutzt.

Durch das Verständnis dieser Typologien kann das Forderungsmanagement passgenaue Strategien entwickeln und so effizienter arbeiten.

2.2 Psychologische Prinzipien der Entscheidungsfindung

Psychologische Forschungen zeigen, dass Menschen nicht immer rational handeln, sondern oft von Emotionen, Gewohnheiten und kognitiven Verzerrungen beeinflusst werden. Einige relevante Konzepte sind:

- **Status-quo-Bias:** Menschen neigen dazu, den aktuellen Zustand beizubehalten. Schuldner schieben Zahlungen oft hinaus, weil es unangenehm ist, sich mit finanziellen Problemen auseinanderzusetzen.
- **Verlustaversion:** Menschen empfinden Verluste stärker als gleichwertige Gewinne. Eine Mahnung, die darauf hinweist, welche negativen Konsequenzen eine Nichtzahlung hat (z. B. Mahngebühren oder SCHUFA-Eintrag), kann daher effektiver sein als eine, die nur auf positive Anreize setzt.

- **Reziprozität:** Wenn ein Inkassobüro oder ein Gläubiger sich verständnisvoll zeigt und kooperative Lösungen anbietet, sind Schuldner oft eher bereit, sich ebenfalls kooperativ zu verhalten.

3. Kommunikationspsychologie im Forderungsmanagement

3.1 Die richtige Ansprache von Schuldnern

Die Art und Weise, wie Schuldner angesprochen werden, beeinflusst ihr Verhalten erheblich. Einfühlsame, aber bestimmte Kommunikation kann helfen, Eskalationen zu vermeiden und die Zahlungsbereitschaft zu erhöhen. Einige bewährte Methoden sind:

- **Freundlichkeit und Respekt:** Ein respektvoller Ton reduziert Widerstände und erhöht die Wahrscheinlichkeit, dass der Schuldner reagiert.
- **Klare und konkrete Botschaften:** Unklare oder zu formelle Sprache kann dazu führen, dass Schuldner sich überfordert fühlen oder die Mahnung ignorieren. Eine einfache und direkte Formulierung hilft.
- **Positive Formulierungen:** Anstatt *„Wenn Sie nicht zahlen, leiten wir rechtliche Schritte ein!"*, kann eine positivere Formulierung lauten *„Wenn Sie heute zahlen, vermeiden Sie zusätzliche Kosten und Komplikationen!"*.

3.2 Empathie und aktives Zuhören

Gerade bei Schuldnern, die in finanziellen Schwierigkeiten stecken, ist es wichtig, empathisch zu reagieren. Durch aktives Zuhören und Verständnis für ihre Situation lassen sich oft Lösungen finden, die beiden Seiten helfen.[8]

[8] Um sich richtig auf das Gespräch vorzubereiten ist es sinnvoll, die Schuldnersituation – insbesondere die finanziellen Verhältnisse – einschätzen zu können. Eine Bonitätseinschätzung durch einen neutralen Dritten hilft hier weiter (siehe auch „Zahlungsunfähigkeit vs. Zahlungsunwilligkeit").

Beispiel:

Empathische Gesprächsführung durch die Verwaltung:

Schuldner: „Ich kann im Moment wirklich nicht zahlen, ich habe zu viele andere Rechnungen."

Forderungsmanager: „Ich verstehe, dass die Situation schwierig ist. Lassen Sie uns gemeinsam eine Lösung finden. Können Sie vielleicht eine kleinere Rate zahlen?"

Ein solcher Ansatz erhöht die Wahrscheinlichkeit, dass der Schuldner sich kooperativ zeigt, anstatt sich völlig zu verweigern.

3.3 Manipulation vs. Überzeugung

Psychologie kann genutzt werden, um Menschen zu beeinflussen – sowohl positiv als auch manipulativ. Ein ethisches Forderungsmanagement sollte auf Überzeugung und Motivation setzen, nicht auf Einschüchterung oder Angstmache. Psychologische Taktiken wie **soziale Bewährtheit** (*„Die meisten unserer Kunden zahlen innerhalb von 14 Tagen!"*) oder **Commitment-Techniken** (kleine Zahlungszusagen einholen) können genutzt werden, um Zahlungen wahrscheinlicher zu machen.

4. Emotionale Intelligenz im Forderungsmanagement

4.1 Umgang mit Konflikten und Widerständen

Nicht alle Schuldner reagieren kooperativ. Manche sind wütend, defensiv oder uneinsichtig. Hier hilft emotionale Intelligenz, um deeskalierend zu wirken und die Situation nicht unnötig zu verschärfen.

Strategien zur Konfliktlösung:

- **Ruhig bleiben:** Aggressive Schuldner sollten nicht mit Gegenaggression konfrontiert werden.
- **Deeskalierende Sprache verwenden:** statt *„Sie müssen endlich zahlen!"* lieber *„Wir möchten gemeinsam eine Lösung finden!"*
- **Sachlich bleiben:** emotionale Anschuldigungen vermeiden, stattdessen auf Fakten und Vereinbarungen hinweisen

4.2 Stressbewältigung für Forderungsmanager

Mitarbeiter im Forderungsmanagement haben oft mit schwierigen und emotional aufgeladenen Gesprächen zu tun. Psychologische Methoden zur Stressbewältigung helfen, eine professionelle Distanz zu wahren und die eigene mentale Gesundheit zu schützen. Techniken wie **Achtsamkeit, Resilienztraining** und **gezielte Pausen** können helfen, den Stresslevel zu reduzieren.

5. Verhaltensänderung und Langzeitstrategien

5.1 Schuldenprävention durch psychologische Ansätze

Ein gutes Forderungsmanagement beginnt nicht erst bei der Mahnung, sondern setzt bereits bei der Prävention an. Durch psychologisch fundierte Maßnahmen wie

- **automatisierte Zahlungserinnerungen** (um den Status-quo-Bias zu durchbrechen),
- **einfachere Zahlungsmethoden** (um Hürden abzubauen) und
- **Belohnungen für frühzeitige Zahlungen (Verstärkungsprinzip)**, z. B. übernimmt die Verwaltung die PayPal- oder Klarna-Kosten,

kann das Risiko von Zahlungsausfällen reduziert werden.

5.2 Nachhaltige Kundenbeziehungen trotz Forderungen

Auch wenn eine Mahnung oder ein Vollstreckungsprozess unangenehm ist, sollte das langfristige Kundenverhältnis nicht unnötig beschädigt werden. Eine wertschätzende und lösungsorientierte Vorgehensweise kann dazu beitragen, dass Schuldner nach der Begleichung ihrer Schulden weiterhin Kunden bleiben.

Fazit

Psychologie ist ein essenzieller Bestandteil des Forderungsmanagements. Durch ein besseres Verständnis menschlichen Verhaltens, eine strategische Kommunikation und den Einsatz von psychologischen Prinzipien lassen sich Zahlungen effizienter einholen, Konflikte minimieren und langfristige Geschäftsbeziehungen erhalten. Ein professionelles Forderungsmanagement nutzt daher psychologische Erkenntnisse, um nicht nur kurzfristige Erfolge zu erzielen, sondern auch langfristig eine gesunde finanzielle Basis für alle Beteiligten zu schaffen.

III. Basis eines effektiven Forderungsmanagements: Buchführung und Bilanzierung

III. Basis eines effektiven Forderungsmanagements: Buchführung und Bilanzierung

1. Bedeutung eines effektiven Forderungsmanagements

Die Bedeutung eines qualifizierten Forderungsmanagements nimmt gerade aktuell vor dem Hintergrund der notwendigen Haushaltskonsolidierung zu. Ein gut organisiertes Forderungsmanagement hat das Ziel, die Liquidität und die Einnahmesituation der öffentlichen Verwaltung zu verbessern, indem

- **sämtliche Ansprüche zeitnah erfasst,**
- **die Einbringlichkeit erhöht und**
- **Überfälligkeiten reduziert werden.**

Dies ist besonders wichtig für öffentliche Haushalte, die mit strukturellen Defiziten oder hohen Verschuldungen zu kämpfen haben.

2. Elemente eines effektiven Forderungsmanagements

2.1 Vollständige und systematische Erfassung

- **Automatisierte Erfassung von Forderungen:** Forderungen aus Steuern, Gebühren, Bußgeldern oder anderen Ansprüchen sollten zentral und in Echtzeit erfasst werden.
- **Kategorisierung der Forderungen:** Differenzierung nach Art, Fälligkeit und Risiko (z. B. gewerbliche Steuern, Bußgelder, Sozialforderungen).

2.2 Effizientes Mahnwesen

- **Frühzeitige Mahnungen:** Automatisierte und regelmäßige Mahnläufe sorgen dafür, dass Schuldner rechtzeitig an ausstehende Zahlungen erinnert werden.
- **Gebühren und Verzugszinsen:** Anreize schaffen, um die pünktliche Zahlung zu fördern. Viele Verwaltungen verzichten vor dem

Hintergrund mangelnder IT-Unterstützung auf die Geltendmachung von z. B. Säumniszuschlägen.

- **Standardisierte Eskalationsstufen:** Vom freundlichen Hinweis bis zur Einleitung der Vollstreckung und anderen rechtlichen Schritten. Art und Umfang der Stufen bei den Prozessen werden später noch näher erläutert.

2.3 Nutzung moderner Technologien

- **Digitalisierung:** Einsatz von Forderungsmanagementsoftware zur Überwachung, Analyse und Optimierung
- **Externe Bonitätsdaten:** Prognosen zur Einbringlichkeit von Forderungen oder Priorisierung von Maßnahmen unter Hinzuziehung von verfügbaren externen Bonitätsdaten
- **Schnittstellenintegration:** automatische Synchronisation mit Finanzbuchhaltungssystemen und externen Auftraggebern, z. B. dem Beitragsservice

2.4 Zusammenarbeit mit externen Akteuren

- **Inkassodienstleister:** Auslagerung von uneinbringlichen Forderungen zur Eintreibung. Billiger kann man die Überwachung selbst nicht sicherstellen.
- **Vollstreckungsstelle:** Einleitung rechtlicher Schritte bei säumigen Zahlern

2.5 Strategien für zweifelhafte Forderungen

- **Rückstellungen bilden:** für Forderungen mit geringerer Einbringlichkeit
- **Abschreibungen:** uneinbringliche Forderungen ausbuchen, um die Bilanz zu bereinigen
- **Vergleichsangebote:** Teilzahlungen akzeptieren und aktiv anbieten, um zumindest einen Teilbetrag zu sichern

3. Vorteile und Herausforderungen für die Haushaltskonsolidierung

3.1 Vorteile

- **Steigerung der Einnahmen:** Durch konsequente Eintreibung werden Zahlungsrückstände reduziert, und die Einnahmeseite des Haushalts wird gestärkt.
- **Verbesserung der Liquidität:** Ein gut funktionierendes Forderungsmanagement sorgt dafür, dass mehr Mittel kurzfristig zur Verfügung stehen, was den Handlungsspielraum der Verwaltung erhöht.
- **Transparenz und Kontrolle:** Eine vollständige Übersicht über offene Forderungen ermöglicht bessere finanzielle Planung und Steuerung.
- **Reduktion von Verwaltungskosten:** Automatisierte Prozesse und klar strukturierte Abläufe reduzieren den personellen und finanziellen Aufwand.
- **Erhöhung der Bürgergerechtigkeit:** Konsequente Eintreibung stellt sicher, dass alle Bürger ihren finanziellen Verpflichtungen nachkommen und keine Benachteiligung der zahlenden Mehrheit entsteht.

III

3.2 Herausforderungen und Lösungsansätze

- **Hoher Initialaufwand**
  - **Herausforderung:** Aufbau eines effektiven Forderungsmanagements erfordert Investitionen in Systeme und Personal (Schulungen).
  - **Lösung:** Fördermittel und interkommunale Zusammenarbeit zur Finanzierung nutzen. Es gibt sehr erfolgreiche Beispiele hinsichtlich der kommunenübergreifenden Zusammenarbeit der Kassen.
- **Datenqualität**
  - **Herausforderung:** Unvollständige oder fehlerhafte Daten erschweren die Einbringung von Forderungen.
  - **Lösung:** regelmäßige Datenpflege und Einführung digitaler Erfassungsprozesse

- **Rechtliche Rahmenbedingungen**
  - **Herausforderung:** Strenge Vorgaben zum Umgang mit Forderungen können die Handlungsfreiheit einschränken.
  - **Lösung:** Anpassung interner Richtlinien an rechtliche Vorgaben und enge Zusammenarbeit mit juristischen Experten.
- **Akzeptanzprobleme**
  - **Herausforderung:** Striktes Forderungsmanagement könnte als unsozial empfunden werden.
  - **Lösung:** transparente Kommunikation und soziale Härtefallregelungen (*„Wer trägt die Kosten, wenn der eigentliche Schuldner nicht zahlt?"*)

Beispiel 1:

Kommunen mit hohem Forderungsaufkommen

Einige deutsche Kommunen wie die Freie und Hansestadt Hamburg haben spezialisierte Abteilungen für Forderungsmanagement oder führen sie aktuell ein. Diese sorgen dafür, dass Rückstände aus Gewerbesteuern, Bußgeldern oder Gebühren systematisch reduziert werden. Neben den Forderungen aus der Verwaltung bestehen in so großen Stadtstaatverwaltungen auch Forderungen aus den Finanzämtern und der Justizkasse. In vielen Fällen richten sich diese Forderungen auch noch gegen denselben Schuldner, was zu einem kontraproduktiven Wettlauf im Hinblick auf die Forderungsrealisierung führt. Hier machen Überlegungen bezüglich einer Konzentration der knappen personellen Ressourcen dann noch mehr Sinn.

Beispiel 2:

Digitale Lösungen in der Steuerverwaltung

In Bundesländern wie Bayern oder Nordrhein-Westfalen setzen Finanzämter auf KI-gestützte Analysen, um Risikoforderungen zu identifizieren und effektiver zu bearbeiten.

Beispiel 3:

Erfolgreiche Partnerschaften

Kommunen, die mit Verwaltungshelfern (Inkassodienstleistern) zusammenarbeiten, haben die Erfolgsquote bei der Eintreibung von niedergeschlagenen Forderungen um bis zu 20 % gesteigert. Wobei hier der Vorteil insbesondere in der erfolgsabhängigen Vergütung der Verwaltungshelfer liegt. Bleiben Verwaltungshelfer erfolglos, kostet deren Einsatz auch nichts. Andererseits ist die Schuldneransprache durch einen etablierten Inkassodienstleister mit entsprechender Reputation eine weitere Eskalationsmöglichkeit, die dem Schuldner die Ernsthaftigkeit der Angelegenheit vor Augen führt.

3.3 Forderungsmanagement als Beitrag zur Haushaltskonsolidierung

Die **Haushaltsaufstellung** ist ein zentraler Prozess im Finanzmanagement der öffentlichen Verwaltung. Sie dient der Planung, Steuerung und Kontrolle der öffentlichen Finanzen und bildet die Grundlage für alle Einnahmen und Ausgaben eines Haushaltsjahres. In diesem Verfahren wird der Haushaltsplan erstellt, der die finanziellen Rahmenbedingungen für die Verwaltung und die politischen Entscheidungsträger festlegt.

Auch zur Haushaltskonsolidierung kann ein modernes, konsequentes Forderungsmanagement einen wesentlichen Beitrag leisten. Es steigert die Einnahmen, verbessert die Liquidität und schafft eine solide Basis für die langfristige Stabilität des öffentlichen Haushalts. Dabei erfordert die erfolgreiche Umsetzung eine Kombination aus technologischen Lösungen, gut geschultem Personal und einer klaren Strategie.

In Verbindung mit weiteren Konsolidierungsmaßnahmen stellt das Management von Forderungen eine effektive Möglichkeit dar, öffentliche Finanzen zu stabilisieren und die finanzielle Handlungsfähigkeit der Verwaltung zu sichern.

4. Voraussetzungen eines effektiven Forderungsmanagements

4.1 Hintergrund: Warum doppelte Buchhaltung in der öffentlichen Verwaltung?

Traditionell wurde in der öffentlichen Verwaltung die **Kameralistik** verwendet, die auf einer einseitigen Buchführung basiert. Dieses System eignet sich gut für die kurzfristige Steuerung von Ein- und Auszahlungen, bietet jedoch keine ausreichende Grundlage, um langfristige finanzielle Entwicklungen oder den Ressourcenverbrauch abzubilden.

Mit der Einführung der Doppik soll

- **die Nachhaltigkeit der Finanzwirtschaft** besser abgebildet werden,
- **die Transparenz und Rechenschaftspflicht** gegenüber der Öffentlichkeit erhöht werden und
- eine **modernere Verwaltungssteuerung** ermöglicht werden.

Die Doppik bietet eine detaillierte Übersicht über Vermögen, Schulden, Erträge und Aufwendungen und hilft, die finanzielle Lage der Verwaltung langfristig zu planen und zu überwachen.

4.2 Die Grundprinzipien der doppelten Buchhaltung

Die doppelte Buchhaltung basiert auf drei wesentlichen Elementen: der Ergebnisrechnung, der Finanzrechnung und der Bilanz. Gemeinsam bilden sie ein umfassendes Rechnungswesen, das alle Aspekte der finanziellen und wirtschaftlichen Aktivitäten einer Verwaltung erfasst.

- **Ergebnisrechnung**
  - erfasst alle Erträge (z. B. Steuereinnahmen) und Aufwendungen (z. B. Personalkosten, Abschreibungen)
  - Ziel ist die Ermittlung des Jahresergebnisses (Überschuss oder Fehlbetrag).
  - ermöglicht eine genaue Darstellung des Ressourcenverbrauchs und zeigt, ob die Verwaltung wirtschaftlich arbeitet

- **Finanzrechnung**
  - stellt die Einzahlungen und Auszahlungen der Verwaltung dar
  - bietet einen Überblick über die Liquidität und die Zahlungsfähigkeit
  - unterstützt die kurzfristige Steuerung der Finanzmittel
- **Bilanz**
  - zeigt das gesamte Vermögen (z. B. Gebäude, Straßen, Fahrzeuge), die Schulden (z. B. Kredite) und das Eigenkapital
  - wird zu Beginn des Haushaltsjahres (Eröffnungsbilanz) und am Ende des Jahres (Schlussbilanz) erstellt
  - verdeutlicht die langfristige finanzielle Lage der Verwaltung

4.3 Vorteile der doppelten Buchhaltung in der öffentlichen Verwaltung

4.3.1 Verbesserte Transparenz

Die Doppik bietet eine klare Übersicht über die finanzielle Lage der Verwaltung, einschließlich des gesamten Vermögens, der Schulden und des Eigenkapitals. Dies erleichtert die Rechenschaftslegung gegenüber Bürgern, Politikern und Aufsichtsbehörden.

4.3.2 Nachhaltigkeit

Durch die Berücksichtigung von Abschreibungen und die Bewertung von Vermögenswerten wird der Ressourcenverbrauch realistisch dargestellt. Dies fördert eine nachhaltige Nutzung öffentlicher Güter und verhindert, dass Investitionen auf Kosten zukünftiger Generationen gehen.

4.3.3 Langfristige Finanzplanung

Die doppelte Buchhaltung ermöglicht eine fundierte Planung und Steuerung, indem sie sowohl kurzfristige Liquiditätsbedarfe als auch langfristige Investitions- und Finanzierungsstrategien berücksichtigt. Hier steht die Berücksichtigung der mittel- und langfristigen Folgekosten einer Investition im Vordergrund.

4.3.4 Vergleichbarkeit

Die Doppik schafft eine einheitliche Grundlage, die Vergleiche zwischen verschiedenen Kommunen oder mit privatwirtschaftlichen Organisationen ermöglicht.

4.3.5 Kosteneffizienz

Durch die detaillierte Erfassung von Kosten und Leistungen können ineffiziente Prozesse identifiziert und optimiert werden.

4.4 Herausforderungen bei der Einführung und Anwendung

4.4.1 Komplexität

Die Umstellung von der Kameralistik auf die Doppik ist ein umfangreicher Prozess, der eine Neustrukturierung der Buchhaltungs- und Verwaltungsprozesse erfordert. Dies beinhaltet die Schulung der Mitarbeiter und die Einführung neuer Softwarelösungen.

4.4.2 Kosten

Die Einführung der Doppik ist mit erheblichen Anfangsinvestitionen verbunden, z. B. für die Erfassung des Vermögens, die Schulung von Personal und die Einführung/Anpassung von IT-Systemen.

4.4.3 Datenmanagement

Die Doppik erfordert eine vollständige Erfassung und Bewertung des gesamten öffentlichen Vermögens, was in der Praxis zeitaufwendig und komplex ist.

4.4.4 Akzeptanzprobleme

Die Umstellung stößt oft auf Vorbehalte bei den Mitarbeitenden, die mit der Kameralistik vertraut sind. Hier sind mitnehmende Kommunikations- und weitreichende Schulungsmaßnahmen entscheidend.

4.5 Vergleich zwischen Kameralistik und Doppik

Die Kameralistik ist einfacher, aber weniger aussagekräftig über die wirtschaftliche Lage. Die Doppik bietet ein umfassenderes Bild über Vermögen, Schulden und Ressourcenverbrauch, ist jedoch komplexer.

Merkmal	Kameralistik	Doppik
Zielsetzung	Steuerung der Zahlungsströme	Darstellung des Ressourcenverbrauchs
Rechnungsgrundlage	einfache Buchung (Einnahmen und Ausgaben)	doppelte Buchung (Erträge und Aufwendungen)
Vermögensbewertung	keine	vollständig
Abschreibungen	nicht berücksichtigt	berücksichtigt
Finanzplanung	kurzfristig (Haushaltsjahr)	langfristig
Transparenz	eingeschränkt	nicht eingeschränkt
Vergleichbarkeit	schwierig	einheitlich und standardisiert

Tabelle 3: Gegenüberstellung Kameralistik vs. Doppik

5. Forderungen in der Bilanz

5.1 Einbuchung sämtlicher Forderungen

Die Einbuchung sämtlicher Forderungen ist ein zentraler Aspekt der doppelten Buchhaltung (Doppik) in der öffentlichen Verwaltung. Dabei werden alle rechtlich begründeten Ansprüche der Verwaltung gegenüber Dritten systematisch erfasst. Dieser Schritt trägt maßgeblich zur Transparenz und Genauigkeit der Finanzbuchhaltung bei und ist ein wichtiger Bestandteil einer vollständigen Vermögens- und Schuldenbewertung.

Die Einbuchung von Forderungen bedeutet, dass sämtliche bestehenden Ansprüche der öffentlichen Verwaltung, unabhängig vom Zeitpunkt der tatsächlichen Zahlung, im Rechnungswesen berücksichtigt werden. Dies unterscheidet sich von der kameralen Buchführung, bei der Forderungen erst dann erfasst werden, wenn die entsprechenden Zahlungen eingehen.

Verschiedene Arten von Forderungen:

- **Steuerforderungen:** Forderungen aus Grundsteuer, Gewerbesteuer oder Einkommensteueranteilen
- **Gebührenforderungen:** ausstehende Beträge für Verwaltungsdienstleistungen, z. B. Abwassergebühren oder Parkgebühren

- **Zuschüsse und Fördermittel:** Ansprüche auf noch nicht ausgezahlte Zuschüsse
- **Mieten und Pachten:** Forderungen aus Vermietungen oder Verpachtungen von kommunalem Eigentum
- **Bußgelder und Strafen:** noch nicht gezahlte Bußgelder oder Verwarnungen

5.2 Forderungen: Rechtliche Grundlage und Anforderungen

Die Einbuchung sämtlicher Forderungen erfolgt auf Basis rechtlicher Ansprüche, die durch Gesetze, Verträge oder Verwaltungsakte begründet sind. Dabei ist die Verwaltung verpflichtet

- **alle** Forderungen in der Bilanz als Vermögenswert **zu aktivieren,**
- detaillierte **Nachweise** über die Entstehung und Höhe der Forderungen **zu führen** und
- **periodengerecht** zu buchen (entsprechend dem Zeitpunkt der Anspruchsentstehung).

5.3 Prozess der Einbuchung von Forderungen

In der Doppik wird eine Forderung bereits bei Leistungserbringung als Vermögenswert erfasst und erst bei Zahlungseingang wieder ausgebucht – unabhängig vom Zahlungszeitpunkt.

Prozessschritt	**Aktivität**
Ermittlung der Forderungen	Die Verwaltung identifiziert alle offenen Ansprüche gegenüber Schuldnern, z. B. Bürgern, Verwaltung oder anderen Institutionen.
Bewertung	Forderungen werden mit ihrem voraussichtlichen Wert erfasst. Eventuelle Abschreibungen auf zweifelhafte Forderungen werden berücksichtigt.

Prozessschritt	Aktivität
Kontierung und Buchung	Forderungen werden auf den entsprechenden Debitorenkonten verbucht, die je nach Forderungsart differenziert sind.
Überwachung und Mahnwesen	Forderungen werden regelmäßig überprüft, und ein systematisches Mahnwesen stellt sicher, dass überfällige Beträge eingefordert werden.
Abschreibung uneinbringlicher Forderungen	Forderungen, die nachweislich nicht beglichen werden können, werden ausgebucht, was jedoch entsprechend dokumentiert werden muss.

Tabelle 4: Prozess der Einbuchung der Forderungen

5.4 Vorteile der Einbuchung sämtlicher Forderungen

5.4.1 Erhöhte Transparenz

Die Bilanz gibt ein vollständiges Bild der Vermögenslage, da alle Forderungen, auch solche, die noch nicht realisiert wurden, berücksichtigt werden.

5.4.2 Bessere Finanzplanung

Durch die genaue Erfassung aller Ansprüche kann die Verwaltung ihre Liquidität und zukünftige Einnahmen besser planen.

5.4.3 Rechtssicherheit

Die systematische Einbuchung stellt sicher, dass alle Ansprüche der öffentlichen Hand nachverfolgt und bei Bedarf durchgesetzt werden können.

5.4.4 Nachhaltige Haushaltsführung

Die Berücksichtigung ausstehender Forderungen verhindert, dass Einnahmen überschätzt oder Ausgaben nicht ausreichend gedeckt werden.

5.5 Herausforderungen bei der Einbuchung sämtlicher Forderungen

5.5.1 Ermittlung aller Forderungen

Es kann schwierig sein, alle bestehenden Forderungen zeitnah und vollständig zu identifizieren, insbesondere bei komplexen Verwaltungsprozessen.

5.5.2 Bewertung von zweifelhaften Forderungen

Forderungen, die möglicherweise nicht beglichen werden, müssen realistisch bewertet werden. Dies erfordert sorgfältige Analysen und Rückstellungen.

5.5.3 Technische Anforderungen

Die Einbuchung und Verwaltung von Forderungen erfordert moderne IT-Systeme und ein leistungsfähiges Finanzbuchhaltungsprogramm.

5.5.4 Personalaufwand

Die Einführung und Pflege eines effizienten Forderungsmanagements erfordern geschulte Mitarbeiter und zusätzliche Ressourcen.

5.6 Relevanz für die öffentliche Verwaltung

Die Einbuchung sämtlicher Forderungen stellt sicher, dass die öffentliche Verwaltung ein realistisches Bild ihrer finanziellen Lage hat. Sie ist ein zentraler Bestandteil der Doppik und ermöglicht es, finanzielle Risiken zu erkennen, Einnahmequellen effektiv zu nutzen und die Rechenschaftspflicht gegenüber Bürgern und Aufsichtsbehörden zu erfüllen.

In der Praxis zeigt sich, dass ein gut strukturiertes Forderungsmanagement dazu beitragen kann, Einnahmeverluste zu minimieren und die finanzielle Stabilität der Verwaltung zu stärken. Dies ist insbesondere in Zeiten begrenzter Haushaltsmittel von großer Bedeutung.

5.7 Ausweis von Forderung in der Bilanz

Der Ausweis von Forderungen in der Bilanz ist notwendig, um ein vollständiges, realistisches und nachvollziehbares Bild der finanziellen Lage zu geben – sowohl für interne Steuerung als auch für externe Adressaten:

- als Teil des (Umlauf-)Vermögens
- untergliedert im Forderungsspiegel (Anhang zum Jahresabschluss)
  - kurzfristige Forderungen (bis zu einem Jahr)
  - mittelfristige Forderungen (ein bis fünf Jahre)
  - langfristige Forderungen (mehr als fünf Jahre)
- praktische Probleme der Forderungserfassung
  - Massengeschäft mit zahlreichen Forderungsarten
  - Erfassung dezentraler und zum Teil nicht eingebuchter Forderungen
  - Forderungsverwaltung zum Teil in verschiedenen IT-Systemen
  - keine umfassende Abbildung bewertungsrelevanter Sachverhalte in den Systemen

Die **Forderungserfassung** ist ein komplexer Prozess, der viel **Aufwand** und präzise **Abstimmung** erfordert. Die Unsicherheiten bei der Bewertung und der Erfassung zum richtigen Zeitpunkt stellen praktische Herausforderungen dar, die eine kontinuierliche **Überwachung und Anpassung** erfordern.

Finanzhaushalt	**Kommunale Bilanz**		**Ergebnishaushalt**
	Aktiva	**Passiva**	
Einzahlungen	Anlagevermögen	Eigenkapital	Erträge
–	Umlaufvermögen	Sonderposten	–
Auszahlungen	ARAP	Rückstellungen	Aufwendungen
= Finanzmittelsaldo	nicht durch EK gedeckter Finanzbedarf	Verbindlichkeiten	= Ergebnissaldo
		PRAP	

Tabelle 5: Finanz-, Bilanz- und Ergebnishaushalt

Der Ausweis der Forderungen in der Bilanz setzt die doppelte Buchführung voraus.

5.8 Entwicklung der Einführung der Doppik

Die **Doppik** (doppelte Buchführung in Konten) wurde in Deutschland von verschiedenen Bundesländern eingeführt, um eine modernisierte und transparente Haushaltsführung zu ermöglichen. Der Bund ist dieser Entwicklung leider noch nicht gefolgt. Auch hier gibt es aktuell eine Reihe von Initiativen, die den Bund und damit die Bundesbehörden auffordern, auch auf die doppische Buchhaltung zu wechseln.

Die Doppik hat die Kameralistik (eine vereinfachte Buchführungsmethode) in vielen Bereichen abgelöst. Der Stand der Einführung kann jedoch variieren, da vor dem Hintergrund des Föderalismus jedes Bundesland eigenständig entscheidet, ob und wie es die Doppik einführt.

Modell	Bundesland	Status
vollständige Einführung der Doppik	Baden-Württemberg	seit 2010 für Kommunen verpflichtend
	Bayern	Kommunen konnten bis 2024 zwischen Doppik und einer erweiterten Kameralistik wählen; Doppik ist zunehmend Standard.
	Brandenburg	seit 2009 Doppik für Kommunen vorgeschrieben
	Hessen	Doppik für Kommunen seit 2009 verpflichtend
	Mecklenburg-Vorpommern	Kommunen nutzen seit 2012 die Doppik.
	Niedersachsen	seit 2012 Doppik in der Kommunalverwaltung
	Nordrhein-Westfalen	Kommunen sind seit 2009 zur Doppik verpflichtet.
	Rheinland-Pfalz	Doppik seit 2009 eingeführt
	Saarland	seit 2009 Umstellung auf die Doppik
	Sachsen-Anhalt	Doppik für Kommunen seit 2013

Modell	Bundesland	Status
Sonderregelungen oder andere Modelle	Berlin	verwendet die Doppik für kommunale Haushalte; Landesebene kombiniert Doppik und Kameralistik.
	Bremen	vollständige Nutzung
	Hamburg	Vorreiter in der Doppik Einführung und umfassende Nutzung
	Schleswig-Holstein	verwendet weiterhin Kameralistik, hat aber die erweiterte Kameralistik eingeführt
	Sachsen	verwendet weiterhin Kameralistik, hat aber die erweiterte Kameralistik eingeführt
	Thüringen	Es handelt sich um ein Optionsmodell auf freiwilliger Basis.

Tabelle 6: Stand Einführung der Doppik in den Bundesländern[9]

Die Einführung der Doppik war Teil der umfassenden Reformen zur Haushaltsmodernisierung und soll eine bessere Steuerung, Transparenz und Vergleichbarkeit der Haushalte ermöglichen. Die genaue Ausgestaltung und der Zeitpunkt der Umsetzung variieren jedoch stark zwischen den Bundesländern.

Die Doppik hat in der öffentlichen Verwaltung in den letzten Jahren an Bedeutung gewonnen. Der Wechsel von der Kameralistik zur Doppik ist ein zentraler Bestandteil moderner Verwaltungsreformen, die auf Transparenz, Wirtschaftlichkeit und Nachhaltigkeit abzielen.

Im Folgenden werden die Hintergründe, die Funktionsweise, die Vorteile und die Herausforderungen der doppelten Buchhaltung in der öffentlichen Verwaltung ausführlich erläutert.

5.9 Ausblick und Perspektiven

Die Einführung der doppelten Buchhaltung in der öffentlichen Verwaltung ist ein bedeutender Schritt hin zu einer modernen und nachhaltigen Finanzwirtschaft. Obwohl der Übergang mit Herausforderungen verbunden ist, überwiegen langfristig die Vorteile,

9 Quelle: eigene Recherche des Verfassers, Momentaufnahme.

insbesondere durch die Verbesserung der Transparenz, Effizienz und Steuerungsmöglichkeiten.

In Zukunft könnte die Doppik noch stärker mit digitalen Technologien kombiniert werden, etwa durch den Einsatz von KI-gestützten Analysetools oder Blockchain für transparente Finanztransaktionen. Dies würde die Effizienz und Sicherheit der öffentlichen Buchhaltung weiter steigern.

Die doppelte Buchhaltung bietet eine solide Grundlage für eine verantwortungsvolle und zukunftsorientierte Verwaltung öffentlicher Finanzen. Ihre Einführung markiert einen Paradigmenwechsel, der nicht nur den Verwaltungsalltag, sondern auch das Vertrauen der Bürger in den Umgang mit öffentlichen Mitteln nachhaltig verändern kann.

6. Buchführung und Bilanzierung

6.1 Grundsätze ordnungsgemäßer Buchführung

Die Grundsätze ordnungsgemäßer Buchführung (GoB) bilden das Rückgrat einer transparenten, nachvollziehbaren und verlässlichen Finanzberichterstattung. Sie sichern nicht nur die interne Steuerung einer Verwaltung, sondern erfüllen auch die Anforderungen externer Stellen wie Finanzbehörden und Prüfern. Im Folgenden wird eine detaillierte Betrachtung der wesentlichen Aspekte und Prinzipien der GoB dargestellt:

6.1.1 Vollständigkeitsgebot

- **Definition:** Alle Geschäftsvorfälle, Belege und Unterlagen müssen vollständig und lückenlos erfasst werden.
- **Bedeutung:** Eine unvollständige Buchführung kann zu Verzerrungen in der Bilanz und der Gewinn- und Verlustrechnung führen.
- **Konsequenz:** Mängel bei der Vollständigkeit erhöhen das Risiko von Fehlbewertungen und können zu Beanstandungen durch Prüforgane führen.

6.1.2 Richtigkeitsgebot und Willkürverbot

- **Richtigkeit:**
  - **Sachliche Korrektheit:** Jeder Geschäftsvorfall muss so dokumentiert werden, dass der tatsächliche wirtschaftliche Sachverhalt abgebildet wird.
  - **Rechnerische Genauigkeit:** Alle Buchungen müssen mathematisch fehlerfrei erfolgen.
- **Willkürverbot:** Es darf **keine willkürliche oder manipulative Darstellung** von Geschäftsvorfällen erfolgen.
- **Auswirkung:** Fehlerhafte oder unpräzise Buchungen können zu einer verfälschten Darstellung der Verwaltung führen und das Vertrauen von Bürgern, Gremien uns anderen Stakeholdern beeinträchtigen.

6.1.3 Klarheit, Übersichtlichkeit und Nachvollziehbarkeit

- **Klar strukturiertes System:** Die Buchführung muss so aufgebaut sein, dass ein sachverständiger Dritter – z. B. ein Prüfer – die Geschäftsvorfälle und den gesamten Jahresabschluss problemlos nachvollziehen kann.
- **Transparenz:** Eine übersichtliche Gliederung der Buchführung ermöglicht eine schnelle Erfassung und Beurteilung der wirtschaftlichen Lage der Verwaltung.
- **Dokumentation:** Neben der systematischen Erfassung müssen alle Buchungen ausreichend dokumentiert sein, um auch später noch nachvollziehbar zu sein.

6.1.4 Belegprinzip

- **Grundsatz:** Jede Buchung muss durch einen entsprechenden Beleg (wie Rechnung, Quittung, Vertrag oder sonstige Unterlagen) belegt werden.
- **Funktion:** Der Belegnachweis dient als Sicherung gegen unberechtigte oder fehlerhafte Buchungen und ist ein zentrales Element der Nachprüfbarkeit.
- **Rechtliche Relevanz:** Bei steuerlichen Prüfungen oder internen Kontrollen wird besonders auf die ordnungsgemäße Belegführung geachtet.

III

6.1.5 Bewertungsgrundsätze: Einzelbewertung, Vorsichtsprinzip und Stetigkeitsprinzip

- **Einzelbewertung**
  - **Definition:** Jeder Vermögensgegenstand und jede Schuldposition müssen einzeln bewertet werden.
  - **Ziel:** eine exakte Abbildung der wirtschaftlichen Situation der Verwaltung, indem einzelne Posten differenziert betrachtet werden
- **Vorsichtsprinzip (Imparitätsprinzip)**
  - **Gewinnrealisierung:** Gewinne dürfen erst ausgewiesen werden, wenn sie realisiert sind.
  - **Verlustberücksichtigung:** Mögliche Verluste müssen bereits dann berücksichtigt werden, wenn sie absehbar sind, auch wenn sie noch nicht realisiert wurden.
  - **Ziel:** Durch diese Vorgehensweise soll eine zu optimistische Darstellung der Vermögens- und Ertragslage vermieden werden.
- **Stetigkeitsprinzip**
  - **Konstanz:** Bewertungsmethoden und Gliederungsprinzipien müssen von Jahr zu Jahr beibehalten werden.
  - **Vergleichbarkeit:** Dies ermöglicht den Vergleich von Abschlüssen über verschiedene Perioden hinweg und sorgt für eine konsistente Darstellung der wirtschaftlichen Entwicklung.

6.1.6 Periodenabgrenzung

- **Grundsatz:** Geschäftsvorfälle sind in der Periode zu erfassen, in der sie wirtschaftlich verursacht wurden – unabhängig vom Zeitpunkt der Zahlung.
- **Wichtig:** Aufwendungen, die in einem Geschäftsjahr angefallen sind, müssen auch dann in diesem Jahr ausgewiesen werden, wenn die Zahlung erst im folgenden Jahr erfolgt.
- **Bedeutung:** Eine korrekte Periodenabgrenzung ist essenziell für die Ermittlung des tatsächlichen Erfolgs bzw. Misserfolgs eines Geschäftsjahres.

6.1.7 Dokumentations- und Aufbewahrungspflichten

- **Vorgaben:** Alle Buchungsunterlagen, Belege und relevanten Dokumente müssen nicht nur nachvollziehbar, sondern auch über einen gesetzlich festgelegten Zeitraum (meistens zehn Jahre) aufbewahrt werden.
- **Nutzen:** Diese Pflicht sichert die langfristige Nachvollziehbarkeit und dient als Grundlage für interne und externe Prüfungen.

6.1.8 Weitere Aspekte der GoB

- **Abgrenzungsprinzip:** Neben der Periodenabgrenzung ist es wichtig, Erträge und Aufwendungen eindeutig den entsprechenden Zeiträumen zuzuordnen, um eine klare wirtschaftliche Darstellung zu gewährleisten.
- **Sicherungsprinzip:** Die Buchführung muss so gestaltet sein, dass sie gegen Manipulationen und unbefugte Änderungen geschützt ist. Hierzu zählen auch organisatorische und technische Maßnahmen.

Fazit

Die Einhaltung der Grundsätze ordnungsgemäßer Buchführung gewährleistet, dass eine Verwaltung bzw. eine Organisation ihre wirtschaftliche Lage realistisch, transparent und nachvollziehbar darstellt. Dies ist nicht nur aus rechtlicher Sicht, sondern auch im Hinblick auf die Vertrauensbildung bei Bürgern, Gremien und anderen Stakeholdern von zentraler Bedeutung. Durch systematische Erfassung, präzise Bewertung und umfassende Dokumentation wird die Basis für eine solide Verwaltungsführung geschaffen und das Risiko von fehlerhaften oder irreführenden Abschlüssen minimiert.

6.2 Werthaltigkeit kommunaler Forderungen

§ 252 HGB legt die allgemeinen Prinzipien fest, die bei der Buchführung und der Erstellung des Jahresabschlusses beachtet werden müssen. Hierzu gehören Richtigkeit, Vollständigkeit, Klarheit, das Vorsichtsprinzip, die Periodenabgrenzung sowie die Stetigkeit der angewandten Methoden.

§ 253 HGB konkretisiert die Bewertungsmaßstäbe. Er regelt, wie die einzelnen Bilanzpositionen – etwa Vermögenswerte und Schulden – unter Anwendung des Anschaffungs-/Herstellungskostenprinzips,

III

des Niederstwert- bzw. Höchstwertprinzips sowie der Regelungen zu Abschreibungen und Zuschreibungen zu bewerten sind.

6.2.1 Grundsätze ordnungsmäßiger Buchführung

– **Zielsetzung und Inhalt:** § 252 HGB definiert die allgemeinen Bewertungsgrundsätze und gestalterischen Anforderungen an den Jahresabschluss. Er soll sicherstellen, dass die Vermögens-, Finanz- und Ertragslage einer Verwaltung wahrheitsgetreu, vollständig und nachvollziehbar abgebildet wird.

– **Wesentliche Prinzipien:**

- **Richtigkeit und Willkürfreiheit:** Alle Buchungen und Bewertungen müssen sachlich und rechnerisch korrekt erfolgen. Es ist untersagt, einzelne Posten willkürlich oder manipulationsanfällig darzustellen.
- **Vollständigkeit:** Sämtliche Geschäftsvorfälle müssen vollständig und lückenlos in den Büchern erfasst werden, sodass kein relevanter Umstand unberücksichtigt bleibt.
- **Klarheit und Übersichtlichkeit:** Die Buchführung und der Jahresabschluss müssen so gestaltet sein, dass ein sachverständiger Dritter – etwa ein Prüfer – den Abschluss nachvollziehen kann. Eine klare Strukturierung der Informationen ist hierbei essenziell.
- **Stetigkeit (Kontinuität) der Bewertungsmethoden:** Bewertungs- und Bilanzierungsmethoden sollen über die Zeit hinweg konstant angewendet werden. Dies gewährleistet die Vergleichbarkeit der Jahresabschlüsse von Periode zu Periode.
- **Vorsichtsprinzip:** Gewinne dürfen erst ausgewiesen werden, wenn sie tatsächlich realisiert sind. Andererseits müssen bereits absehbare Risiken und Wertminderungen berücksichtigt werden, um ein zu optimistisches Bild der Vermögenslage zu vermeiden.
- **Periodenabgrenzung:** Aufwendungen und Erträge sind in der Periode zu erfassen, in der sie wirtschaftlich verursacht wurden – unabhängig von Zahlungsströmen.

Diese Grundsätze sorgen dafür, dass der Jahresabschluss ein möglichst getreues Bild der wirtschaftlichen Situation der Verwaltung liefert und gleichzeitig die Grundlage für interne Entscheidungen sowie externe Prüfungen bildet.

6.2.2 Bewertungsmaßstäbe (§ 253 HGB)

- **Zielsetzung und Inhalt:** Während § 252 HGB die allgemeinen Prinzipien festlegt, konkretisiert § 253 HGB die Bewertungsmaßstäbe, nach denen die einzelnen Bilanzpositionen zu bewerten sind. Dadurch wird eine einheitliche und nachvollziehbare Bewertung der Vermögenswerte und Schulden sichergestellt.
- **Wesentliche Bewertungsgrundsätze:**
  - **Anschaffungs- oder Herstellungskostenprinzip:** Vermögensgegenstände sind grundsätzlich mit ihren Anschaffungs- oder Herstellungskosten anzusetzen. Dies schließt alle Aufwendungen ein, die bis zur Inbetriebnahme notwendig waren.
  - **Niederstwertprinzip bei Umlaufvermögen:** Bei Vorräten und anderen Umlaufposten gilt, dass bei Unterschieden zwischen den Anschaffungs-/Herstellungskosten und dem aktuellen Marktwert der niedrigere Wert anzusetzen ist. Damit soll das Risiko einer Überbewertung vermieden werden.
  - **Höchstwertprinzip bei Verbindlichkeiten:** Bei der Passivseite der Bilanz ist das Höchstwertprinzip anzuwenden, um potenzielle Risiken und Verpflichtungen adäquat darzustellen.
  - **Einzelbewertung:** Jeder Vermögensgegenstand und jede Schuldposition ist individuell zu bewerten. Diese Einzelbewertung stellt sicher, dass keine pauschalen, undifferenzierten Ansätze gewählt werden, sondern eine differenzierte und genaue Abbildung der finanziellen Situation erfolgt.
  - **Abschreibungen und Wertminderungen:** Liegt eine dauerhafte Wertminderung vor, sind entsprechende Abschreibungen vorzunehmen. Diese Regelung stellt sicher, dass die Bilanz nicht überhöhte Werte ausweist, sondern den wirtschaftlichen Gegebenheiten Rechnung trägt.
  - **Aufwertung (Zuschreibungen):** Unter bestimmten Voraussetzungen können Wertaufholungen (Zuschreibungen) vorgenommen werden – allerdings nur bis zur Höhe der ursprünglichen Anschaffungs- oder Herstellungskosten. Dies verhindert, dass die Werte unrealistisch hoch angesetzt werden.

Durch diese detaillierten Bewertungsmaßstäbe wird sichergestellt, dass der Jahresabschluss nach objektiven, nachvollziehbaren und einheitlichen Kriterien erstellt wird. Dies trägt maßgeblich zur Transparenz und Vergleichbarkeit der Abschlüsse bei.

6.3 Risiken von Forderungen in der Bilanz

„Einzelrisiken in der Bilanz" beziehen sich auf spezifische, einzelnen Bilanzpositionen zuordenbare Risiken, die einer individuellen Bewertung unterliegen. Diese Risiken können sich auf Vermögenswerte oder Schulden beziehen und erfordern eine differenzierte Betrachtung, um den tatsächlichen wirtschaftlichen Gegebenheiten gerecht zu werden. Im Folgenden werden die zentralen Aspekte erläutert:

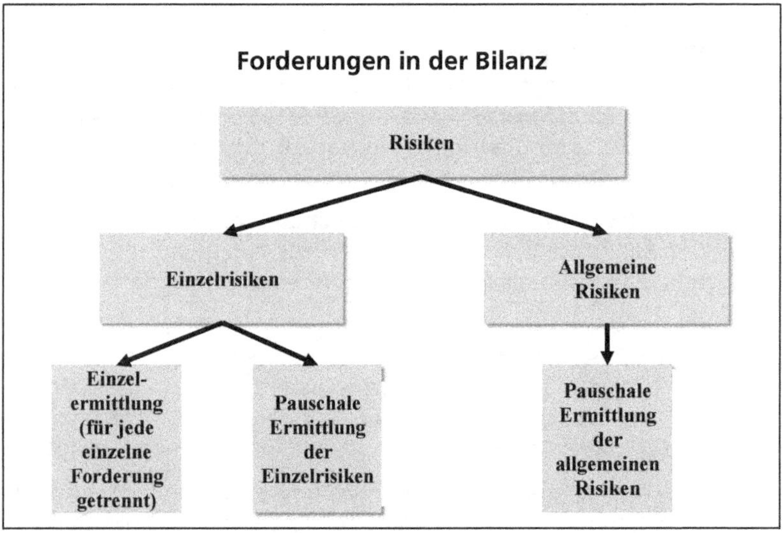

Abbildung 2: Forderungen in der Bilanz

6.3.1 Definition und Abgrenzung

- **Einzelrisiken vs. Kollektivrisiken:** Anders als kollektive Risiken, bei denen pauschale Rückstellungen (z. B. allgemeine Forderungsabschläge) gebildet werden, erfordern Einzelrisiken eine spezifische Einzelfallbetrachtung. Das bedeutet, wenn einzelne Bilanzpositionen (z. B. bestimmte Forderungen) ein erhöhtes Ausfallrisiko aufweisen, müssen diese individuell bewertet und ggf. abgewertet werden.

6.3.2 Beispiele für Einzelrisiken

- **Forderungen:** Ein klassisches Beispiel ist die Bewertung von Forderungen. Wenn bei einem einzelnen Schuldner konkrete Hinweise auf Zahlungsunfähigkeit oder Insolvenz vorliegen, wird dieses Risiko individuell erfasst. Hier fließt das Einzelrisiko in die Bildung spezifischer Wertberichtigungen ein.
- **Anlagegüter und Vorräte:** Auch bei Anlagegütern, die z. B. durch technologische Veränderungen an Wert verlieren könnten, oder bei Vorräten, die durch spezifische Umstände (z. B. saisonale Schwankungen oder Veralterung) gefährdet sind, müssen individuelle Risiken beurteilt werden.
- **Finanzinstrumente:** Bei bestimmten Finanzprodukten, die sich einer starken Schwankungs- oder Ausfallrisiko ausgesetzt zeigen, ist ebenfalls eine Einzelnachprüfung notwendig, um den tatsächlichen Wert angemessen darzustellen.

6.3.3 Bilanzielle Behandlung

- **Individuelle Wertberichtigung:** Liegt ein konkretes Einzelrisiko vor, erfolgt eine gezielte Wertberichtigung oder Abschreibung der betroffenen Position. Dies geschieht häufig auf Basis detaillierter Einzelfallprüfungen, um den niedrigeren beizulegenden Zeitwert oder den wahrscheinlichen Rückzahlungsbetrag anzusetzen.
- **Rückstellungen:** Bei bestimmten Einzelfällen, in denen zukünftige Verluste abzusehen sind, werden spezifische Rückstellungen gebildet, um die Risiken in der Bilanz angemessen zu berücksichtigen.
- **Dokumentation und Offenlegung:** Die zugrunde liegenden Einzelrisiken sollten in den Angaben im Anhang des Jahresabschlusses erläutert werden, damit Dritte – wie Prüfer oder Aufsichtsgremien – die Bewertung nachvollziehen können.

6.3.4 Bedeutung für die Verwaltungsbewertung

- **Realitätsgetreue Darstellung:** Durch die individuelle Erfassung und Bewertung von Einzelrisiken wird sichergestellt, dass die Bilanz ein realistisches und wahres Bild der Vermögens- und Finanzlage vermittelt.
- **Transparenz und Nachvollziehbarkeit:** Die detaillierte Dokumentation und Offenlegung einzelner Risikofaktoren erhöht die Transparenz und ermöglicht eine bessere Beurteilung der wirtschaftlichen Situation der Verwaltung.

Fazit

Zusammenfassend sind Einzelrisiken in der Bilanz spezifische, einzelnen Positionen zuordenbare Risiken, deren individuelle Bewertung und ggf. Anpassung – etwa durch Abschreibungen oder Rückstellungen – unerlässlich sind, um eine möglichst wahrheitsgetreue Darstellung der Verwaltungslage zu gewährleisten.

6.4 Wertberichtigungen

Wertberichtigungen sind ein zentrales Instrument der Rechnungslegung, um den tatsächlichen, wirtschaftlich realisierbaren Wert von Vermögensgegenständen und Forderungen in der Bilanz korrekt abzubilden. Sie sind Ausdruck des Vorsichtsprinzips und tragen dazu bei, Überbewertungen zu vermeiden. Im Folgenden wird die Charakteristik von Wertberichtigungen ausführlich beleuchtet.

6.4.1 Grundlagen und Zweck

- **Realitätsgetreue Darstellung:** Der Hauptzweck von Wertberichtigungen besteht darin, den in der Bilanz ausgewiesenen Wert eines Vermögensgegenstandes oder einer Forderung an den niedrigeren, tatsächlich realisierbaren Wert anzupassen. Dies verhindert, dass Vermögenswerte zu hoch angesetzt werden, und spiegelt potenzielle wirtschaftliche Risiken wider.
- **Vorsichtsprinzip:** Das Vorsichtsprinzip (Imparitätsprinzip) verlangt, dass bereits absehbare Verluste antizipiert und in der Buchführung berücksichtigt werden, während Gewinne erst ausgewiesen werden, wenn sie sicher realisiert sind. Wertberichtigungen sind daher ein präventives Instrument, das zukünftige Risiken bereits in der aktuellen Periode sichtbar macht.

- **Gesetzliche Grundlagen:** Die Notwendigkeit von Wertberichtigungen ergibt sich aus den Vorschriften des HGB, insbesondere aus den §§ 252 und 253 HGB, welche die Grundsätze ordnungsmäßiger Buchführung (GoB) festlegen. Insbesondere wird hier das Niederstwertprinzip angewendet, das bei Vermögenswerten und Forderungen zur Anwendung kommt.

6.4.2 Arten von Wertberichtigungen

- **Direkte Wertberichtigungen**
  - **Definition:** Bei der direkten Wertberichtigung wird der Buchwert des betreffenden Vermögensgegenstandes unmittelbar reduziert.
  - **Anwendungsbeispiel:** Bei einer einzelnen Forderung, bei der konkrete Hinweise auf eine Zahlungsausfallwahrscheinlichkeit bestehen, erfolgt eine direkte Abschreibung. Der ursprüngliche Wert wird direkt um den geschätzten Verlust vermindert.
- **Indirekte Wertberichtigungen**
  - **Definition:** Hier wird nicht der ursprüngliche Buchwert unmittelbar geändert, sondern es wird ein separater Wertberichtigungsposten (z. B. „Wertberichtigungen auf Forderungen") in der Bilanz angesetzt.
  - **Funktion:** Diese Form der Berichtigung ermöglicht eine spätere Wiederaufwertung, wenn sich die wirtschaftlichen Rahmenbedingungen verbessern oder der tatsächliche Verlust geringer ausfällt als erwartet.
- **Einzel- vs. Kollektivwertberichtigungen**
  - **Einzelwertberichtigungen:** Sie werden für spezifische, identifizierte Vermögensgegenstände oder Forderungen vorgenommen, bei denen das individuelle Risiko eindeutig feststellbar ist.
  - **Kollektivwertberichtigungen:** Sie dienen der Abbildung von Risiken, die sich aus einer Vielzahl von Positionen ergeben, bei denen keine detaillierte Einzelprüfung möglich oder wirtschaftlich sinnvoll ist. Hier erfolgt die Berichtigung anhand statistischer oder erfahrungsbezogener Modelle.

- **Auslöser und Bewertungsansätze**
  - **Interne und externe Indikatoren:** Wirtschaftliche Entwicklungen, Änderungen im Marktumfeld oder eine Verschlechterung der Bonität eines Schuldners können Hinweise auf einen Wertverlust geben. Bei Anlagegütern können technologische Neuerungen oder veränderte Kundenpräferenzen den Nutzungswert mindern.
  - **Niederstwertprinzip:** Dieses Prinzip schreibt vor, dass bei Unterschieden zwischen dem Buchwert und dem beizulegenden Zeitwert der niedrigere Wert anzusetzen ist. Es ist ein zentraler Bewertungsansatz im Rahmen der Wertberichtigungen und schützt vor einer zu optimistischen Bewertung der Vermögenslage.
  - **Zeitliche Betrachtung:** Wertberichtigungen sind in der Regel temporär und orientieren sich an der Erwartung zukünftiger Entwicklungen. Sollten sich die Rahmenbedingungen verbessern, kann eine Aufhebung der Wertberichtigung (sogenannte Zuschreibung) erfolgen – allerdings nur bis zur Höhe der ursprünglichen Anschaffungs- oder Herstellungskosten.

6.5 Risikoklassifizierung von Forderungen in der Bilanz

Risikoklassifizierung von Forderungen bezeichnet die Bewertung von Forderungen nach ihrer Wahrscheinlichkeit der Rückzahlung. Ziel ist es, potenzielle Zahlungsausfälle frühzeitig zu erkennen und entsprechende Wertberichtigungen vorzunehmen.

Risikoklasse	Erläuterung	Merkmal	Bewertung
sichere Forderungen	Zahlungseingang noch **sicher** erwartet	– Mahnstufe 0 oder 1 – keine „Risikoschuldnergruppe“	Pauschalwertberichtigung
zweifelhafte Forderungen	**erhebliches** Ausfallrisiko	– Alter der Forderung – Mahnstufe 2 – „Risikoschuldnergruppe“	pauschale Einzelwertberichtigung

Risikoklasse	Erläuterung	Merkmal	Bewertung
notleidende/ uneinbringliche Forderungen	Zahlungseingang **nicht mehr zu erwarten**	– Alter der Forderung – Niederschlagung – Insolvenz	Einzelwertberichtigung

Tabelle 7: Risikoklassifizierung von Forderungen

6.5.1 Sichere Forderung

Eine sichere Forderung zeichnet sich dadurch aus, dass das Risiko eines Forderungsausfalls als vernachlässigbar angesehen wird und der Einzug der Forderung nahezu gesichert ist. Zu den wesentlichen Charakteristika gehören:

- **Hohe Bonität des Schuldners:** Der Schuldner verfügt über eine stabile wirtschaftliche Lage und hohe Zahlungsfähigkeit, was die Wahrscheinlichkeit eines Zahlungsausfalls minimiert.
- **Rechtliche Durchsetzbarkeit:** Die Forderung basiert auf einer klaren, rechtlich verbindlichen Vereinbarung (z. B. Bescheid, Rechnung etc.). Im Streitfall ist die Forderung durch Vollstreckung durchsetzbar.
- **Vorhandene Sicherheiten:** Manchmal sind auch in der öffentlichen Verwaltung zusätzliche Sicherheiten (wie Hinterlegung, Bürgschaften, Pfandrechte) vorhanden, die im Fall eines Zahlungsausfalls greifen und das Ausfallrisiko weiter reduzieren.
- **Vollständige und nachvollziehbare Dokumentation:** Alle relevanten Belege, Bescheide und Verträge sind vollständig vorhanden und lückenlos dokumentiert, sodass die Forderung jederzeit nachvollziehbar und prüfbar ist.
- **Eigene Zahlungserfahrungen regelmäßiger und pünktlicher Zahlungen:** Eine Historie regelmäßiger und fristgerechter Zahlungen des Schuldners trägt zur Einschätzung der Forderung als sicher bei. Durch diese Eigenschaften wird in der Buchführung davon ausgegangen, dass solche Forderungen in voller Höhe realisierbar sind – ohne dass grundsätzlich ein Abzug für eventuelle Ausfallrisiken vorgenommen werden muss.

6.5.2 Zweifelhafte Forderung

Eine zweifelhafte Forderung liegt vor, wenn die Realisierbarkeit des Forderungsbetrags nicht sicher erscheint und ein erheblicher Ausfall riskiert wird. Typische Merkmale sind:

- **Eingeschränkte Bonität des Schuldners:** Die wirtschaftliche Situation des Schuldners ist oft instabil oder es liegen negative Bonitätsbewertungen vor, was Zweifel an der Zahlungsfähigkeit begründet.
- **Fehlende oder unzureichende Sicherheiten:** Im Vergleich zu sicheren Forderungen sind oft keine oder nur schwache Sicherheiten vorhanden, die einen Forderungsausfall im Ernstfall abfedern könnten.
- **Verzögerte oder ausbleibende Zahlungen:** Wiederholte Zahlungsverzögerungen oder Teilausfälle können ein Indiz dafür sein, dass die Forderung gefährdet ist.
- **Rechtliche Unklarheiten:** Es können Unsicherheiten in der vertraglichen Grundlage oder in der Durchsetzbarkeit der Forderung bestehen, etwa durch unvollständige oder fehlerhafte Dokumentation.
- **Notwendigkeit von Rückstellungen:** Aufgrund der erhöhten Ausfallwahrscheinlichkeit wird häufig eine entsprechende Wertberichtigung oder Rückstellung für zweifelhafte Forderungen vorgenommen.

Diese Eigenschaften erfordern in der Buchführung eine vorsichtige Bewertung der Forderungen, um ein realistisches Bild der Vermögenslage zu gewährleisten. Dabei wird häufig das sogenannte Niederstwertprinzip angewendet, wonach der niedrigere Wert – entweder der Buchwert oder der wahrscheinliche Rückzahlungsbetrag – angesetzt wird.

6.5.3 Notleidende/uneinbringliche Forderungen

Notleidende Forderungen stellen den extremen Fall von Zweifeln an der Einbringlichkeit einer Forderung dar. Sie weisen folgende wesentliche Charakteristika auf:

- **Langanhaltender Zahlungsverzug:** Die Forderung ist über einen längeren Zeitraum fällig, ohne dass der Schuldner zahlungsgemaß reagiert hat. Häufig sind bereits mehrfach Mahnungen und Vollstreckungsversuche erfolgt, die ohne Erfolg blieben.

- **Erhebliche Ausfallwahrscheinlichkeit:** Aufgrund der andauernden Nichtzahlung und der oft erkennbaren finanziellen Schwierigkeiten des Schuldners besteht kaum noch die Aussicht auf eine vollständige Begleichung des Forderungsbetrags.
- **Negative Bonitätsindikatoren des Schuldners:** Der Schuldner befindet sich in einer finanziell kritischen Situation, häufig mit Anzeichen von Insolvenz oder Zahlungsunfähigkeit. Dadurch sinkt die Wahrscheinlichkeit, dass ausstehende Zahlungen zukünftig eingehen.
- **Notwendigkeit umfangreicher Rückstellungen und Abschreibungen:** Angesichts des hohen Ausfallrisikos werden in der Buchführung erhebliche Rückstellungen gebildet. In vielen Fällen ist es erforderlich, die Forderung teilweise oder sogar vollständig abzuschreiben, um den tatsächlichen Wertverlust realistisch abzubilden.
- **Eingeschränkte Sicherheiten:** Selbst für den Fall, dass Sicherheiten vorhanden waren, haben diese oft an Wert verloren oder reichen nicht mehr aus, um den Forderungsverlust zu kompensieren.
- **Verstärkte rechtliche und organisatorische Maßnahmen:** Es werden häufig Vollstreckungsmaßnahmen eingeleitet, um wenigstens einen Teil des Forderungsbetrags zu realisieren. Gleichzeitig dokumentiert die Verwaltung lückenlos sämtliche Bemühungen, um den Forderungseinzug zu erzwingen.

Zusammengefasst kennzeichnen notleidende Forderungen sich durch einen lang anhaltenden und tiefgreifenden Zahlungsausfall, eine deutlich verschlechterte Bonität des Schuldners und den damit verbundenen hohen finanziellen Verlust. Diese Eigenschaften erfordern eine sehr vorsichtige Bewertung und entsprechende buchhalterische Maßnahmen, um das wirtschaftliche Risiko adäquat darzustellen. Eigentlich sollte auf eine Bewertung in diesen Fällen vollständig verzichtet werden.

6.6 Wertberichtigungsverfahren

Wertberichtigungen sind ein unverzichtbarer Bestandteil der Bilanzierung und dienen dazu, eine realitätsnahe und vorsichtige Bewertung der Vermögenswerte sicherzustellen. Sie beruhen auf gesetzlichen Vorgaben und internen Bewertungsprozessen, die sowohl individuelle als auch kollektive Risiken abbilden. Durch direkte und indirekte Anpassungen wird verhindert, dass der Bilanzwert von Vermögensgegenständen überhöht wird, was zu einer transparenteren Darstellung der wirtschaftlichen Lage und einer besseren Steuerung unternehmerischer Risiken führt. Eine sorgfältige Dokumentation und regelmäßige Überprüfung der Wertberichtigungen sind dabei essenziell, um sowohl internen als auch externen Ansprüchen an die Rechnungslegung gerecht zu werden.

6.6.1 Pauschale Einzelwertberichtigungen

Die pauschale Einzelwertberichtigung (EWB) ist ein Instrument der Rechnungslegung, das dazu dient, Forderungen bereits im Voraus um potenzielle Ausfallrisiken zu mindern, auch wenn für einzelne Posten noch keine konkreten Hinweise auf eine Zahlungsunfähigkeit vorliegen. Im Folgenden werden der Prozess und die methodische Herangehensweise ausführlich erläutert.

6.6.1.1 Grundprinzipien der Einzelwertberichtigung

Einzelwertberichtigung im Einzelnen: Unter einer Einzelwertberichtigung versteht man grundsätzlich die Anpassung des Buchwerts einzelner Forderungen, wenn konkrete Anhaltspunkte vorliegen, dass der Schuldner nicht oder nur teilweise zahlen wird. Wird bei einer Forderung ein konkretes Ausfallrisiko identifiziert, so erfolgt eine individuelle Wertberichtigung auf den betroffenen Betrag.

Pauschale Vorgehensweise: Im Gegensatz zur individuellen Bewertung werden bei der pauschalen Einzelwertberichtigung (oft auch als „Pauschalwertberichtigung“ bezeichnet) Forderungsgruppen anhand statistischer Erfahrungswerte bewertet. Das bedeutet, dass für eine Gruppe ähnlicher Forderungen – etwa nach Kundengruppe, Branche oder Forderungshöhe – ein einheitlicher Prozentsatz festgelegt wird, der das durchschnittliche Ausfallrisiko abbildet.

6.6.1.2 Methodische Herangehensweise

- **Analyse historischer Ausfalldaten**
  - **Datenbasis:** Es werden vergangene Erfahrungen und Ausfallraten herangezogen. Anhand historischer Daten (z. B. über

mehrere Geschäftsjahre) wird ermittelt, in welchem Umfang Forderungen typischerweise uneinbringlich geworden sind.

- **Berechnung des Prozentsatzes:** Der durchschnittliche Ausfallprozentsatz wird auf die jeweiligen Gruppen angewendet. Dieser Wert basiert auf statistischen Durchschnittswerten und kann je nach Branche oder Kundengruppe variieren.

– **Gruppierung von Forderungen**

- **Segmentierung:** Forderungen werden in Gruppen eingeteilt, die ähnliche Risikomerkmale aufweisen. Beispiele sind Forderungen aus unterschiedlichen Produkten, nach geografischen Regionen oder nach Höhe der Forderungen.

- **Anpassung der Pauschalen:** Je nach Risikoprofil kann der pauschale Prozentsatz differenziert angewandt werden. Eine Gruppe mit höherem Risiko erhält einen entsprechend höheren Berichtigungssatz als eine Gruppe mit geringem Risiko.

– **Regelmäßige Überprüfung und Anpassung**

- **Dynamik der Wirtschaft:** Da sich die wirtschaftlichen Rahmenbedingungen ändern können, ist eine regelmäßige Überprüfung der pauschalen Berichtigungssätze notwendig.

- **Aktualisierung der Datenbasis:** Verwaltungen passen ihre Schätzungen an, sobald neue Ausfalldaten vorliegen oder sich Marktbedingungen ändern, um die Prognosegenauigkeit zu erhöhen.

6.6.1.3 Rechtliche und buchhalterische Grundlagen

– **HGB und GoB**

- **Grundsätze ordnungsgemäßer Buchführung (GoB):** Die pauschale Einzelwertberichtigung ist im deutschen Handelsrecht verankert. Gemäß den GoB muss der Wertansatz vorsichtig gewählt und nachvollziehbar dokumentiert werden.

- **Bilanzierungsvorschriften:** Das HGB verlangt, dass Risiken, die den Wert von Forderungen mindern können, in der Bilanz angemessen berücksichtigt werden. Hierbei dient die pauschale Berichtigung als Instrument, um eine zu optimistische Darstellung der Forderungswerte zu vermeiden.

- **Dokumentationspflicht**
  - **Nachvollziehbarkeit:** Es ist zwingend erforderlich, die zugrunde liegenden Annahmen, die Auswahl der Daten sowie die Berechnungsmethoden genau zu dokumentieren.
  - **Interne und externe Revision:** Diese Dokumentation dient sowohl der internen Kontrolle als auch der Prüfung durch externe Prüfer, um die Richtigkeit und Angemessenheit der Wertberichtigungen zu bestätigen.

6.6.1.4 Praktische Bedeutung und Auswirkungen

- **Transparenz und risikoadäquate Bewertung:**
  - **Bilanzqualität:** Durch die pauschale Einzelwertberichtigung wird sichergestellt, dass das tatsächliche Risiko von Forderungsausfällen bereits in der Bilanz abgebildet wird. Dies trägt zu einer realistischen Darstellung der Vermögenslage bei.
  - **Vermeidung von Überschätzung:** Ohne eine Berücksichtigung dieser Risiken könnten Forderungen zu hoch bewertet werden, was zu einer verzerrten Darstellung der wirtschaftlichen Lage der Verwaltung führen würde.
- **Vorteile**
  - **Effizienz:** Anstatt jede Forderung individuell zu bewerten, ermöglicht die pauschale Methode eine effiziente Handhabung großer Datenmengen.
  - **Praktikabilität:** Besonders bei einer hohen Anzahl von Forderungen, bei denen nur wenige Einzelfälle konkret als uneinbringlich identifiziert werden können, bietet die pauschale Methode eine praktikable Lösung.
- **Herausforderungen und Grenzen**
  - **Schätzungsunsicherheit:** Da der pauschale Prozentsatz auf historischen Durchschnittswerten basiert, können aktuelle oder zukünftige Veränderungen im Zahlungsverhalten nicht immer vollständig erfasst werden.
  - **Branchen- und Kundenspezifika:** Die Differenzierung in verschiedenen Gruppen ist entscheidend, um nicht einen zu generellen oder zu konservativen Wert anzusetzen. Eine zu pauschale Herangehensweise kann in Einzelfällen zu einer Fehlbewertung führen.

6.6.1.5 Zusammenfassung

Die Bildung pauschaler Einzelwertberichtigungen stellt eine betriebswirtschaftlich und buchhalterisch sinnvolle Methode dar, um das Ausfallrisiko von Forderungen im Voraus zu berücksichtigen. Durch die statistische Auswertung historischer Daten und die Gruppierung von Forderungen in risikorelevante Kategorien wird ein pauschaler Prozentsatz ermittelt, der das durchschnittliche Ausfallrisiko abbildet. Diese Methode sorgt für eine vorsichtige Bilanzierung, verbessert die Transparenz der Risikoeinschätzung und unterstützt die wirtschaftliche Entscheidungsfindung. Gleichzeitig erfordert sie eine regelmäßige Überprüfung und Anpassung der zugrunde liegenden Annahmen, um den aktuellen wirtschaftlichen Bedingungen gerecht zu werden.

6.6.2 Pauschalwertberichtigungen

6.6.2.1 Theoretischer Hintergrund

Zu Beginn müssen die verschiedenen Begrifflichkeiten definiert bzw. voneinander unterscheiden werden:

- **Einzelwertberichtigung:** Jede einzelne Forderung wird anhand spezifischer Informationen (z. B. konkrete Hinweise auf Zahlungsunfähigkeit eines Kunden) individuell bewertet und ggf. abgeschrieben.
- **Pauschale Einzelwertberichtigung:** Hier wird – wenn keine konkreten Einzelfallhinweise vorliegen – ein pauschaler Prozentsatz auf Gruppen von Forderungen angewendet. Die Auswahl des Prozentsatzes erfolgt auf Basis historischer Ausfalldaten und Erfahrungswerten. Ziel ist es, auch unvorhergesehene Einzelausfälle vorsorglich zu berücksichtigen.

Gründe für eine Pauschalwertberichtigung sind:

- **Risikoadäquate Bewertung:** Das Ziel ist, das durchschnittliche Ausfallrisiko bereits vorab in der Bilanz abzubilden, um eine zu optimistische Bewertung der Forderungen zu vermeiden.
- **Effizienz:** Bei einer großen Anzahl von Forderungen kann die Einzelfallbewertung unverhältnismäßig zeit- und ressourcenintensiv sein.

6.6.2.2 Musterrechnung für die Ermittlung von Pauschalwertberichtigungen

Im Folgenden wird ein ausführlicheres Beispiel zur Bildung pauschaler Einzelwertberichtigungen präsentiert. Dabei werden nicht nur die mathematischen Schritte detailliert dargestellt, sondern auch methodische Überlegungen und buchhalterische Hintergründe erläutert.

III

Musterrechnung: Segmentierung und Berechnung

Angenommen, eine Verwaltung weist Forderungen in Höhe von insgesamt 100.000 EUR aus. Aufgrund unterschiedlicher Kundenausfallwahrscheinlichkeiten werden die Forderungen in drei Gruppen segmentiert:

1. **Segmentierung der Forderungen:**
   1) **Gruppe 1: Kunden mit hoher Bonität**
      a) **Forderungsbetrag:** 60.000 EUR
      b) **typischer Ausfallrisikosatz:** 1 %
      c) **Begründung:** Diese Kunden haben in der Vergangenheit kaum Zahlungsausfälle verzeichnet.
   2) **Gruppe 2: Kunden mit mittlerer Bonität**
      a) **Forderungsbetrag:** 25.000 EUR
      b) **typischer Ausfallrisikosatz:** 5 %
      c) **Begründung:** Für diese Kundengruppe liegen moderate Ausfallraten vor.
   3) **Gruppe 3: Kunden mit niedriger Bonität**
      a) **Forderungsbetrag:** 15.000 EUR
      b) **typischer Ausfallrisikosatz:** 15 %
      c) **Begründung:** Diese Kunden weisen historisch bedingt eine höhere Wahrscheinlichkeit für Zahlungsausfälle auf.

   Die Summe der Forderungsbeträge ergibt:

   60.000 EUR + 25.000 EUR + 15.000 EUR = 100.000 EUR

2. **Berechnung der pauschalen Einzelwertberichtigung**

   Für jede Gruppe wird der pauschale Berichtigungssatz auf den jeweiligen Forderungsbetrag angewendet.

a) **Gruppe 1 (hohe Bonität):** *Berichtigung = 60.000 EUR × 0,01 = 600 EUR*

b) **Gruppe 2 (mittlere Bonität):** *Berichtigung = 25.000 EUR × 0,05 = 1.250 EUR*

c) **Gruppe 3 (niedrige Bonität):** *Berichtigung = 15.000 EUR × 0,15 = 2.250 EUR*

3. **Gesamtergebnis der pauschalen Einzelwertberichtigungen**

Die Summe der Berichtigungsbeträge aus allen Gruppen lautet:

600 EUR + 1.250 EUR + 2.250 EUR = 4.100 EUR

III

Nach der Berechnung des Gesamtergebnisses der pauschalen Einzelwertberichtigung wenden wir uns noch den methodischen Überlegungen und buchhalterischen Hintergründen zu. Dahingehend wird die oben abgebildete Musterberechnung um die nachfolgenden Schritte erweitert.

4. **Buchhalterische Darstellung und Dokumentation**

a) **Anpassung des Forderungsbestands**

Der ursprüngliche Forderungsbestand von 100.000 EUR wird um den pauschalen Berichtigungsbetrag reduziert:

Buchwert nach Berichtigung = 100.000 EUR – 4.100 EUR = 95.900 EUR

b) **Buchungssatz**

Ein möglicher Buchungssatz zur Verbuchung der pauschalen Einzelwertberichtigung lautet:

- **Soll:** Wertberichtigung Forderungen 4.100 EUR
- **Haben:** Forderungsbestand 4.100 EUR

c) **Dokumentationspflicht**

- **Methodik:** Es ist essenziell, die Segmentierung der Forderungen sowie die zugrunde liegenden historischen Daten und Berechnungen detailliert zu dokumentieren.
- **Überprüfung:** Die angewandten Prozentsätze sollten regelmäßig (z. B. jährlich) anhand aktueller Ausfalldaten überprüft und bei Bedarf angepasst werden.
- **Interne Revision:** Eine nachvollziehbare Dokumentation ist wichtig, damit interne sowie externe Prüfer die Angemessenheit der Berichtigung nachvollziehen können.

5. **Sensitivitätsbetrachtung und Erweiterungsmöglichkeiten**

a) **Sensitivitätsanalyse**

– **Variabilität der Berichtigungssätze:** Es kann sinnvoll sein, die Auswirkungen unterschiedlicher Prozentsätze auf den Buchwert zu simulieren. Z. B. könnte bei einer Änderung des wirtschaftlichen Umfelds geprüft werden, wie sich ein Anstieg der Ausfallraten auf die pauschale Berichtigung auswirkt.

– Ändert sich der Satz für Gruppe 2 z. B. von 5 % auf 7 %, ergibt sich:

neue Berichtigung für Gruppe 2 = 25.000 EUR × 0,07 = 1.750 EUR

Damit würde der Gesamtberichtigungsbetrag auf

600 EUR + 1.750 EUR + 2.250 EUR = 4.600 EUR

steigen, was den Buchwert der Forderungen weiter reduziert.

b) **Erweiterte Segmentierung**

– **Weitere Unterteilungen:** In manchen Fällen kann es sinnvoll sein, die Forderungen noch feiner zu segmentieren (z. B. nach Branchen, geografischen Regionen oder individuellen Kundenkategorien), um noch präzisere Berichtigungssätze zu ermitteln.

– **Dynamische Anpassung:** Verwaltungen können auch Zwischenberichte erstellen, um kurzfristige Schwankungen zu berücksichtigen, bevor der Jahresabschluss erstellt wird.

III

6.6.2.3 Zusammenfassung

In diesem erweiterten Musterbeispiel wurde der Forderungsbestand von 100.000 EUR in drei Risikogruppen unterteilt. Für jede Gruppe wurde ein pauschaler Berichtigungssatz auf Basis historischer Ausfallraten angenommen:

- **Gruppe** 1 (hohe Bonität): 1 % → 600 EUR
- **Gruppe 2** (mittlere Bonität): 5 % → 1.250 EUR
- **Gruppe 3** (niedrige Bonität): 15 % → 2.250 EUR

Der Gesamtbetrag der pauschalen Einzelwertberichtigungen beträgt somit 4.100 EUR, wodurch der buchhalterische Forderungsbestand auf 95.900 EUR reduziert wird. Zusätzlich wird die Notwendigkeit der regelmäßigen Überprüfung, der Dokumentation und möglicher Sensitivitätsanalysen betont, um auf veränderte wirtschaftliche Rahmenbedingungen reagieren zu können.

Dieses ausführliche Beispiel verdeutlicht, wie mittels pauschaler Einzelwertberichtigungen potenzielle Risiken im Forderungsbestand realistisch abgebildet und in der Bilanz vorsorglich berücksichtigt werden können.

6.7 Bilanzielle Auswirkungen von Wertberichtigungen

- **Auswirkung auf die Bilanzsumme:** Durch die Reduzierung des Buchwerts wirken sich Wertberichtigungen direkt auf das ausgewiesene Vermögen aus. Dies führt zu einer konservativeren Darstellung der Vermögenslage und mindert das Risiko einer Überschätzung.
- **Ergebniswirksamkeit:** Wertberichtigungen werden als Aufwand in der Gewinn- und Verlustrechnung erfasst. Dies reduziert den ausgewiesenen Gewinn und wirkt sich somit unmittelbar auf das Periodenergebnis aus.
- **Transparenz und Nachvollziehbarkeit:** Eine detaillierte Dokumentation der zugrunde liegenden Annahmen und Berechnungen ist erforderlich, um den Bewertungsprozess nachvollziehbar zu machen. Dies ist auch für externe Prüfer und Stakeholder von hoher Relevanz.

III

6.8 Dokumentations- und Offenlegungspflichten

- **Interne Kontrolle:** Die Begründung und Höhe von Wertberichtigungen müssen durch interne Richtlinien und Verfahren abgesichert sein. Eine transparente Dokumentation ist dabei unabdingbar.
- **Offenlegung im Anhang:** In der Regel sind Verwaltungen verpflichtet, im Anhang des Jahresabschlusses die angewandten Bewertungsmethoden und die wesentlichen Annahmen offenzulegen. Dies dient der besseren Einschätzung der wirtschaftlichen Risiken und der Bewertungsstrategie.

6.9 Bedeutung im Rahmen des Risikomanagements

- **Frühwarnsystem:** Wertberichtigungen fungieren als Indikator für wirtschaftliche Risiken und mögliche zukünftige Verluste. Sie liefern wichtige Informationen für das interne Risikomanagement und helfen, notwendige Gegenmaßnahmen frühzeitig einzuleiten.

- **Vertrauensbasis für Stakeholder:** Eine konservative Bewertung, die durch angemessene Wertberichtigungen unterstützt wird, schafft Vertrauen bei übergeordneten Verwaltungsebenen und weiteren Stakeholdern (intern/extern). Sie signalisiert, dass die Verwaltung potenzielle Risiken realistisch einschätzt und entsprechend reagiert.

6.10 Praktische Tipps

- **Forderungen:** Bei Verwaltungen, die mit einer Vielzahl von Kunden arbeiten, werden oft Kollektivwertberichtigungen auf Forderungen gebildet, um das Risiko von Forderungsausfällen zu berücksichtigen. Bei einem konkreten Kunden mit bekannten Zahlungsschwierigkeiten erfolgt dagegen eine Einzelwertberichtigung.
- **Anlagevermögen:** Technologischer Wandel kann dazu führen, dass Maschinen oder Anlagen schneller an Wert verlieren. Hier fließt die Einschätzung des aktuellen Marktwerts in die Entscheidung ein, ob und in welcher Höhe eine Abschreibung notwendig ist.

7. Bonität eines Schuldners

Gerade im Zusammenhang mit der Bewertung einer Forderung wird die Bonität immer wichtiger. Wenige Verwaltungen berücksichtigen diese Tatsache bei Ihren Wertberichtigungsermittlungen.

Kriterium	Beschreibung	Wertung
Name	vollständiger Name und Vorname(n)	Portfolienvergleich: Gibt es weitere Forderungen gegen denselben Schuldner im eigenen Haus? Bezug externer Informationen
Anschrift	vollständige letzte bekannte Anschrift Inland/ Ausland	Gibt es weitere Forderungen gegen denselben Schuldner im eigenen Haus? Bezug externer Informationen Kleeberger Str. 23, 35510 Butzbach[10] Marienschloss 1, 35519 Rockenberg Licher Str. 106, 35394 Gießen Ausland: Wie wahrscheinlich ist die Realisierung? Umzugshäufigkeit: lässt auch einen Rückschluss auf Kontinuität im Lebenswandel zu

[10] „besondere Adressen", z. B. JVA, medizinische Einrichtungen, „Weißer Riese" in Duisburg

Kriterium	Beschreibung	Wertung
Geburtsjahr	vollständiges Geburtsdatum	Alter: Mit zunehmendem Alter des Schuldners kann eine Realisierung wahrscheinlicher oder unwahrscheinlicher werden.
Alter der Forderung	Wann ist die Forderung ursprünglich entstanden?	Laufzeit: Wie lange wird schon versucht, die Forderung zu realisieren? Wann tritt die Verjährung ein?
bisherige Historie	Dokumentation der erreichten Verfahrensstände	Welche Maßnahmen wurden mit welchem Ergebnis bisher ergriffen? Verjährung gehemmt? Befindet sich der Schuldner in der Insolvenz? Wann erfolgte die Abgabe Vermögensauskunft? Werden Vereinbarungen eingehalten?

Tabelle 8: Bonität eines Schuldners

Die Bonitätsprüfung einer natürlichen Person als Privatschuldner basiert auf einer Kombination aus finanziellen Kennzahlen, dem Zahlungsverhalten und weiteren persönlichen Faktoren. Hier sind die wichtigsten Parameter, die zur Bewertung der Kreditwürdigkeit einer Privatperson herangezogen werden:

7.1 Quantitative Faktoren (finanzielle Situation)

7.1.1 Einkommenssituation

- **Regelmäßigkeit und Höhe des Einkommens**
  - Stetiges Einkommen aus einer unbefristeten Festanstellung wird positiver bewertet als unregelmäßige Einkünfte aus freiberuflicher oder selbstständiger Tätigkeit.
  - Hohe und stabile Einkünfte senken das Ausfallrisiko.
- **Einkommensquellen**
  - hauptberufliches Gehalt
  - Nebeneinkünfte (z. B. Mieteinnahmen, Kapitalerträge)
  - Sozialleistungen werden meist nicht oder nur eingeschränkt als stabiles Einkommen anerkannt.

III

7.1.2 Beschäftigungsverhältnis

- **Art des Arbeitsverhältnisses**
  - Ein unbefristeter Arbeitsvertrag ist besser als eine befristete oder projektbezogene Beschäftigung.
- **Dauer der Beschäftigung**
  - Je länger das Arbeitsverhältnis besteht, desto stabiler wird es eingeschätzt.
- **Branche und Arbeitgeber**
  - Ein sicheres Beschäftigungsfeld (z. B. öffentlicher Dienst) wird positiver bewertet als eine Anstellung in einer krisenanfälligen Branche.

7.1.3 Haushaltsrechnung (Einnahmen-Ausgaben-Verhältnis)

- **Fixe monatliche Ausgaben**
  - Miete, Nebenkosten, Versicherungen, Kredite, Unterhaltsverpflichtungen
- **Variable Ausgaben**
  - Lebensmittel, Freizeit, Reisen, Konsumausgaben
- **Sparquote**
  - Je mehr vom Einkommen gespart werden kann, desto besser die Bonität.

7.1.4 Schuldenstand und Verpflichtungen

- **Laufende Kredite und Verbindlichkeiten**
  - Höhe bestehender Kredite und monatliche Kreditraten
  - Kreditart: Konsumkredit (negativer bewertet) vs. Immobilienkredit (positiver bewertet)
- **Kreditlinie und Dispositionskredite**
  - Nutzung des Dispokredits über einen längeren Zeitraum kann negativ gewertet werden.
- **Bürgschaften für Dritte**
  - Bürgschaften können als latente Verbindlichkeit die Bonität belasten.

7.1.5 Vermögenswerte (positiver Einfluss auf Bonität)

- **Immobilienbesitz**
  - Eigenheimbesitz steigert die Bonität, insbesondere wenn die Immobilie lastenfrei oder nur gering belastet ist.
- **Sparguthaben, Wertpapiere, Lebensversicherungen**
  - Hohe liquide Vermögenswerte bieten zusätzliche Sicherheiten.

7.2 Qualitative Faktoren

7.2.1 Kredit- und Zahlungsverhalten

- **SCHUFA-Score und Einträge bei Wirtschaftsauskunfteien**
  - Negative SCHUFA-Einträge (z. B. Mahnbescheide, Inkassoverfahren) senken die Bonität erheblich.
  - Ein guter SCHUFA-Score (> 95 %) deutet auf eine sehr hohe Kreditwürdigkeit hin.
- **Pünktlichkeit von Zahlungen**
  - Regelmäßige verspätete Zahlungen an Gläubiger sind ein negatives Signal.
- **Anzahl und Art der bestehenden Kreditverträge**
  - Viele kleine Konsumkredite können auf eine schlechte Finanzdisziplin hinweisen.

7.2.2 Wohnsituation und Stabilität

- **Mietverhältnis vs. Eigenheim**
  - Eigentümer werden oft als stabiler eingeschätzt als Mieter.
- **Dauer am Wohnort**
  - Häufige Umzüge können ein negatives Indiz sein.

7.2.3 Familienstand und Unterhaltspflichten

- **Alleinstehend vs. verheiratet**
  - Ein Doppelverdienerhaushalt wird oft positiver bewertet als eine alleinverdienende Person.

- **Unterhaltsverpflichtungen**
  - Zahlungsverpflichtungen für Kinder oder geschiedene Partner verringern das frei verfügbare Einkommen.

7.3 Externe Einflussfaktoren

7.3.1 Konjunkturelle Entwicklung

Wirtschaftliche Krisen können die Arbeitsplatzsicherheit und damit die Bonität beeinträchtigen. Hohe Inflationsraten oder steigende Zinsen können zudem die finanzielle Belastung erhöhen.

7.3.2 Branchenrisiken

Personen, die in krisenanfälligen Branchen (z. B. Eventmanagement, Gastronomie) arbeiten, werden risikoreicher eingestuft.

7.3.3 Gesetzliche Rahmenbedingungen

Änderungen bei Steuerklassen, Sozialversicherungen oder staatlichen Förderungen können sich auf das verfügbare Einkommen auswirken.

7.4 Bonitätseinstufung und Scoringverfahren

Zur Bewertung der Kreditwürdigkeit wird oft ein Punktesystem oder Scoringmodell genutzt.

Beispiel einer Bonitätsbewertung (Scoringmodell 1 bis 5)

Kriterium	Gewichtung (%)	Score (1 = schlecht, 5 = sehr gut)	gewichteter Score
Nettoeinkommen	25 %	4	1,0
Arbeitsverhältnis	20 %	5	1,0
Schuldenstand	15 %	3	0,45
Zahlungsverhalten (SCHUFA-Score)	20 %	4	0,8
Wohnsituation	10 %	3	0,3
Unterhaltspflichten	10 %	4	0,4
Gesamtbewertung (1 bis 5)	**100 %**	**–**	**3,95**

Tabelle 9: Beispiel einer Bonitätsbewertung

Ein Wert von **3,95** würde auf eine gute Bonität hindeuten, während ein Wert unter **2,5** ein erhöhtes Ausfallrisiko signalisiert.

Fazit

Die Bonität einer natürlichen Person wird anhand einer Kombination aus finanziellen, persönlichen und verhaltensbezogenen Faktoren beurteilt. Entscheidend sind insbesondere das regelmäßige Einkommen, das Zahlungsverhalten (z. B. SCHUFA-Score), bestehende Schulden und das Verhältnis von Einkommen zu monatlichen Verpflichtungen. Eine umfassende Bewertung hilft Gläubigern, das Ausfallrisiko zu minimieren.

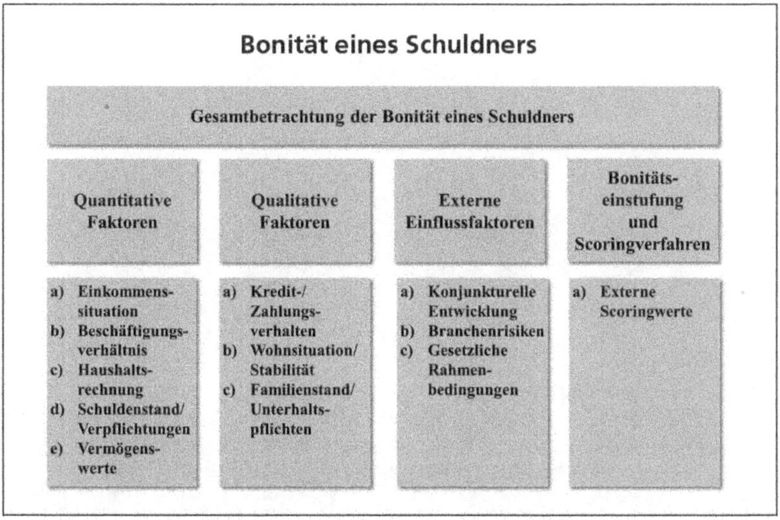

Abbildung 3: Gesamtbetrachtung der Bonität eines Schuldners

IV. Kreislauf und Prozess des Forderungsmanagements

IV. Kreislauf und Prozess des Forderungsmanagements

1. Der Forderungsmanagement-Kreislauf in der öffentlichen Verwaltung

Das **Forderungsmanagement in der öffentlichen Verwaltung** stellt sicher, dass öffentliche Gelder ordnungsgemäß eingenommen werden und offene Forderungen zeitnah beglichen werden. Eine Professionalisierung des Forderungsmanagements hilft, Zahlungsausfälle zu minimieren, Liquiditätsengpässe zu vermeiden und die öffentliche Hand effizient zu finanzieren. Dabei unterliegt das Forderungsmanagement strengeren gesetzlichen Vorgaben als in der Privatwirtschaft, insbesondere dem **Haushaltsrecht, Verwaltungsrecht und Vollstreckungsrecht**.

IV

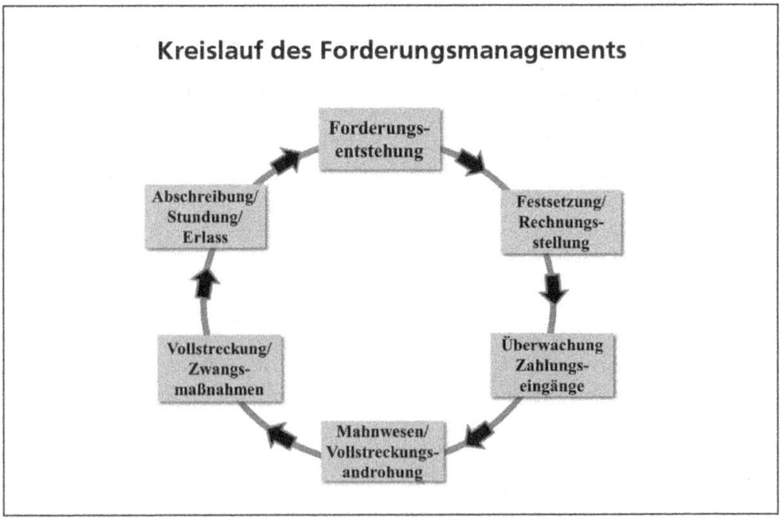

Abbildung 4: Kreislauf des Forderungsmanagements

2. Entstehung der Forderung

Eine öffentliche Forderung entsteht, wenn eine **Behörde oder öffentliche Institution** eine Leistung erbringt, eine Abgabe erhebt oder eine finanzielle Verpflichtung des Bürgers oder eines Unternehmens feststellt.

2.1 Arten öffentlicher Forderungen

- **Steuern und Abgaben**
  - Einkommensteuer, Gewerbesteuer, Grundsteuer
  - Kfz-Steuer, Hundesteuer
- **Gebühren und Beiträge**
  - Verwaltungsgebühren (z. B. Ausweise, Baugenehmigungen)
  - Müllgebühren, Wassergebühren, Straßenreinigungsgebühren
  - Kitagebühren, Schulgebühren
  - Sozialversicherungsbeiträge
- **Bußgelder und Strafen**
  - Ordnungswidrigkeiten (z. B. Parkverstöße, Umweltauflagen)
  - gerichtliche Geldstrafen
- **Leistungen der öffentlichen Hand**
  - Vermietung und Verpachtung von kommunalen Immobilien
  - Rückforderungen von zu viel gezahlten Sozialleistungen
- **Sonstige Forderungen**
  - Zuschüsse, Fördermittel (Rückzahlungspflichten)
  - Darlehen von öffentlichen Stellen

2.2 Rechtliche Grundlage

Öffentliche Forderungen beruhen auf Gesetzen, Satzungen oder Verwaltungsakten. In vielen Fällen haben öffentliche Stellen einen hoheitlichen Anspruch, sodass Schuldner kaum Widerspruchsmöglichkeiten haben.

Gesetzlicher Entstehungsgrund – Leistungserbringung		
Öffentlich-rechtliche Forderungen		**Privatrechtliche Forderungen**
Abgaben		
Steuern	Zwangsgelder	Mieten
Beiträge	Kosten der Ersatzvornahme	Pachten
Gebühren	Geldbußen	Schadensersatz
sonstige Abgaben		Unterhaltsvorschuss

Tabelle 10: Gesetzlicher Entstehungsgrund einer Forderung – Leistungserbringung

3. Festsetzung und Rechnungsstellung

Nachdem die Forderung entstanden ist, wird sie **festgesetzt** und dem Schuldner mitgeteilt.

- **Ermittlung der Forderungshöhe:**
  - Berechnung gemäß **gesetzlichen Vorgaben** oder individuellen Verträgen
  - Erhebung von **Verzugszinsen, Gebühren und Säumniszuschlägen** bei verspäteter Zahlung
  - Berücksichtigung möglicher **Ermäßigungen oder Freibeträge**
- **Möglichkeiten der Festsetzung:**
  - **Verwaltungsakt oder Steuerbescheid** (z. B. Grundsteuerbescheid, Kfz-Steuerbescheid)
  - **Rechnung oder Gebührenbescheid** (z. B. Kitagebühren, Müllgebühren)
  - **vertragliche Vereinbarung** (z. B. Mietvertrag mit einer öffentlichen Einrichtung)
- **Zustellung der Forderung:**
  - per **Post**, elektronisch oder durch **öffentliche Zustellung**
  - **Rechtssicherheit** ist wichtig: Unklare oder fehlerhafte Bescheide können angefochten werden.

Wichtig: Im Gegensatz zur Privatwirtschaft sind **öffentliche Forderungen oft nicht verhandelbar.** Auch Zahlungsaufschübe oder Ratenzahlungen sind nur unter strengen Voraussetzungen möglich.

4. Überwachung der Zahlungseingänge

Nach der Festsetzung erfolgt die **systematische Kontrolle der Zahlungseingänge** durch die Finanzverwaltung.

- **Überwachungsinstrumente:**
  - **Offene-Posten-Liste:** Übersicht über alle noch nicht beglichenen Rechnungen
  - **Fristenüberwachung:** automatische Kontrolle des Zahlungsziels
  - **Buchhaltungsabgleich:** Abgleich von Zahlungseingängen mit den Forderungen
- **Klassifizierung offener Forderungen:**
  - **innerhalb der Frist:** keine Maßnahme erforderlich
  - **kurzfristig überfällig** (ein bis 14 Tage nach Fälligkeit): Erinnerung oder erste Mahnung
  - **mittel- bis langfristig überfällig** (> 30 Tage nach Fälligkeit): 2. Mahnung oder Vollstreckung

Ziel: Früherkennung von **Zahlungsausfällen** und rechtzeitige Einleitung von Maßnahmen.

5. Mahnwesen und Vollstreckungsandrohung

Falls ein Schuldner nicht fristgerecht zahlt, wird ein Mahnverfahren eingeleitet.

- **Mahnverfahren in der öffentlichen Verwaltung:**
  - **erste Mahnung** mit Fristsetzung (spätestens 14 Tage nach Fälligkeit)
  - Vollstreckungsandrohung (2. Mahnung)
- **Zusätzliche Maßnahmen:**
  - **Verzugszinsen und Säumniszuschläge** gemäß Abgabenordnung oder Verwaltungsvorschriften

IV

- **Ratenzahlungsvereinbarungen oder Stundungen,** falls soziale oder wirtschaftliche Härten vorliegen

Wichtig: In der öffentlichen Verwaltung besteht oft kein **Spielraum für Verhandlungen**. Säumniszuschläge sind gesetzlich festgelegt.

6. Vollstreckung und Zwangsmaßnahmen

Zahlt der Schuldner trotz Mahnungen nicht, wird die Forderung **zwangsweise beigetrieben**.

Instrumente der öffentlichen Vollstreckung:
– **Lohn- oder Gehaltspfändung** (Arbeitgeber ist verpflichtet, den Betrag direkt abzuführen) – **Kontopfändung** (Geld wird vom Konto des Schuldners eingezogen) – **Sachpfändung** (z. B. Beschlagnahme von Fahrzeugen, Wertgegenständen) – **Grundbucheintragungen** (z. B. Zwangssicherungshypothek) – **Steuerrückerstattungen verrechnen** (Steuererstattungen werden zur Tilgung verwendet)

Wichtig: Im Gegensatz zur Privatwirtschaft benötigt die öffentliche Hand **keinen gerichtlichen Mahnbescheid**, sondern kann direkt vollstrecken.

7. Stundung, Erlass oder Abschreibung der Forderung

Falls eine Forderung nicht beigetrieben werden kann, gibt es folgende Möglichkeiten:

– **Stundung der Forderung**

- Schuldner erhält eine Fristverlängerung oder Ratenzahlung.
- nur möglich, wenn die Forderung später voraussichtlich beglichen werden kann

- **Niederschlagung der Forderung**
  - Forderung bleibt bestehen, wird aber vorübergehend nicht weiterverfolgt.
  - Schuldner kann später erneut belangt werden.
- **Forderungserlass**
  - Falls eine Beitreibung **unverhältnismäßig** oder **sozial untragbar** ist, kann die Forderung erlassen werden.
  - in der Regel nur bei besonderer Bedürftigkeit oder öffentlichem Interesse
- **Abschreibung als uneinbringlich**
  - Falls alle Maßnahmen erfolglos bleiben (z. B. Insolvenz des Schuldners), wird die Forderung endgültig ausgebucht.

Wichtig: Jede Stundung, Niederschlagung oder Abschreibung muss nach haushaltsrechtlichen Grundsätzen genehmigt werden.

8. Kontinuierliche Weiterentwicklung/KVP

Das Forderungsmanagement unterliegt einer kontinuierlichen Weiterentwicklung und Verbesserung. Daher sprechen wir von einem KVP, einem kontinuierlichen Verbesserungsprozess.

Vertiefung des Kontinuierlichen Verbesserungsprozesses	
WAS	Fokussierung, Verabschiedung und Umsetzung einer **Strategie** für das Forderungsmanagement der jeweiligen kommunalen Verwaltung
WER	Einbindung und **Verpflichtung aller Fachbereiche/-ämter/-dienste,** gezielte Priorisierung
WIE	Optimierung unter **Kosten-Nutzen-Gesichtspunkten, Risikoanalyse** Konzentration auf die **Kernkompetenzen**

Tabelle 11: Vertiefung des Kontinuierlichen Verbesserungsprozesses

Warum sollte die öffentliche Verwaltung ihren Forderungsmanagementprozess kontinuierlich verbessern?

Ein **effizientes Forderungsmanagement** ist essenziell für eine funktionierende öffentliche Verwaltung. Eine kontinuierliche Verbesserung des Prozesses bringt zahlreiche Vorteile, insbesondere hinsichtlich der finanziellen Stabilität, Effizienz und Bürgerfreundlichkeit.

8.1 Sicherstellung der Liquidität und Haushaltsstabilität

Die öffentliche Verwaltung ist auf **zuverlässige Einnahmen** angewiesen, um ihre Aufgaben zu erfüllen. Dazu gehören z. B. Bildung, Infrastruktur, Sozialleistungen und öffentliche Sicherheit.

Vorteile einer optimierten Forderungsbearbeitung:
– Schnellere Zahlungseingänge → Sicherstellung der **finanziellen Handlungsfähigkeit** – Reduzierung von Zahlungsausfällen → weniger **Verluste durch uneinbringliche Forderungen** – Effiziente Mittelbewirtschaftung → Vermeidung von **Haushaltsdefiziten**

Praxis-Tipp:

Wenn Städte oder Gemeinden Steuereinnahmen nicht rechtzeitig eintreiben, kann es zu Budgetengpässen kommen, die geplante Investitionen in Straßen oder Schulen gefährden.

8.2 Effizienzsteigerung und Kostenreduktion

Durch moderne Technologien und optimierte Prozesse können **Verwaltungskosten gesenkt** und Ressourcen effizienter genutzt werden.

Verbesserungspotenziale:
– **Automatisierung** von Mahn- und Zahlungsprozessen → weniger manueller Aufwand – **Digitale Zahlungssysteme** → bürgerfreundlich und schneller – **Bessere Datenanalyse** → frühzeitige Erkennung von Risiken

Praxis-Tipp:

Eine Stadtverwaltung, die Mahnungen noch per Post versendet, könnte durch eine **digitale Zahlungsplattform** Porto- und Personalkosten sparen.

8.3 Erhöhung Bürgerfreundlichkeit und Akzeptanz

Ein moderner Forderungsprozess sollte **transparent, verständlich und fair** sein, um das Vertrauen der Bürger in die Verwaltung zu stärken.

Maßnahmen zur Verbesserung der Bürgerfreundlichkeit:
– **Einfache und verständliche Rechnungen/Bescheide** (keine Abkürzungen) – **Flexible Zahlungsmöglichkeiten** (z. B. Onlinezahlung, Ratenzahlung) – **Automatisierte Zahlungserinnerungen** (z. B. per E-Mail oder SMS)

Praxis-Tipp:

Eine **automatische Zahlungserinnerung per SMS oder E-Mail** kann Bürgern helfen, ihre Rechnungen rechtzeitig zu begleichen, bevor Mahngebühren anfallen. (*Fragen: „Zulässigkeit der Datenverwendung zur Kontaktaufnahme? Rechtmäßigkeit des Bescheids?“*)

8.4 Reduzierung von Zahlungsausfällen und Verzugszeiten

Eine kontinuierliche Verbesserung des Forderungsmanagements hilft, **Säumnisquoten zu senken** und schneller auf säumige Zahler zu reagieren.

Optimierungsansätze:
– **Bonitätsprüfung für wirtschaftliche Verträge** (z. B. Mietverträge mit der Stadt) – **Frühwarnsysteme für säumige Zahler** – **Konsequente Mahn- und Vollstreckungsstrategien**

Praxis-Tipp:

Eine Behörde könnte durch **Datenanalyse früher erkennen,** welche Schuldner wiederholt nicht zahlen, und gezielt Maßnahmen ergreifen, bevor hohe Rückstände entstehen.

8.5 Sicherstellung Rechtssicherheit und Compliance

Die Verwaltung muss sicherstellen, dass alle Prozesse **gesetzeskonform, transparent und nachvollziehbar** sind.

Verbesserung durch:

- **Klare Regelungen für Stundung, Erlass und Vollstreckung**
- **Digitale Nachverfolgbarkeit von Mahnungen und Vollstreckungen**
- **Schulung der Mitarbeiter im Forderungsmanagement**

Praxis-Tipp:

Eine digitale **Dokumentation aller Forderungen und Mahnschritte** hilft, im Falle von Rechtsstreitigkeiten eine lückenlose Nachvollziehbarkeit zu gewährleisten.

Fazit:
Ein modernes Forderungsmanagement bringt Vorteile für alle.

Durch eine kontinuierliche Verbesserung des Forderungsprozesses profitiert die öffentliche Verwaltung in mehrfacher Hinsicht:

- **Mehr Liquidität:** schnellere Zahlungseingänge und weniger Zahlungsausfälle
- **Geringere Kosten:** Effizienzsteigerung durch Digitalisierung und Automatisierung
- **Bürgerfreundlichkeit:** transparente, faire und moderne Zahlungsoptionen
- **Rechtssicherheit:** Einhaltung gesetzlicher Vorgaben und Nachvollziehbarkeit

Auf lange Sicht sichert ein optimiertes Forderungsmanagement die finanzielle Stabilität der öffentlichen Hand und stärkt das Vertrauen der Bürger in die Verwaltung.

Praxis-Tipp:

Die kontinuierliche Verbesserung des jeweiligen Prozesses sollte bereichsübergreifend, in enger Abstimmung und unter Einbeziehung aller relevanten Fachabteilungen erfolgen. Nur dadurch lassen sich Synergien nutzen, Doppelarbeiten vermeiden und eine nachhaltige Optimierung sicherstellen.

Kontinuierlicher Verbesserungsprozess im Forderungsmanagement Bezahlmodelle/Mahnwesen/Vollstreckung/Inkasso

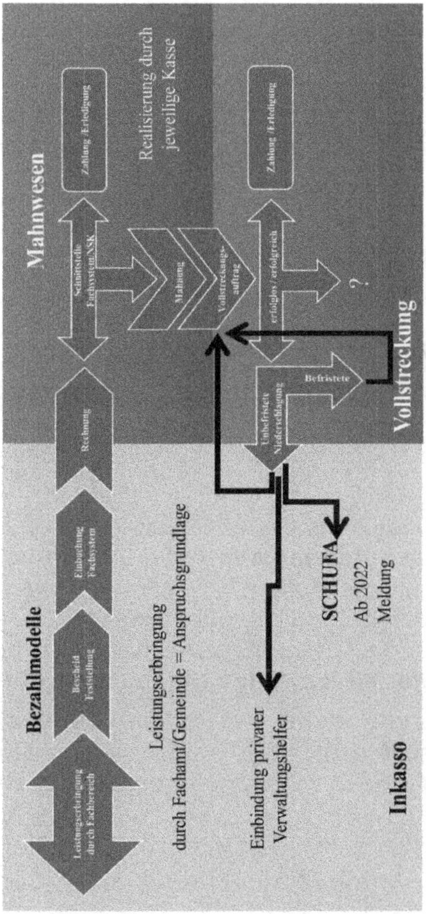

Abbildung 5: Kontinuierlicher Verbesserungsprozess im Forderungsmanagement: Bezahlmodelle, Mahnwesen, Vollstreckung, Inkasso

Projektstruktur: *Wie sollte ein KVP-Projekt am besten aufgesetzt werden*? Für den Verfasser hat sich ein pyramidenartiger Aufbau mit einem breiten Fundament und einer Einbindung der involvierten Spitzen als der geeignete Weg erwiesen.

Abbildung 6: Projektstruktur eines KVP-Projektes (beispielhaft)

Es lohnt sich nach Meinung des Verfassers immer, das Projekt etwas breiter aufzustellen und möglichst alle Beteiligten einzubinden. Wichtige Entscheidungen sollten in den entsprechenden – möglichst höchsten – Gremien beschlossen oder zumindest von diesen bestätigt werden. Auch die Mitarbeitervertretung sollte nicht vergessen und frühzeitig informiert und ggf. eingebunden werden.

Nachdem wir uns nun mit der Struktur eines FM-Projektes beschäftigt haben, betrachten wir im Folgenden, welche Dimensionen wir in einem solchen Projekt ansprechen bzw. berücksichtigen sollten.

V. Dimensionen des Forderungsmanagements

V

V. Dimensionen des Forderungsmanagements

1. Standortbestimmung der Verwaltung

Für eine zielgerichtete Umsetzung sollte eine Standortbestimmung jeder Dimension durchgeführt werden.

Wo steht die Verwaltung in der Strategie, der Portfoliosteuerung, der Umsetzung des Digitalisierungsprozesses, der Einführung von neuen Prozessen und Vorgehensweisen sowie der Entwicklung der Aufbauorganisation und des Personalbedarfs bzw. der Personalentwicklung?

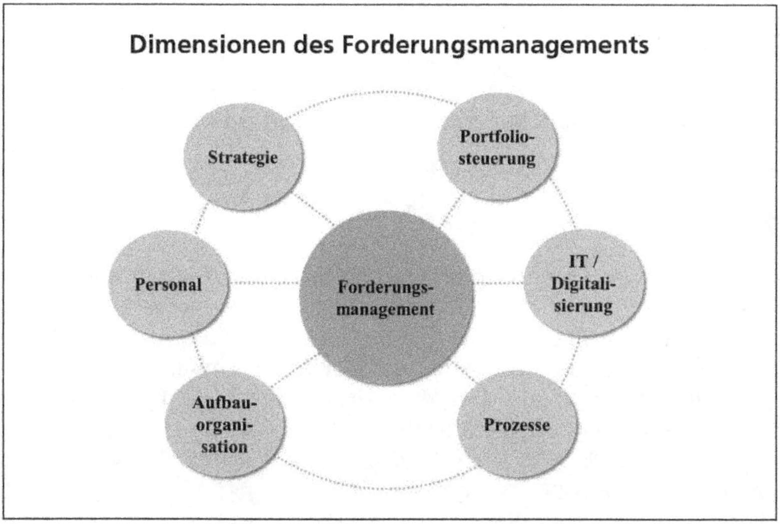

Abbildung 7: Dimensionen des Forderungsmanagements

Hieraus wird sich ein Bild ergeben, anhand dessen Priorisierungen und Entscheidungen zu treffen sind.

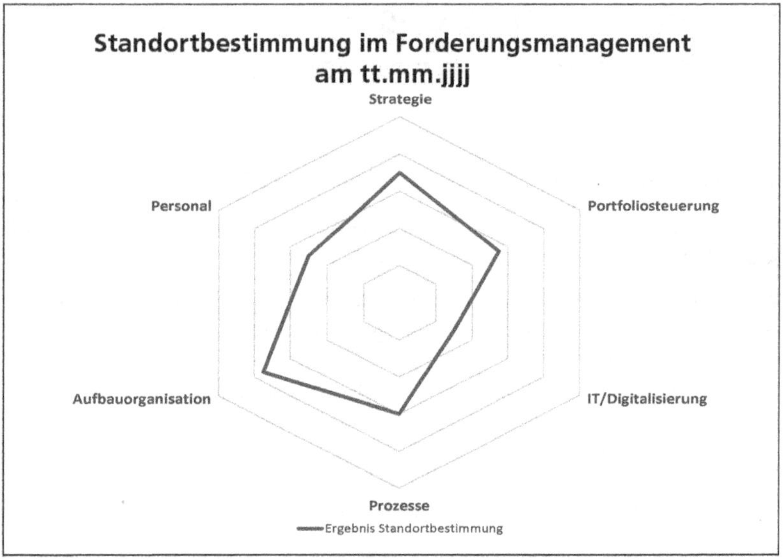

Abbildung 8: Standortbestimmung im Forderungsmanagement am tt.mm.jjjj

2. Strategie

Die Entwicklung einer einheitlichen **Forderungsmanagementstrategie** in der **öffentlichen Verwaltung** ist aus mehreren wichtigen Gründen von großer Bedeutung. Im Gegensatz zu privatwirtschaftlichen Unternehmen, die primär auf **Gewinnmaximierung** fokussiert sind, steht in der öffentlichen Verwaltung die effiziente und gerechte Nutzung öffentlicher Mittel und die Sicherstellung der **Liquidität** im Vordergrund. Eine klare und gut strukturierte Strategie hilft dabei, diese Ziele zu erreichen.

2.1 Effiziente Nutzung öffentlicher Ressourcen

In der öffentlichen Verwaltung müssen **Ressourcen** effizient genutzt werden, um den größtmöglichen Nutzen für die Allgemeinheit zu gewährleisten. Eine einheitliche Strategie im Forderungsmanagement stellt sicher, dass alle Verwaltungsstellen und Abteilungen nach denselben Standards und Verfahren arbeiten, wodurch **Doppelerfassungen, Fehler** und **Unklarheiten** vermieden werden.

Praxis-Tipp:
Eine zentrale Steuerung des Forderungsmanagements verhindert, dass verschiedene Ämter dieselbe Forderung unterschiedlich behandeln, und vermeidet unnötige Verwaltungsaufwendungen.

2.2 Vermeidung von Liquiditätsengpässen

Die öffentliche Verwaltung ist auf eine **regelmäßige und pünktliche** Zahlung von Gebühren, Steuern und anderen Abgaben angewiesen, um die **Liquidität** aufrechtzuerhalten. Eine klare Strategie hilft, offene Forderungen rechtzeitig zu erkennen und zu verfolgen, um **Zahlungsausfälle** oder -verzögerungen zu minimieren.

Praxis-Tipp:
Durch ein systematisches Mahnwesen kann sichergestellt werden, dass ausstehende Zahlungen rechtzeitig eingetrieben werden, was die **Finanzplanung** der Verwaltung unterstützt und Liquiditätsengpässe verhindert.

2.3 Vermeidung von Rechtsstreitigkeiten

In der öffentlichen Verwaltung müssen oft rechtlich bindende Forderungen geltend gemacht werden. Eine einheitliche Strategie sorgt dafür, dass alle rechtlichen Anforderungen beim **Eintreiben von Forderungen** eingehalten werden. Dadurch wird das Risiko verringert, dass aufgrund von **Fehlern im Mahnprozess** oder in der Kommunikation **Rechtsstreitigkeiten** entstehen, die zeitaufwendig und kostspielig sind.

Praxis-Tipp:
Ein zentraler Mahnprozess stellt sicher, dass alle rechtlichen Fristen wie die für den **Zahlungsverzug** und die **Inkassoforderungen** korrekt eingehalten werden.

2.4 Gleichbehandlung und Gerechtigkeit

Eine einheitliche Strategie sorgt für **Gleichbehandlung** aller Schuldner und stellt sicher, dass keine **Ungleichbehandlung** oder **Willkür** bei der Eintreibung von Forderungen erfolgt. Das trägt zu einer **transparenten und gerechten Verwaltung** bei, was das Vertrauen in die öffentliche Hand fördert.

Praxis-Tipp:

Ein standardisierter Mahnprozess gewährleistet, dass alle Bürger, unabhängig von ihrem Status oder ihrer Zugehörigkeit, die gleiche Behandlung erfahren und für alle die gleichen Regeln gelten.

2.5 Verbesserung der Transparenz und Nachvollziehbarkeit

Durch eine klare Strategie wird das **Forderungsmanagement transparent** und die Durchführung von Maßnahmen wird jederzeit **nachvollziehbar**. Dies ist besonders wichtig in der öffentlichen Verwaltung, da die Bürger und Steuerzahler ein Recht darauf haben zu verstehen, wie mit ihren Beiträgen und Abgaben verfahren wird.

Praxis-Tipp:

Wenn die Bürger wissen, dass das Mahnwesen standardisiert abläuft und für alle gleich gilt, wird das Vertrauen in die Verwaltung ebenfalls gestärkt.

2.6 Effiziente Kommunikation mit den Bürgern

Eine klare und transparente Forderungsmanagementstrategie fördert die **kommunikative Zusammenarbeit** zwischen der Verwaltung und den Bürgern. Durch eine standardisierte und gut kommunizierte Vorgehensweise im Mahnverfahren wird die **Bürgerfreundlichkeit** erhöht und Missverständnisse können vermieden werden.

Praxis-Tipp:

Eine einheitliche Strategie, die auch **freundliche Erinnerungsschreiben** und **flexible Zahlungsoptionen** umfasst, fördert eine positive Kommunikation und verbessert die Zahlungsmoral der Bürger.

2.7 Kostenreduktion und Ressourcenschonung

Durch eine einheitliche Strategie können **Doppelarbeiten** und ineffiziente Prozesse vermieden werden. Es werden einheitliche Tools und Methoden eingeführt, die eine **Automatisierung** des Mahnwesens und der Kommunikation ermöglichen, was wiederum den **Personaleinsatz** reduziert und die **Kosten** senkt.

Praxis-Tipp:
Die Implementierung eines zentralen, automatisierten Mahnverfahrens führt zu einer drastischen Reduktion des manuellen Aufwands und somit zu geringeren Personalkosten und zur Entlastung des Personals.

2.8 Förderung der Inkassobearbeitung

Falls Forderungen trotz Mahnverfahren nicht beglichen werden, ist es wichtig, eine einheitliche Strategie für die **Übergabe an Inkassodienste** oder für **gerichtliche Schritte** zu haben. Dies sorgt dafür, dass das Verfahren nach einem festgelegten Standard und in einer rechtssicheren Weise abläuft.

Praxis-Tipp:
Eine einheitliche Inkassostrategie sorgt dafür, dass bei nicht beglichenen Forderungen alle notwendigen rechtlichen Schritte – wie die Übergabe an Verwaltungshelfer – nach festgelegten Standards erfolgen.

2.9 Einhaltung von Vorschriften und gesetzlichen Regelungen (Compliance)

Die öffentliche Verwaltung ist an strenge **gesetzliche und ethische Vorschriften** gebunden, wenn es um die Verwaltung öffentlicher Gelder geht. Eine durchdachte Forderungsmanagementstrategie stellt sicher, dass alle Vorschriften (wie z. B. **DSGVO, Buchhaltungsvorschriften, Steuergesetze**) eingehalten werden und keine rechtlichen Verstöße stattfinden.

Praxis-Tipp:
Ein standardisierter Mahnprozess sorgt dafür, dass die Daten der Schuldner gemäß den **Datenschutzbestimmungen** verarbeitet und gespeichert werden.

Gerade im Bereich des Forderungsmanagements gibt es eine Vielzahl rechtlicher Vorgaben, die es zu beachten gilt. Eine Strategie hilft dabei, alle **gesetzlichen Anforderungen** zu identifizieren und zu erfüllen und so das Risiko von **rechtlichen Problemen** zu minimieren. Sie stellt sicher, dass alle Mahnprozesse und Inkassomaßnahmen **rechtlich abgesichert** sind und den geltenden Vorschriften entsprechen.

Praxis-Tipp:
Die Einhaltung der **DSGVO** im Mahnwesen (z. B. beim Umgang mit Kundendaten) ist ein wichtiger Bestandteil einer rechtssicheren Forderungsmanagementstrategie.

2.10 Kontinuierliche Verbesserung und Anpassung

Eine einheitliche Strategie ermöglicht eine **fortlaufende Analyse** und **Optimierung** des Forderungsmanagements. Durch regelmäßige Bewertungen und Anpassungen kann sichergestellt werden, dass das Verfahren stets den aktuellen Anforderungen entspricht und effizient bleibt.

Praxis-Tipp:
Die regelmäßige Evaluierung des Mahnprozesses kann Schwächen aufdecken und durch **Kaizen-Methoden** (kontinuierliche Verbesserung) optimiert werden.

Fazit

Die Entwicklung einer **einheitlichen Forderungsmanagementstrategie** in der öffentlichen Verwaltung ist essenziell, um **Effizienz, Transparenz, Rechtskonformität** und **Bürgerfreundlichkeit** zu gewährleisten. Sie hilft, die Verwaltungskosten zu senken, Risiken zu minimieren und die **Zahlungsfähigkeit** der Verwaltung zu sichern. Eine klare Strategie verbessert die **Gleichbehandlung der Bürger**, steigert das Vertrauen in die Verwaltung und führt zu einer besseren

Ressourcenallokation. Sie stellt zudem sicher, dass **gesetzliche Vorschriften** eingehalten werden, und ermöglicht eine kontinuierliche **Optimierung** des gesamten Prozesses.

Die Entwicklung einer Strategie ist somit nicht nur sinnvoll, sondern notwendig, um im dynamischen und oft herausfordernden Geschäftsumfeld erfolgreich zu bleiben.

3. Portfoliosteuerung

3.1 Definition Forderungsportfolio

Ein Teil dieser Fragestellungen setzt eine Kenntnis des eigenen Forderungsportfolios der Verwaltung voraus.

Ein Forderungsportfolio in der öffentlichen Verwaltung bezeichnet eine Sammlung von Forderungen, die eine öffentliche Einrichtung (Kommune oder Behörde) gegenüber Dritten hat. Diese Forderungen entstehen durch verschiedene Verwaltungsakte wie Steuern, Abgaben, Bußgelder oder Gebühren, die von Bürgern oder Unternehmen an die öffentliche Verwaltung zu zahlen sind.

V

Das Portfolio umfasst alle offenen Forderungen, die noch nicht beglichen wurden, und gibt der Verwaltung eine Übersicht über die ausstehenden Zahlungen. In der Praxis ist es wichtig, dieses Portfolio effektiv zu verwalten, um die Liquidität der öffentlichen Verwaltung zu sichern und mögliche Zahlungsausfälle zu minimieren. Eine gute Verwaltung des Forderungsportfolios hilft dabei, die finanziellen Ressourcen optimal zu steuern und ggf. rechtzeitig Mahn- und Vollstreckungsmaßnahmen einzuleiten.

Das kommunale Forderungsportfolio ist durch eine breite Diversität an Ansprüchen, unterschiedliche Risiko- und Altersstrukturen sowie hohe Liquiditätsrelevanz gekennzeichnet. Ein effektives Management erfordert klare organisatorische Prozesse, rechtliche Sicherheit und den Einsatz moderner IT-Systeme, um die finanzielle Stabilität der Verwaltung zu gewährleisten. Nachfolgend einige Kriterien:

Kriterium	Inhalt
Prozess	viele beteiligte Fachbereiche/-dienste/-stellen
IT-Landschaft	heterogene Systeme, fehlende Integration
Rechtsgrundlagen	unterschiedlich (AO, KAG, OWiG, Satzungen, Entgelt-/Gebührenordnungen, Gesetze, Verträge usw.)

Kriterium	Inhalt
Forderungsarten	öffentlich-rechtlich/privatrechtlich
Strukturen	dezentral
Zuständigkeit	nicht eindeutig
Gläubigerrolle	offen und/oder ungeklärt

Tabelle 12: Charakteristik eines kommunalen Forderungsportfolios

3.2 Aktive Portfoliosteuerung

Ein **Forderungsportfolio aktiv zu steuern** bedeutet, die offenen Forderungen gezielt zu verwalten, um die Liquidität zu sichern, Zahlungsausfälle zu minimieren und die Verwaltungsaufgaben effizient zu gestalten. Dies erfordert ein proaktives und strukturiertes Vorgehen. Hier sind einige zentrale Maßnahmen, um ein Forderungsportfolio aktiv zu steuern:

3.2.1 Erstellung und Pflege eines Forderungsmanagementsystems

Ein gut strukturiertes und transparentes **Forderungsmanagementsystem** ist die Grundlage für die aktive Steuerung eines Portfolios. Dies umfasst:

- **Digitale Tools und Software:** Moderne Softwarelösungen ermöglichen die Verwaltung und Nachverfolgung von Forderungen, das Setzen von Fälligkeitsdaten und die Automatisierung von Mahnungen und Zahlungsverfolgung.
- **Kategorisierung von Forderungen:** Die Forderungen sollten nach Dringlichkeit, Betrag und Fälligkeit kategorisiert werden. Unterscheiden Sie z. B. zwischen kurzfristigen und langfristigen Forderungen, um gezielt agieren zu können.

3.2.2 Regelmäßige Überwachung der Forderungen

Regelmäßige Überprüfung der offenen Forderungen ist essenziell. Hierzu gehören:

- **Tägliche oder wöchentliche Statusupdates:** Ein fortlaufender Überblick über das Forderungsportfolio hilft, Zahlungsverzüge frühzeitig zu erkennen.
- **Fälligkeitstermine überwachen:** Achten Sie darauf, dass Forderungen fristgerecht bezahlt werden, und notieren Sie alle Zahlungsfristen, um rechtzeitig reagieren zu können.

3.2.3 Frühzeitige Mahnung

Frühzeitiges Mahnen verhindert, dass Forderungen in Verzug geraten und spätere rechtliche Schritte notwendig werden. Eine strukturierte Mahnstrategie umfasst:

- **Automatisierte Mahnungen:** Sobald eine Forderung fällig ist, wird automatisch eine Erinnerung an den Schuldner versendet.
- **Mehrstufiges Mahnverfahren:** Ein gestaffeltes Mahnverfahren kann helfen, Schuldner zur Zahlung zu bewegen. Dies könnte in Stufen erfolgen:
  - freundliche Erinnerung
  - höhere Mahngebühren und umfangreichere Formalitäten
  - letzte Mahnung mit Ankündigung von Vollstreckungsmaßnahmen

3.2.4 Kommunikation mit den Schuldnern

Aktive Kommunikation mit den Schuldnern hilft, Zahlungsausfälle zu vermeiden. Dies umfasst:

- **Individuelle Ansprache:** Gezielte und persönliche Kommunikation, z. B. durch Telefongespräche, kann oft effektiver sein als standardisierte Mahnungen, vor allem bei größeren Forderungen oder schwierigen Fällen.
- **Zahlungsvereinbarungen:** Bieten Sie den Schuldnern ggf. flexible Zahlungspläne oder Ratenzahlungen an, wenn sie in Zahlungsschwierigkeiten sind. Dies erhöht die Wahrscheinlichkeit, dass die Forderung am Ende vollständig beglichen wird.

3.2.5 Verwaltung von Fälligkeiten und Eskalationen

Durch **Fälligkeitstracking** können Sie vermeiden, dass Forderungen zu lange offenbleiben. Hierbei helfen:

- **Automatisierte Fälligkeitsbenachrichtigungen:** Stellen Sie sicher, dass sowohl die Verwaltung als auch der Schuldner rechtzeitig über bevorstehende Fälligkeiten informiert werden.
- **Eskalationsverfahren:** Wenn eine Forderung über einen bestimmten Zeitraum hinaus nicht beglichen wird, sollten automatisch Eskalationsstufen ausgelöst werden, die zu stärkeren Maßnahmen führen.

3.2.6 Vertragsgestaltung und Transparenz

Um das Forderungsportfolio von vornherein gut zu steuern, ist eine klare **Vertragsgestaltung** unerlässlich. Dies hilft, spätere Unstimmigkeiten und Zahlungsausfälle zu vermeiden:

- **Klarheit bei Zahlungsbedingungen:** Legen Sie die Zahlungsbedingungen und -fristen eindeutig fest und machen Sie diese für den Schuldner transparent.
- **Verzugszinsen und Mahngebühren:** Informieren Sie den Schuldner bereits im Vertrag oder der Rechnung darüber, welche Gebühren bei Zahlungsverzug anfallen können. Dies kann als zusätzlicher Anreiz zur pünktlichen Zahlung dienen.

3.2.7 Proaktive Risikomanagementstrategien

Für eine proaktive Steuerung des Portfolios ist es wichtig, potenzielle Zahlungsausfälle frühzeitig zu erkennen und zu managen. Dazu gehören:

- **Bonitätsprüfungen:** Vorabüberprüfungen der Bonität von Neukunden oder Schuldnern können helfen, das Risiko von Zahlungsausfällen zu minimieren. Insbesondere bei größeren Forderungen oder regelmäßig wiederkehrenden Zahlungen (z. B. Abonnements oder laufende Gebühren) ist eine Bonitätsprüfung vor Vertragsabschluss sinnvoll.
- **Forderungsbewertung und Priorisierung:** Überprüfen Sie regelmäßig, welche Forderungen am wahrscheinlichsten beglichen werden und welche möglicherweise schwerer einzutreiben sind. Dies hilft, den Fokus auf risikoreichere Forderungen zu legen und rechtzeitig Maßnahmen zu ergreifen.

3.2.8 Vollstreckungsmaßnahmen

Wenn alle anderen Methoden fehlschlagen, können **Vollstreckungsmaßnahmen** ergriffen werden. Hierzu zählen:

- **Pfändung von Gehältern, Konten oder Vermögenswerten:** Dies kann durch das Vollstreckungsamt eingeleitet werden, nachdem alle anderen Möglichkeiten ausgeschöpft sind.

- **Insolvenzverfahren:** Wenn die Forderung von einem insolventen Schuldner stammt, sollte der Insolvenzantrag geprüft werden. In diesem Fall könnte eine Forderungsanmeldung im Insolvenzverfahren notwendig sein.

3.2.9 Regelmäßiges Reporting und Analyse

Die kontinuierliche **Analyse und Auswertung des Portfolios** ist ein zentraler Bestandteil der Steuerung. Zu den wesentlichen Punkten gehören:

- **Kennzahlen und KPIs:** Setzen Sie Kennzahlen wie den Anteil der offenen Forderungen in Verhältnis zu den Gesamteinnahmen oder die durchschnittliche Dauer der Zahlungsrückstände.
- **Reporting:** Regelmäßige Berichterstattung hilft dabei, den Überblick zu behalten und rechtzeitig auf Veränderungen im Forderungsportfolio reagieren zu können.

3.2.10 Optimierung und kontinuierliche Verbesserung

Ein aktives Forderungsmanagement ist ein dynamischer Prozess. **Feedbackschleifen** und kontinuierliche Verbesserung der Prozesse sind notwendig, um effizient auf neue Herausforderungen reagieren zu können. Dies umfasst:

- **Prozessoptimierungen:** Wenn wiederholt Probleme in bestimmten Bereichen auftreten (z. B. bei bestimmten Kundengruppen oder durch unzureichende Zahlungsmodalitäten), sollte der Prozess angepasst und verbessert werden.
- **Schulung des Teams:** Mitarbeiter sollten regelmäßig in der Handhabung von Forderungen geschult werden, um einen einheitlichen und effektiven Umgang mit offenen Posten zu gewährleisten.

Fazit

Die aktive Steuerung eines Forderungsportfolios erfordert eine Kombination aus präventiven Maßnahmen, proaktiver Kommunikation, effektiven Mahnverfahren und ggf. rechtlichen Schritten. Ein gut gepflegtes Forderungsmanagement sorgt dafür, dass Forderungen rechtzeitig beglichen werden, die Liquidität gesichert bleibt und das Risiko von Zahlungsausfällen minimiert wird.

3.3 Kriterien zur Portfoliosteuerung

Die **aktive Steuerung eines Forderungsportfolios**[11] ist eine wichtige Aufgabe in der öffentlichen Verwaltung, um einen effizienten und nachhaltigen Umgang mit Forderungen sicherzustellen. Eine effektive Steuerung hilft, die Liquidität zu gewährleisten, Zahlungsausfälle zu minimieren und Verwaltungsaufwände zu reduzieren. Die Steuerung kann dabei anhand unterschiedlicher Kriterien erfolgen, die sowohl die Zahlungsbereitschaft der Schuldner als auch das Risiko von Zahlungsausfällen berücksichtigen. Im Folgenden werden diese Kriterien detailliert erläutert.

3.3.1 Fälligkeit der Forderungen

Ein zentrales Kriterium für die Steuerung eines Forderungsportfolios ist der **Fälligkeitszeitpunkt** der Forderungen:

- **Kurzfristige Forderungen:** Diese sind schnell beglichen und haben eine hohe Priorität, da sie sofortige Liquidität bringen. Sie sollten deshalb schnell und effizient bearbeitet werden. Besonders in öffentlichen Verwaltungen ist es wichtig, dass diese Forderungen nach Ablauf der Zahlungsfrist sofort überprüft und ggf. mit Mahnungen nachverfolgt werden.
- **Langfristige Forderungen:** Diese können in der Verwaltung flexibler behandelt werden, da sie nicht sofortige Zahlungsströme beeinflussen. Bei langfristigen Forderungen ist es sinnvoll, regelmäßige Überprüfungen durchzuführen, um eine schnelle Zahlungsabwicklung zu gewährleisten, ohne unnötige Mahn- oder Vollstreckungsmaßnahmen zu ergreifen. Allerdings sollte hier ebenfalls eine regelmäßige Überwachung erfolgen, um auf mögliche Veränderungen der Zahlungsfähigkeit zu reagieren.
- **Verzugsforderungen:** Diese sollten prioritär behandelt werden. Sobald eine Forderung im Verzug ist, muss sofort mit dem Mahnverfahren begonnen werden. Ein differenziertes Vorgehen nach der Anzahl der verstrichenen Tage im Zahlungsverzug (z. B. 30, 60, 90 Tage) hilft, den Überblick zu behalten und den Eskalationsprozess zu steuern.

V

[11] Vgl. Keilmann/Moericke, Bewerten Sie Ihr Portfolio!, in: Der Neue Kämmerer, 27. 1. 2025.

3.3.2 Höhe der Forderung

Die **Betragshöhe** einer Forderung beeinflusst maßgeblich die Steuerung des Portfolios:

- **Hohe Forderungen:** Diese stellen eine größere Belastung für die Verwaltung dar und haben deshalb oft eine höhere Priorität. Bei großen Forderungen ist eine intensivere Nachverfolgung sinnvoll. Hier lohnt es sich oft, individuelle Lösungen zu finden wie etwa Ratenzahlungsvereinbarungen oder die Vereinbarung von Sicherheitsleistungen. Zudem sollten diese Forderungen eventuell häufiger überprüft und in einem spezielleren Mahnverfahren behandelt werden.
- **Mittlere und kleine Forderungen:** Diese können in der Regel schneller und mit weniger Aufwand bearbeitet werden. Eine automatisierte Mahnung oder die Übergabe an ein Inkassobüro kann hier oft die effizienteste Lösung sein. Es gilt jedoch, auch kleinere Forderungen nicht unbeachtet zu lassen, da auch sie sich summieren und bei längerer Nichtbezahlung die Liquidität gefährden können.

3.3.3 Forderungsquelle (Kundengruppe oder Schuldnerkategorie)

Ein weiteres wichtiges Kriterium für die Steuerung eines Forderungsportfolios ist die **Quelle der Forderung** bzw. die **Schuldnerkategorie**. Verschiedene Schuldnergruppen haben unterschiedliche Verhaltensweisen und damit auch unterschiedliche Handlungsansätze:

- **Private Schuldner (Bürger, Verbraucher):** Hier ist oft eine differenzierte Kommunikation erforderlich, um Zahlungen zu sichern. Private Schuldner sind häufiger von Zahlungsschwierigkeiten betroffen, daher kann es sinnvoll sein, flexible Zahlungspläne anzubieten oder die Forderung zu stunden. Bei größeren Forderungen kann es auch hilfreich sein, individuelle Zahlungsvereinbarungen zu treffen, die die Zahlungsfähigkeit des Schuldners berücksichtigen.
- **Juristische Personen:** Gewerbetreibende bzw. Unternehmen sind meist solventer und können schnellere Zahlungen leisten. Hier lohnt es sich, die Bonität regelmäßig zu prüfen und bei Bedarf auch direkt mit der Unternehmensleitung zu verhandeln, um ggf. Vereinbarungen über Ratenzahlungen oder Nachlässe bei schneller Zahlung zu treffen.

- **Öffentliche Stellen:** Forderungen zwischen verschiedenen öffentlichen Institutionen oder von einer staatlichen Stelle an eine andere sind rechtlich anders zu behandeln und haben in der Regel eine höhere Priorität, da hier oft striktere Vorschriften zur Zahlung und Durchsetzung bestehen. Solche Forderungen sind in der Regel auch seltener in Verzug und erfordern weniger Intervention.

3.3.4 Risiko des Zahlungsausfalls (Bonität)

Die **Bonität des Schuldners** ist ein weiteres wichtiges Steuerungskriterium. Wenn ein Schuldner eine hohe Bonität aufweist, kann davon ausgegangen werden, dass die Forderung eher beglichen wird. Bei einem Schuldner mit einer schlechten Bonität sind dagegen intensivere Maßnahmen erforderlich:

- **Hohe Bonität:** Ein Schuldner mit guter Bonität stellt in der Regel ein geringeres Risiko für Zahlungsausfälle dar. Forderungen gegenüber solchen Schuldnern können mit weniger Aufwand und auch später überwacht werden. In diesem Fall kann eine einfache Erinnerung oder eine Mahnung ausreichend sein.
- **Geringe Bonität:** Wenn ein Schuldner als zahlungsunfähig oder mit schlechter Bonität eingeschätzt wird, müssen Maßnahmen wie Ratenzahlungsvereinbarungen, Sicherheiten oder das Einschalten eines Inkassobüros frühzeitig in Erwägung gezogen werden. Auch der Einsatz von Sicherheiten oder Bürgschaften kann hier hilfreich sein, um das Risiko von Zahlungsausfällen zu minimieren.

3.3.5 Verzugsdauer

Je länger eine Forderung im **Verzug** ist, desto schwieriger wird es in der Regel, diese vollständig einzutreiben. Ein differenziertes Vorgehen, basierend auf der Dauer des Zahlungsverzugs, ist notwendig:

- **Kurze Verzögerungen (wenige Tage bis 30 Tage):** Diese Forderungen können oft durch eine einfache Mahnung oder Erinnerung bearbeitet werden. Eine schnelle Reaktion auf Zahlungsausfälle zu Beginn des Verzugs hilft, Mahnkosten und den Aufwand für die spätere Vollstreckung zu vermeiden.

- **Längere Verzögerungen (mehr als 30 Tage):** Wenn Forderungen bereits länger im Verzug sind, sollten intensivere Maßnahmen ergriffen werden. Dazu gehören zusätzliche Mahngebühren, das Einschalten eines Inkassobüros oder rechtliche Schritte wie die Einleitung eines Vollstreckungsverfahrens.

3.3.6 Art der Forderung

Die **Art der Forderung** beeinflusst, wie sie im Portfolio behandelt wird. Je nach Art der Forderung können unterschiedliche Steuerungsmechanismen erforderlich sein:

- **Steuerforderungen:** Diese haben oft eine hohe Priorität, da sie gesetzlich stärker überwacht werden. Steuerforderungen sind meist schwerer zu verhandeln oder zu stunden, weshalb sie strenger und schneller verfolgt werden müssen.
- **Gebühren und Beiträge:** Diese können oft durch automatisierte Mahnverfahren bearbeitet werden. Sie betreffen regelmäßig wiederkehrende Zahlungen, die einen festen Zahlungsplan aufweisen, wie z. B. Abgaben für Abfallbeseitigung, Kanalgebühren oder ähnliche kommunale Gebühren.
- **Bußgelder:** Bußgelder müssen ebenfalls schnell und konsequent bearbeitet werden, da sie im öffentlichen Interesse stehen und die Zahlung rechtlich durchsetzbar ist. Das Mahnverfahren sollte hier ebenfalls zügig und konsequent durchgeführt werden.

3.3.7 Existenz von Sicherheiten

Die Existenz von **Sicherheiten** beeinflusst die Steuerung des Portfolios erheblich:

- **Mit Sicherheiten:** Wenn eine Forderung durch Sicherheiten (z. B. Pfändung, Bürgschaften, Verpfändung) abgesichert ist, kann sie mit geringeren Aufwänden eingetrieben werden, da im Falle einer Nichtzahlung die Sicherheiten verwertet werden können.
- **Ohne Sicherheiten:** In solchen Fällen müssen möglicherweise intensivere und teurere Maßnahmen wie rechtliche Schritte oder das Einschalten eines Inkassobüros ergriffen werden.

3.3.8 Zahlungshistorie des Schuldners

Die **Zahlungshistorie** des Schuldners bietet wertvolle Informationen zur zukünftigen Handhabung der Forderung:

- **Pünktliche Zahler:** Schuldner, die in der Vergangenheit pünktlich gezahlt haben, können eine mildere Mahnbehandlung erfahren. Vielleicht reicht eine einfache Erinnerung oder ein höfliches Schreiben aus, um die Zahlung zu erhalten.
- **„Schwierige" Zahler:** Wenn der Schuldner wiederholt Zahlungsverzögerungen hatte oder schon mehrfach gemahnt werden musste, sollten härtere Maßnahmen ergriffen werden wie z. B. die Einleitung eines Vollstreckungsverfahrens.

3.3.9 Kosten und Aufwand der Eintreibung

Die **Kosten und der Aufwand** der Eintreibung sind auch ein praktisches Kriterium:

- **Hohe Kosten:** Wenn die Eintreibung einer Forderung hohe Kosten verursacht (z. B. durch Vollstreckungsmaßnahmen), sollte geprüft werden, ob der Aufwand in einem gesunden Verhältnis zur Forderung steht. In einigen Fällen kann eine Forderung bis zu einer bestimmten Höhe abgeschrieben (Bagatellforderungen, z. B. bis fünf EUR) oder ab einer bestimmten Höhe an einen Verwaltungshelfer übergeben werden, um unnötige Verwaltungsressourcen zu sparen.
- **Geringe Kosten:** Kleinere Forderungen, die mit wenig Aufwand und niedrigen Kosten eingetrieben werden können, sollten nicht einfach aufgegeben werden. Auch kleinere Beträge können durch automatische Mahnungen und regelmäßige Nachverfolgung zeitnah eingezogen werden.

Fazit

Die aktive Steuerung eines Forderungsportfolios erfordert eine sorgfältige Berücksichtigung und regelmäßige Anpassung der oben genannten Kriterien. Die richtige Priorisierung von Forderungen nach Fälligkeit, Höhe, Schuldnerkategorie und Risikopotenzial ermöglicht eine effiziente und zielgerichtete Verwaltung. Ein systematisches Mahnverfahren, die ständige Überwachung der offenen Forderungen sowie die Anwendung geeigneter rechtlicher Maßnahmen stellen sicher, dass Forderungen schnell und vollständig beglichen werden können.

3.4 Kennzahlen zur Steuerung eines Forderungsportfolios

Die Verwendung von **Key Performance Indicators** (KPIs) als Kennzahlen ist ein effektives Mittel zur Steuerung eines Forderungsportfolios. Kennzahlen helfen, die Leistung und Effizienz der Forderungsbearbeitung zu messen, Schwachstellen zu identifizieren und fundierte Entscheidungen zu treffen. Die richtigen Kennzahlen ermöglichen eine kontinuierliche Überwachung und Verbesserung der Prozesse, die das Forderungsmanagement betreffen.

Folgende Kennzahlen können bei der Steuerung eines Forderungsportfolios verwendet werden:

3.4.1 Offene Forderungen (Outstanding Receivables)[12]

Diese Kennzahl misst den Gesamtbetrag aller offenen Forderungen zu einem bestimmten Zeitpunkt. Er zeigt, wie viel Geld insgesamt noch eingetrieben werden muss, und hilft, die Liquidität der öffentlichen Verwaltung zu bewerten. Eine hohe Zahl an offenen Forderungen kann darauf hinweisen, dass das Mahnwesen oder die Eintreibungsstrategien nicht effektiv genug sind.

V

- **Ziel:** Minimierung der Höhe offener Forderungen
- **Maßnahme:** Verbesserung der Zahlungsbedingungen, Optimierung des Mahnwesens und rechtzeitige Eskalation

3.4.2 Durchschnittliche Zahlungsfrist (Days Sales Outstanding, DSO)

Die **durchschnittliche Zahlungsfrist** misst die durchschnittliche Anzahl der Tage, die erforderlich sind, um eine Forderung einzutreiben, nachdem sie fällig wurde. Die Kennzahl hilft, die Effizienz des Mahnprozesses zu überwachen.

- **Ziel:** Minimierung der DSO, d. h., die Forderungen sollten so schnell wie möglich beglichen werden.
- **Maßnahme:** Anpassung der Zahlungsbedingungen, frühzeitiges Mahnen und systematische Nachverfolgung

---

12 Anmerkung des Verfassers: Die englischsprachigen Begriffe werden genannt, damit auch internationale Literatur zum Thema herangezogen werden kann.

3.4.3 Forderungsquote im Verzug (Aging of Receivables)

Diese Kennzahl unterteilt offene Forderungen nach ihrem **Verzugsalter**, z. B. nach 30, 60, 90 und 120 Tagen. Es gibt einen Überblick darüber, wie viele Forderungen sich in welchem Stadium des Verzugs befinden und wie alt die Forderungen sind.

- **Ziel:** Minimierung des Anteils an Forderungen, die über einen langen Zeitraum im Verzug sind
- **Maßnahme:** Fokussierung auf ältere Forderungen, häufigere Mahnprozesse und Eskalation bei langen Verzugslaufzeiten

3.4.4 Prozentualer Anteil der Forderungen im Verzug (Past Due Percentage)

Diese Kennzahl misst den Prozentsatz der offenen Forderungen, die sich bereits im **Verzug** befinden, im Verhältnis zum gesamten Forderungsbestand. Ein hoher Prozentsatz deutet auf Probleme im Forderungsmanagement hin.

- **Ziel:** Minimierung des Anteils an überfälligen Forderungen
- **Maßnahme:** frühzeitige Identifikation von überfälligen Forderungen, Eskalation von Mahnverfahren und ggf. rechtliche Schritte

3.4.5 Realisationsrate (Collection Rate)

Die **Realisationsrate** gibt an, wie viel Prozent der offenen Forderungen innerhalb eines bestimmten Zeitraums erfolgreich eingetrieben wurden. Dieser KPI ist ein direkter Indikator für die Effektivität des Forderungsmanagements.

- **Ziel:** Maximierung der Realisationsrate
- **Maßnahme:** Optimierung des Mahnprozesses, Verbesserung der Kommunikation mit Schuldnern, Einsatz von Verwaltungshelfern, falls notwendig

3.4.6 Forderungsrückstand (Delinquency Rate)

Der **Forderungsrückstand** misst den Anteil der Forderungen, die sich bereits nach Ablauf der Zahlungsfrist befinden, aber noch nicht eingetrieben wurden. Ein hoher Anteil an rückständigen Forderungen deutet ebenfalls auf Ineffizienzen im Mahnverfahren oder auf Zahlungsprobleme bei den Schuldnern hin.

- **Ziel:** Reduzierung der rückständigen Forderungen durch proaktive Maßnahmen
- **Maßnahme:** frühzeitige Erinnerung an Zahlungen, ständiger Kontakt mit Schuldnern und ggf. Eskalation der Mahnung

3.4.7 Erfolgsquote bei Mahnverfahren (Success Rate of Collection Efforts)

Diese Kennzahl misst die Erfolgsquote der verschiedenen **Mahnstufen** oder Maßnahmen. Sie zeigt, wie oft ein Mahnverfahren zu einer Zahlung geführt hat, und gibt Aufschluss darüber, wie effektiv das Mahnwesen ist.

- **Ziel:** Maximierung der Erfolgsquote bei den Mahnverfahren
- **Maßnahme:** Überprüfung und Anpassung der Mahnstrategien, Verbesserung der Kommunikation und rechtzeitige Eskalation

3.4.8 Prozentualer Anteil der abgeschriebenen/niedergeschlagenen Forderungen (Write-off Rate)

V

Die **Abschreibungsquote** gibt an, welcher Prozentsatz der abgeschriebenen oder niedergeschlagenen Forderungen aufgrund von Uneinbringlichkeit abgeschrieben bzw. niedergeschlagen wurde. Ein hoher Wert kann auf eine unzureichende Bearbeitung der Forderungen oder schlechte Bonität der Schuldner hinweisen.

- **Ziel:** Minimierung der Abschreibungen und Verbesserung der Inkassostrategien
- **Maßnahme:** Verbesserung der Bonitätsprüfung und frühzeitige Eskalation bei problematischen Forderungen

3.4.9 Kosten für das Forderungsmanagement (Cost of Collections)

Diese Kennzahl misst die **Kosten**, die mit dem Forderungsmanagement verbunden sind, wie z. B. Verwaltungskosten, Mahngebühren und Inkassokosten. Ein hoher Wert kann darauf hinweisen, dass das Forderungsmanagement ineffizient ist oder dass teure Maßnahmen ergriffen werden müssen.

- **Ziel:** Minimierung der Kosten für das Forderungsmanagement
- **Maßnahme:** Optimierung des Prozesses, z. B. durch Automatisierung der Mahnprozesse oder den Einsatz von Technologien zur Unterstützung der Inkassoaktivitäten

3.4.10 Einzugsquote (Recovery Rate)

Die **Einzugsquote** zeigt den Prozentsatz des ursprünglich fälligen Betrags, der nach einer Mahnung oder einer Vollstreckungsmaßnahme tatsächlich eingetrieben wurde. Dieser KPI ist ein wichtiger Indikator für den Erfolg von Inkassomaßnahmen.

- **Ziel:** Maximierung der Einzugsquote
- **Maßnahme:** Verbesserung der Mahnstrategien, Überwachung von Zahlungsausfällen und ggf. rechtliche Schritte

3.4.11 Risikomanagementkennzahlen (Credit Risk Indicators)

Hierbei handelt es sich um Kennzahlen, die mit dem **Bonitätsrisiko** der Schuldner verbunden sind, wie z. B. die durchschnittliche Bonitätsbewertung der Schuldner oder die Anzahl der Forderungen von hochriskanten Schuldnern. Diese Kennzahlen helfen, potenzielle Zahlungsausfälle frühzeitig zu identifizieren.

- **Ziel:** Minimierung des Risikos von Zahlungsausfällen
- **Maßnahme:** regelmäßige Überprüfung der Bonität der Schuldner und ggf. Anpassung der Kreditvergabe- oder Zahlungsbedingungen

3.4.12 Zahlungsvereinbarungen (Payment Arrangements)

Diese Kennzahl misst den Anteil der Schuldner, die eine **Zahlungsvereinbarung** treffen (und einhalten), um ihre Forderungen zu begleichen. Diese Kennzahl ist besonders wichtig, wenn ein Schuldner nicht in der Lage ist, die volle Forderung sofort zu begleichen.

- **Ziel:** Erhöhung der Anzahl von Zahlungsvereinbarungen
- **Maßnahme:** Flexibilität bei der Gestaltung von Zahlungsplänen und enge Kommunikation mit den Schuldnern, um eine Lösung zu finden

3.5 Anwendung von Kennzahlen zur Portfoliosteuerung

Um das Forderungsportfolio mithilfe von Kennzahlen zu steuern, müssen regelmäßig **Daten erfasst und analysiert** werden, um Probleme zu identifizieren und gezielte Maßnahmen zur Verbesserung der Leistung zu ergreifen. Dies kann z. B. durch den Einsatz von

Softwarelösungen oder Dashboardtools erfolgen, die eine Echtzeitüberwachung der Kennzahlen ermöglichen (im Stil eines Cockpits). Eine regelmäßige Überprüfung der Kennzahlen sollte dabei sowohl auf operativer Ebene (für die Mitarbeiter im Mahnwesen) als auch auf strategischer Ebene (für die Leitung und das Management) erfolgen:

- **Automatisierung:** Viele Mahn- und Inkassoprozesse können durch den Einsatz von Automatisierungstechnologien optimiert werden. Hierdurch können Prozesse schneller und mit weniger Fehlern durchgeführt werden. Dies führt zu einem besseren Wert der betroffenen Kennzahlen.
- **Eskalationsstrategien:** Wenn bestimmte Kennzahlen wie z. B. die durchschnittliche Zahlungsdauer, nicht den Zielwerten entsprechen, müssen Eskalationsstrategien entwickelt werden. Dies kann durch intensivere Mahnverfahren, die Einschaltung von Verwaltungshelfern oder rechtliche Schritte erfolgen.

Weitere Kennzahlen:

- Forderungsarten: öffentlich-rechtlich, privatrechtlich, fiskal
- Kundenstruktur: privat, Gewerbe Inland, Gewerbe Ausland
- Grundgeschäft: Bescheid, Rechnung, Ordnungswidrigkeit, Bußgeld, Sozialbereich
- Spezialgrundlagen: Immobiliar, Sicherungshypotheken, Insolvenzen
- Status: laufend, befristet/unbefristet, niedergeschlagen, teil-/vollabgeschrieben, wertberichtigt
- Forderungshöhe: unter 50 EUR, über 10.000 EUR, Bagatellgrenzen?
- Alter der Forderung, Verjährung, Verwirkung
- Orientierung auf Debitorenebene

Bestandsanalyse		
Aufnahme der Forderungen	Arten, Mengengerüste, Alter	
kritische Sortierung der Mahnkennzeichen (MKZ)	Prüfung der zehn größten und ältesten Forderungen je MKZ	Wer pflegt und überprüft die MKZ? Mitwirkung der Fachbereiche!
	Schwerpunkte ab MKZ 1 aufsteigend	Wer mahnt und überwacht die Forderungen gegenüber den Leistungsträgern als Debitor (z. B. RP Kassel)?
SGB-II-Rückforderungen	Abgabe an Zentralen Inkassoservice der Agentur für Arbeit Recklinghausen	Sachstandsanfragen zur Einzelbewertung
Verjährung	regelmäßige Überwachung	z. B. Erstattung UMA (unbegleiteter Minderjähriger Asylbewerber)
Forderungsstatus	Mahnung Vollstreckung befristete Niederschlagung unbefristete Niederschlagung Abschreibung Langzeitüberwachung	Schaffung eines neuen Status: Abschreibung zur endgültigen Bereinigung der Bücher
Forderungsbewertung	Pauschalwertberichtigung Einzelwertberichtigung endgültige Abschreibung unter Verbrauch der EWB	
Bestandsaufnahme	Fachbereich Soziales	Buchungslogik Lebenszyklus Investitions- bzw. Anlagenbuchhaltung
Debitorenlaufzeit (DSO)	Controllergespräche in kurzem Rhythmus	Sind alle Forderungen eingebucht?

Tabelle 13: Bestandsanalyse eines Portfolios

Zuständigkeiten bei der Portfoliobewertung		
Mahngebühren	alle Fachbereiche	Überprüfung der Höhe betragsmäßige Abhängigkeit rechtliche Zulässigkeit
Säumniszuschläge	alle Fachbereiche	Überprüfung der Höhe betragsmäßige Abhängigkeit rechtliche Zulässigkeit
Verjährung	alle Fachbereiche	regelmäßige Bestandsüberwachung

Tabelle 14: Zuständigkeiten bei der Portfoliobewertung

Fazit

Die Steuerung eines Forderungsportfolios mithilfe von Kennzahlen ermöglicht eine datengestützte Entscheidungsfindung und kontinuierliche Optimierung der Prozesse. Kennzahlen wie DSO, Inkassorate, Forderungsquote im Verzug oder die Erfolgsquote bei Mahnverfahren sind entscheidend, um die Effizienz und Wirksamkeit des Forderungsmanagements zu bewerten und zu steuern. Eine regelmäßige Überwachung und Analyse dieser Kennzahlen ist daher unerlässlich, um das Portfolio aktiv zu steuern, Risiken zu minimieren und die Liquidität sicherzustellen.

Für den Verband der Kassenverwalter hat die renommierte Beratungsgesellschaft Rödl & Partner bereits im Jahr 2005 ein Kennzahlenset für den Bereich des Forderungsmanagements entwickelt, auf das der Verfasser an dieser Stelle verweisen möchte.[13]

V

13 Rödl & Partner (2009), Status Quo und Perspektiven des kommunalen Forderungsmanagements in Deutschland, S. 29 f.; Anm.: Leider hat sich, nach Kenntnis des Verfassers, die Nutzung dieses Kennzahlensets bisher nur in geringem Umfang verbreitet.

V

Kennzahlen im Forderungsmanagement

Kennzahlenset „Kommunales Forderungsmanagement“		
Gesamtstädtisches Forderungs-management	Einzugsquote gesamt	gibt das Verhältnis der Soll zu den Ist-Einnahmen eines Haushaltsjahres insgesamt an
	Forderungsbindung	bezeichnet den Anteil der kumulierten Außenstände an den Gesamteinnahmen zu einem bestimmten Stichtag.
	Lastschrift-Quote	zeigt den Anteil der im Lastschriftverfahren eingezogenen Beträge an den Gesamteinnahmen.
	Niederschlagungsquote	bildet das Verhältnis der niedergeschlagenen Forderungen und Gesamteinnahmen ab.
	Außenstandstage	bezeichnen den durchschnittlichen Zeitraum zwischen Fälligkeit der Forderungen und Zahlungseingang bzw. deren Ausbuchung.
	Wertberichtigungsquote	ist „eine „doppische“ Kennzahl und zeigt den betragsmäßigen Anteil der im Rahmen des Jahresabschlusses ermittelten Wertberichtigungen auf Forderungen am Nominalwert des kommunalen Forderungsbestandes.
	Quote Beitreibungshemmnisse	macht den Anteil der Forderungen transparent, bei denen der Beitreibungsprozess beispielsweise wegen Mahnsperren der rechnungstellenden Fachbereiche, Insolvenzen oder Aussetzung der Vollziehung etc. gehemmt ist.
Mahnwesen	Mahnquote	ist das Verhältnis von Mahnvolumen zu den Gesamteinnahmen.
	Einzugsquote MS1	Die „Einzugsquote MS 1“ bildet das Verhältnis der auf die erste Mahnung (Mahnstufe 1) eingegangenen Beträge und dem gesamten Mahnvolumen ab.
Vollstreckung	Vollstreckungsquote	ist das Verhältnis von Vollstreckungsvolumen zu den Gesamteinnahmen.
	Einzugsquote MS2	zeigt das Verhältnis von den in der Vollstreckung (Mahnstufe 2) eingezogenen Beträgen und dem Auftragsvolumen ab.
	Erledigungsquote	misst das Verhältnis von erledigten Aufträgen und Gesamtzahl der Vollstreckungsaufträge.
	Leistungsstückkosten	drücken die Kosten pro Vollstreckungsfall aus.
	Produktivität	ergibt sich aus der Anzahl der eigenen und fremden Vollstreckungsaufträge pro Vollzeitstelle.
	Kostendeckungsgrad	misst das Verhältnis von eingezogenen Beiträgen und den Kosten der Vollstreckung.

Abbildung 9: Kennzahlenset im Forderungsmanagement (Quelle: Rödl & Partner; eigene Darstellung)

Die Steuerung mit Kennzahlen ist in den Verwaltungen bisher, nach Meinung des Verfassers, eher die Ausnahme als die Regel.

3.6 Sonderfall: Dubletten im Forderungsportfolio

Ein weiteres großes Problem im Forderungsmanagement der öffentlichen Verwaltung sind Dubletten.

Dubletten im Forderungsportfolio bezeichnen **doppelt erfasste Forderungen**. Es handelt sich demnach um Fälle, in denen eine Forderung mehrmals im Portfolio erscheint, obwohl es sich eigentlich nur um eine einzige Forderung handelt. Diese Dubletten können aus verschiedenen Gründen entstehen, z. B. durch Fehler in der Erfassung, unzureichenden Datenabgleich oder doppelte Mahnungen. Sie stellen ein erhebliches Problem im Forderungsmanagement dar, da sie zu **Fehlern in der Berechnung** der offenen Forderungen, zu **falschen Mahn- und Inkassomaßnahmen** und zu einer verzerrten **Liquiditätsplanung** sowie zu einem schlechten Image gegenüber den Bürgern („Die haben den Laden nicht im Griff!") und zu deren Verärgerung führen können.

V

3.6.1 Ursachen von Dubletten

- **Manuelle Eingabefehler:** Bei der manuellen Erfassung von Forderungen in das System kann es passieren, dass die gleiche Forderung versehentlich mehrfach erfasst wird, z. B. durch doppelte Eingabe desselben Zahlungspflichtigen.
- **Unzureichende Systemintegration:** Wenn verschiedene Abteilungen oder Softwaresysteme (z. B. Mahnwesen, Buchhaltung, Inkasso) nicht ausreichend miteinander verknüpft sind, können dieselben Forderungen mehrfach in unterschiedlichen Systemen auftreten.
- **Änderungen von Schuldnerdaten:** Wenn ein Schuldner umzieht oder seinen Namen ändert, kann es passieren, dass die Forderung unter verschiedenen Identifikatoren erfasst wird, obwohl es sich um dieselbe Forderung handelt.
- **Mangelhafte Identifikation von Forderungen:** In einigen Fällen werden Forderungen nicht korrekt anhand eindeutiger Merkmale wie der **Forderungsnummer** oder dem **Aktenzeichen** abgeglichen, was zu mehrfacher Erfassung führt.

- **Fehlerhafte Mahnprozesse:** Wenn Mahnprozesse nicht richtig synchronisiert sind, kann es sein, dass dieselbe Forderung in verschiedenen Mahnstufen oder von unterschiedlichen Inkassobüros bearbeitet wird, ohne dass eine interne Abstimmung erfolgt.

3.6.2 Auswirkungen von Dubletten

- **Fehlerhafte Finanzberichte:** Wenn Forderungen doppelt erfasst sind, wird der Wert der offenen Forderungen überschätzt, was zu einer Verzerrung der **Bilanz** und der **Liquiditätsprognosen** führt.
- **Unnötige Mahn- und Inkassomaßnahmen:** Dubletten können dazu führen, dass eine Forderung mehrfach angemahnt oder gar vollstreckt wird, was **unnötige Kosten** verursacht und den Schuldner zusätzlich belastet. Es kann auch zu **rechtlichen Problemen** kommen, wenn dem Schuldner fälschlicherweise mehrfach Mahngebühren oder Inkassokosten in Rechnung gestellt werden.
- **Fehlende Transparenz:** Ein fehlerhaftes Forderungsportfolio führt zu **Unklarheiten** darüber, wie hoch der tatsächliche Forderungsbestand ist und wie der Status der einzelnen Forderungen aussieht. Dies beeinträchtigt die Steuerung und das Risikomanagement.
- **Verzögerte Zahlungen:** Dubletten können auch dazu führen, dass die Forderung nicht rechtzeitig beglichen wird, da der Schuldner möglicherweise nicht erkennt, dass er nur eine Zahlung leisten muss. Dies verzögert die Zahlungseingänge und gefährdet die Liquidität.

3.6.3 Vermeidung von Dubletten

- **Systematische Abgleichung und Validierung:** Durch regelmäßigen **Datenabgleich** und die Einführung von **Systemprüfungen** (wie z. B. Plausibilitätsprüfungen oder Dublettenschutzmechanismen) können doppelte Erfassungen frühzeitig erkannt und verhindert werden.
- **Automatisierung von Prozessen:** Automatisierte Softwarelösungen, die Datenquellen aus verschiedenen Systemen zentralisieren und automatisch auf Dubletten überprüfen, helfen, Fehler

zu vermeiden. So wird auch sichergestellt, dass eine Forderung nur einmal erfasst und bearbeitet wird.

- **Einheitliche Identifikatoren:** Die Einführung eines klaren und einheitlichen Systems zur Identifikation von Forderungen (z. B. durch die Verwendung von **Aktenzeichen, Forderungsnummern** oder **Rückläufercodes**) erleichtert den Abgleich und verhindert Mehrfacherfassungen.
- **Schulung der Mitarbeiter:** Regelmäßige Schulungen der Mitarbeiter im Forderungsmanagement und in der Buchhaltung können dazu beitragen, dass die Prozesse zur Erfassung und Bearbeitung von Forderungen korrekt angewendet werden und Fehler minimiert werden.
- **Überwachung und regelmäßige Audits:** Regelmäßige **Audits** des Forderungsportfolios, bei denen insbesondere nach Dubletten und Inkonsistenzen gesucht wird, tragen dazu bei, Fehler frühzeitig zu erkennen und zu korrigieren.

Praxis-Tipp:

Ein einfaches Beispiel für eine **Doppelerfassung** könnte sein, dass ein Bescheid für eine offene Forderung versehentlich zweimal verschickt wird. In diesem Fall erhält der Schuldner zwei Mahnungen für dieselbe Forderung, was zu Verwirrung führen und unnötige Kosten verursachen kann.

Fazit

Dubletten im Forderungsportfolio sind ein ernstes Problem, das zu fehlerhaften Finanzberichten, unnötigen Kosten und möglichen rechtlichen Problemen führt. Die Vermeidung von Dubletten erfordert präzise und gut abgestimmte Prozesse, regelmäßigen Datenabgleich, die Nutzung automatisierter Systeme und eine sorgfältige Schulung der Mitarbeiter. Eine kontinuierliche Kontrolle und die Einführung von Mechanismen zur Prüfung von Dubletten sind entscheidend für ein effizientes Forderungsmanagement.

Auch externe Dienstleister bieten (mit aus Sicht des Verfassers kostengünstigen Angeboten) Unterstützung bei der Analyse des Forderungsbestands bezüglich Dubletten. Das ist sicherlich die einfachste und schnellste Möglichkeit, Dubletten auf die Spur zu kommen und zu entfernen. Um die Bestände sauber zu halten, sollte man diese Prüfung in kürzeren Abständen wiederholen.

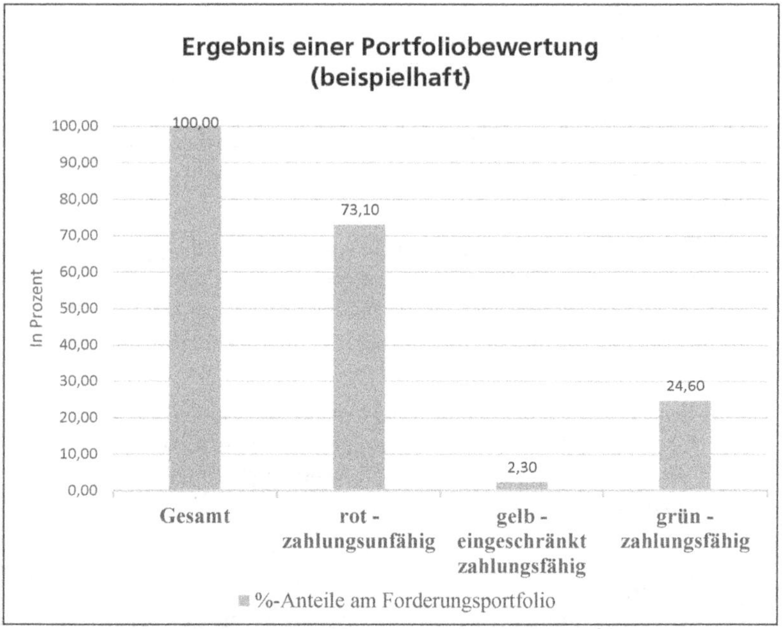

Abbildung 10: Beispielhafte Darstellung: Portfoliobewertung nach Bonitäten

4. IT und Digitalisierung

Die Digitalisierung in der öffentlichen Verwaltung ist wichtig, weil sie Prozesse effizienter, transparenter und bürgerfreundlicher macht. Sie ermöglicht schnellere Entscheidungen, reduziert Bürokratie und verbessert den Zugang zu Verwaltungsleistungen – rund um die Uhr und ortsunabhängig. Zudem stärkt sie die Zukunftsfähigkeit des Staates und erhöht die Attraktivität als Arbeitgeber:

- Digitalisierung
- Automatisierung
- Einsatz von KI (z. B. zur Ermittlung von Zahlungserleichterungen abhängig von Bonität)
- Bündelung auf Debitorenebene
- einheitliche Schnittstellen
- optimierter Austausch mit Fachsystemen

- Feststellung eines führenden Systems zur Stammdatenpflege (SAP-Partner)
- Hinzuziehung externer Datenquellen

Digitalisierte Prozesse schaffen auch die Grundlage für ein ortsunabhängiges Arbeiten, was auch die Attraktivität der Verwaltung als moderner, innovativer Arbeitgeber verbessern kann.

Fibu-System		
Forderungsarten	öffentlich-rechtliche/ privatrechtliche Forderungen	Ergänzung der Datensätze um entsprechende Attribute
Kontenplan	Überprüfung, ggf. Ergänzung	Buchungslogik FB1/ FB3 Ausländerkaution/ UVK
Forderungsstatus	lfd./befristet/unbefristet/niedergeschlagen/ abgeschrieben/ Langzeitüberwachung	Einführung neuer Status abgeschrieben/ Langzeitüberwachung
Stammdaten	Definition eines führenden Systems für den juristischen Bestand und als zentrale Adressverwaltung	keine Stammdatenänderung über Schnittstellen, über Schnittstellen nur Kontobewegungsdaten
	„Waschabgleich"[14] mit Ekom 21/SCHUFA	automatische Aktualisierung Anschriften
	Ergänzung	Geburtsdaten/ Reg.-Nummer/ SCHUFA-Kennziffer
	„Person" als übergeordneter Ordnungsbegriff	„Debitorenname wegen Kind Klaus …"[15]

Tabelle 15: Fibu-System

[14] Ein „Waschabgleich" ist ein strukturierter Datenvergleichsprozess zur Verbesserung der Datenqualität und Aufdeckung von Inkonsistenzen. Er wird v. a. in der öffentlichen Verwaltung eingesetzt und ist ein zentrales Element der digitalen Registermodernisierung, von eGovernment-Prozessen und der Missbrauchsprävention.

[15] Praxisbeispiel.

4.1 Vorteile der Digitalisierung im Forderungsmanagement

Der Einsatz digitaler Technologien ermöglicht der Verwaltung eine effizientere, kundenfreundlichere und wirtschaftlichere Abwicklung ihres Forderungsmanagements. Die zentralen Vorteile sind:

- **Effizienzsteigerung**
  - **Automatisierung von Rechnungsstellung und Mahnwesen** reduziert Zeit- und Personalkosten.
  - **Digitale Workflows** minimieren den manuellen Aufwand und ermöglichen eine beschleunigte Bearbeitung offener Forderungen.
- **Verbesserung der Kundenerfahrung**
  - **Automatisierte, personalisierte Zahlungserinnerungen** per E-Mail, SMS oder App erhöhen die Zahlungstreue.
  - **Flexible Onlinezahlungsoptionen** (z. B. PayPal, Apple Pay, Ratenzahlungen) bieten Schuldnern mehr Komfort.
  - **KI-gestützte Chatbots und Assistenten** ermöglichen eine 24/7-Betreuung und schnelle Antworten auf Fragen.
- **Höhere Erfolgsquote bei Zahlungen**
  - **KI-gestützte Analysen** ermöglichen eine zielgerichtete Kommunikation mit unterschiedlichen Schuldnertypen.
  - **Automatische Bonitätsprüfungen** helfen, Zahlungsausfälle frühzeitig zu erkennen und gezielte Maßnahmen zu ergreifen.
  - **Predictive Analytics** prognostiziert das Zahlungsverhalten und verbessert die Risikoeinschätzung.

4.2 Automatisierung im Forderungsmanagement

- **Automatische Rechnungsstellung und automatisches Mahnwesen**
  - **ERP- und Buchhaltungssysteme** (z. B. SAP, DATEV) erstellen und versenden Rechnungen automatisch.
  - **Dynamische Mahnstufen** passen den Ton der Mahnung an das individuelle Risikoprofil an – von freundlich bis bestimmend.

- **KI-gestützte Risikoanalyse**
  - **Maschinelles Lernen analysiert das Zahlungsverhalten** und optimiert die Ansprache von Schuldnern.
  - **Scoringmodelle** ermöglichen die Einteilung in Risikoklassen und gezielte Maßnahmen für Hochrisikoschuldner.
  - **Flexible Zahlungspläne** reduzieren Zahlungsausfälle durch individuell angepasste Angebote.
- **Digitale Zahlungslösungen und Self-Service-Portale**
  - **Kunden erhalten rund um die Uhr Zugriff auf Forderungskonten** und können Zahlungen einfach durchführen.
  - **Automatische Ratenzahlungsangebote** erhöhen die Zahlungsmoral und erleichtern die Begleichung offener Beträge.
  - **Personalisierte Zahlungsvorschläge durch KI** basieren auf bisherigen Verhaltensmustern und optimieren Zahlungsstrategien.

V

4.3 Integration moderner Technologien

- **Künstliche Intelligenz und maschinelles Lernen**
  - **Automatisierte Kundenkommunikation** über KI-gestützte Chatbots verbessert die Erreichbarkeit und Effizienz.
  - **Personalisierte Mahnstrategien** optimieren das Forderungsmanagement, basierend auf datengetriebenen Analysen.
  - **Erkennung von Musterverhalten** reduziert Betrugsrisiken und steigert die Vorhersagegenauigkeit.
- **Blockchain für sichere Transaktionen**
  - **Smart Contracts automatisieren Zahlungsvereinbarungen** und führen Zahlungen verlässlich aus.
  - **Dezentrale Blockchaintechnologien** gewährleisten die Fälschungssicherheit von Rechnungen und Dokumentationen.
- **Cloudlösungen für ein flexibles Forderungsmanagement**
  - **Ortsunabhängiger Zugriff auf Forderungsdaten** ermöglicht effizientes Arbeiten für Verwaltung und Kunden.

- **Echtzeitanalysen und Automatisierung** sorgen für transparente und beschleunigte Prozesse.
- **Nahtlose Integration mit Finanz- und Buchhaltungssystemen** optimiert Workflows und reduziert Schnittstellenprobleme.

4.4 Herausforderungen der Digitalisierung im Forderungsmanagement

Trotz zahlreicher Vorteile gilt es, zentrale Herausforderungen zu bewältigen:

– **Datenschutz und rechtliche Anforderungen**
  - **Einhaltung der DSGVO** ist essenziell für die sichere Verarbeitung sensibler Schuldnerdaten.
  - **Transparente Datenschutzrichtlinien** schaffen Vertrauen und minimieren Compliancerisiken.

– **Akzeptanz und Umsetzung**
  - **Nicht alle Schuldner bevorzugen automatisierte Kommunikation**, weshalb hybride Lösungen erforderlich sind.
  - **Schulungen für Mitarbeiter** fördern den kompetenten Umgang mit neuen Technologien und Prozessen.

– **Cybersicherheit**
  - **Digitale Systeme sind potenzielle Angriffsziele**, weshalb Verschlüsselung und Authentifizierungsverfahren essenziell sind.
  - **Regelmäßige Sicherheitsupdates und Schulungen** minimieren das Risiko von Cyberangriffen.

Fazit

Die Digitalisierung revolutioniert das Forderungsmanagement durch effizientere Prozesse, verbesserte Kundenerfahrungen und eine optimierte Risikoeinschätzung. Der Einsatz von KI, Big Data, Cloudtechnologien und Blockchain ermöglicht eine Reduzierung von Zahlungsausfällen, eine gesteigerte Liquidität und eine Entlastung administrativer Aufgaben. Dennoch erfordert die digitale Transformation eine strategische Umsetzung, um Datenschutzanforderungen, Akzeptanzfragen und Sicherheitsrisiken angemessen zu adressieren.

5. Einführen von Prozessen

Was bedeutet das Einführen von neuen Prozessen?

- Definition und Abstimmung der Sollprozesse bezüglich Kosten, Nutzen und Risiken
- Automatisierung und Priorisierung mittels externer Daten
- Zahlungsverrechnung gesetzlich (Kosten/Zinsen/sonstige Nebenforderungen/Hauptforderung)?
- präventive Maßnahmen und neue „Zahlungsbedingungen" (PayPal/Klarna)
- Dienstanweisung/Buchungslogik/IKS/Kontrollen

Die Abstimmung neuer Prozessschritte unter Berücksichtigung von Kosten, Nutzen und Risiken erfordert einen systematischen, strukturierten Ansatz. Im Folgenden sind die wesentlichen Schritte aufgeführt:

V

1. **Ziele und Anforderungen definieren**
   - klare Zielsetzungen formulieren (z. B. Effizienzsteigerung, Qualitätsverbesserung, Kosteneinsparungen)
   - Anforderungen und Erwartungen der beteiligten Abteilungen sowie der Endnutzer erfassen
2. **Kosten-Nutzen-Analyse durchführen**
   - Kosten erfassen:
     - einmalige Investitionen (z. B. Anschaffung von Software oder Hardware, Erstschulung der Anwender)
     - laufende Kosten (z. B. Schulungen, Wartung, Support)
   - Nutzen ermitteln:
     - direkte Einsparungen (z. B. reduzierte Arbeitsstunden, geringere Fehlerquoten)
     - indirekte Vorteile (z. B. verbesserte Kundenzufriedenheit, gesteigerte Wettbewerbsfähigkeit)
   - Quantifizierung sowohl von Kosten als auch Nutzen, um eine Basis für die Vergleichbarkeit zu schaffen

3. **Risikoanalyse durchführen**
   - Identifikation von Risiken:
     - technologische Risiken (Inkompatibilität mit bestehenden Systemen, Implementierungsprobleme)
     - operative Risiken (z. B. unterbrochene Arbeitsabläufe während der Umstellung)
     - Markt- und Reputationsrisiken (z. B. negative Auswirkungen auf Bürger oder Partner)
   - Bewertung der Risiken:
     - Abschätzung der Eintrittswahrscheinlichkeit und des potenziellen Schadens (z. B. mittels einer Risikomatrix)
     - Entwicklung von Maßnahmen zur Risikominderung oder -vermeidung
4. **Stakeholdermanagement und -einbindung**
   - Identifikation aller relevanten Stakeholder (Mitarbeiter, Management, IT-Abteilung, Bürger)
   - Durchführung von Workshops oder Interviews, um Bedenken und Verbesserungsvorschläge frühzeitig zu erfassen
   - transparente Kommunikation der Ziele, Kosten-Nutzen-Aspekte und Risikomanagementmaßnahmen
5. **Pilotphase und Testläufe**
   - Implementierung neuer Prozessschritte zunächst in einem begrenzten Rahmen oder als Pilotprojekt
   - Einfordern von Feedback: Messung des tatsächlichen Nutzens und Identifikation eventuell unvorhergesehener Risiken
   - kontinuierliche Anpassung der Prozesse, basierend auf den gewonnenen Erkenntnissen
6. **Entscheidungsfindung und Umsetzung**
   - Einsatz von Entscheidungsmatrizen oder SWOT-Analysen, um die Ergebnisse der Kosten-Nutzen- und Risikoanalysen gegenüberzustellen
   - Treffen fundierter Entscheidung, ob und wie der neue Prozessschritt vollständig implementiert wird

- Festlegung klarer Meilensteine und Erfolgskriterien, um den Fortschritt und die Wirkung zu überwachen

7. **Kontinuierliches Monitoring und Verbesserung**
   - Implementierung eines Monitoringsystems, um kontinuierlich Daten über die Effizienz und Effektivität des neuen Prozessschritts zu sammeln
   - Planung regelmäßiger Reviews, um Anpassungen vorzunehmen, sollte sich die Kosten-Nutzen- oder Risikosituation ändern.

Mit diesem strukturierten Vorgehen kann sichergestellt werden, dass neue Prozessschritte nicht nur wirtschaftlich sinnvoll sind, sondern auch das Risiko minimiert und der Nutzen maximiert wird. Die enge Einbindung der Stakeholder und die iterative Optimierung spielen dabei eine entscheidende Rolle.

Um den Erfolg einer Veränderung umfassend zu messen, ist es wichtig, einen systematischen und mehrdimensionalen Ansatz zu verfolgen. Dabei sollten sowohl quantitative als auch qualitative Aspekte berücksichtigt werden.

Das Forderungsmanagement befindet sich in einem stetigen Entwicklungsprozess. Neue gesetzliche Vorgaben erfordern regelmäßig Flexibilität und die Bereitschaft zur Anpassung. Ein prägnantes Beispiel dafür sind die Coronabußgelder gegen Minderjährige, die zahlreiche Verwaltungen vor unerwartete Herausforderungen gestellt haben.

Die Kommune verschenkt ihre Leistungen, wenn sie nicht dafür bezahlt wird. Eine Kommune ist keine Bank und besteht auf eine zeitnahe Zahlung im Rahmen der individuellen Leistungsfähigkeit.		
Kontinuierlicher Verbesserungsprozess	Initialisierung Controllergespräche in regelmäßigem Rhythmus	alle Fachbereiche Schwerpunkte nach Haushaltsgröße
Kosten-Nutzen-Gesichtspunkte	Prävention/Zahlungsbedingungen Nutzung Monopol analog Zulassung	Abrechnungszeiträume/Vorauskasse/Abbuchung
	Eskalation von Problemen aus Vorgängen Debitoren/Vollstreckung	Stilblütensammlung: z. B. VB gegen Minderjährige
Kernkompetenzen	Funktionstrennung zwischen Leistung, Reklamation (FB) und Rück-/Forderung (Debitoren)	einheitliche Kriterien für Ratenzahlung, Stundung, Niederschlagung, Verzicht
Anpassung/Überarbeitung der schriftlich fixierten Ordnung	Prozessdokumentation: Ist-Aufnahme, Soll-Konzept, Arbeitsanweisungen	Forderungsmanagement –von der Wiege bis zur Dienstanweisung auf Basis Sollkonzept
Debitorenlaufzeit	Reduzierung/Monitoring/Reporting	zeitnahe vollständige Einbuchung und Zahlung/Anpassung Mahnlauf
DSO-Tage	je nach Art der Forderung gestaffelte individuelle Mahnschreiben und Mahnzyklen	

Tabelle 16: Optimierungsansätze 1

Wenn eine Verwaltung beginnt, die tatsächlich entstehenden Kosten mit den erzielten Erlösen zu vergleichen, ergeben sich häufig überraschende Erkenntnisse.

Die kommunale Verwaltung verschenkt ihre Leistungen, wenn sie nicht dafür bezahlt wird.		
Verwaltungshelfer	Einbindung Verwaltungshelfer für befristet und unbefristet niedergeschlagene Forderungen inklusive durch Verjährung bedrohte	Einstieg in ein bewährtes, erprobtes Verfahren mit Abnahme durch den Hessischen Beauftragten für Datenschutz und Informationsfreiheit
	privatrechtliche Forderungen	Prüfung, inwieweit diese eingebunden werden können (Verwaltungsvollstreckungsgesetz)
	Definition des Prozesses einschließlich der Kontrollen	Welche Forderungen gehen raus?
Zuordnung der Vollstreckungserlöse	automatisierte Zuordnung und Verrechnung Haupt- und Nebenforderungen	Debitor Gläubiger/Auftraggeber Nebenforderungen
Prozessoptimierung	Vollstreckung Debitoren	Bestandsprozesse Vollstreckung Reduzierung Amtshilfeersuchen Ergänzung Bankverbindung SCHUFA

Tabelle 17: Optimierungsansätze 2

Die Entwicklung eines einheitlichen und konsequent angewandten Soll-Prozesses ist für viele Verwaltungen ratsam. Die Erfahrung zeigt, dass selbst innerhalb einer Abteilung u. U. mit zweierlei Maß gemessen wird.

Welche Parameter haben Einfluss?			
Forderungsart	privat-/öffentlich-rechtlich	fiskal, Bescheid, OWi	eigene/fremde (z. B. Amtshilfeersuchen/Beitragsservice)
Forderungsstatus/Bewertung	laufend	Niederschlagung (befristet) wertberichtigt	Niederschlagung (unbefristet) abgeschrieben
Forderungsalter	0 bis 6/7 bis 12/13 bis 36 Monate	über 36 Monate Verjährung	Verwirkung
Schuldner	geschäftsfähig/volljährig Alter 19 bis 65 Familienstatus ledig/getrennt Inländer	minderjährig Alter bis 18 verheiratet/geschieden Ausländer	eingeschränkt geschäftsfähig ab 66 verwitwet
Erwerbs-/Einkommensstatus	abhängig beschäftigt Vollzeit/Teilzeit	selbstständig	Sozialbetrug ALG I / Bürgergeld
Anschrift	z. B. Schulenburger Landstr. 145 30165 Hannover[16]		
Bonität	sehr gut – gut	eingeschränkt	schlecht – sehr schlecht
Zahlungsverhalten	zahlungswillig	zahlungsunwillig	

Tabelle 18: Soll-Prozess Forderungsmanagement: Einflussparameter

6. Entwicklung einer Aufbauorganisation

Die Entwicklung einer Aufbauorganisation ist von mehreren zentralen Faktoren abhängig. Dazu gehören insbesondere:

– **Aufgaben und Ziele der Organisation:** Die Struktur muss die Erfüllung der strategischen und operativen Ziele unterstützen.

[16] „besondere Adressen" z. B. JVA, medizinische Einrichtungen, „Weißer Riese" in Duisburg

Aufgaben, Kompetenzen und Verantwortlichkeiten müssen klar zugeordnet sein.

- **Größe und Komplexität der Organisation:** Je größer und komplexer eine Organisation ist, desto differenzierter muss die Aufbauorganisation gestaltet sein (z. B. durch Hierarchiestufen, Fachbereiche oder Abteilungen).
- **Rechtliche und politische Rahmenbedingungen:** In der öffentlichen Verwaltung spielen Gesetze, Verordnungen und politische Vorgaben eine zentrale Rolle bei der Gestaltung der Organisation.
- **Verfügbare Ressourcen:** Personelle, finanzielle und technische Ressourcen beeinflussen maßgeblich, wie flexibel und differenziert eine Organisation strukturiert werden kann.
- **Digitalisierungsgrad und technologische Entwicklung:** Der Einsatz digitaler Systeme verändert Kommunikationswege, Entscheidungsprozesse und erfordert oft neue organisatorische Strukturen.
- **Kulturelle und soziale Faktoren:** Werte, Führungsstil und Arbeitskultur wirken auf die Akzeptanz und Wirksamkeit einer Aufbauorganisation.
- **Anforderungen an Flexibilität und Wandelbarkeit:** Moderne Organisationen müssen auf Veränderungen wie Gesetzesnovellen, Krisen (z. B. Pandemie) oder gesellschaftliche Entwicklungen reagieren können.

Stichworte, die u. U. in die Betrachtung einfließen sollten:

- Mehrsäulenmodell? Servicegesellschaft?
- Wo wird welches Personal vorgehalten?
- Stärkung der Kernkompetenzen
- flache Hierarchien
- strenge Aufgabentrennung, ausschließlich Forderungsmanagement/Vollstreckung
- keine Reklamationsbearbeitung
- flexibler Personaleinsatz zwischen den einzelnen Säulen je nach Bedarf
- Spezialgrundlagen: Immobilienverwertung, Sicherungshypotheken, Insolvenzen
- Orientierung auf Debitorenebene

7. Personal

Aus Sicht des Personals spielen bei der Gestaltung einer Aufbauorganisation vor allem folgende Faktoren eine zentrale Rolle:

- Klare Aufgaben-, Rollen- und Verantwortungszuweisung
  - Mitarbeitende wollen wissen, wo ihre Aufgaben beginnen und enden, wer wofür zuständig ist und an wen sie sich wenden können.
  - Unklare Zuständigkeiten führen zu Frust, Doppelarbeit oder Verantwortungsdiffusion.
- Transparente Kommunikations- und Entscheidungswege
  - Eine nachvollziehbare Hierarchie und klare Berichts- und Informationswege erleichtern die tägliche Arbeit und stärken das Vertrauen.
  - Flache Hierarchien können dabei die Kommunikation und Beteiligung verbessern.

- Mitgestaltungsmöglichkeiten und Beteiligung
  - Mitarbeitende schätzen Strukturen, in denen sie sich einbringen können, z. B. durch interne Projektgruppen, Feedbackformate oder Vorschlagswesen.
  - Beteiligung steigert die Identifikation und Akzeptanz der Organisation.
- Entwicklungsperspektiven und Aufstiegschancen
  - Eine gute Aufbauorganisation macht Karrierepfade sichtbar und ermöglicht Weiterentwicklung, z. B. durch definierte Fach- und Führungslaufbahnen.
- Arbeitsbelastung und Ressourcenausstattung
  - Strukturentscheidungen wirken sich direkt auf die Arbeitsverteilung und den Arbeitsdruck aus.
  - Gute Organisation bedeutet, dass Aufgaben realistisch erfüllbar sind, weil passende Ressourcen zur Verfügung stehen.

- Flexibilität und Vereinbarkeit
  - Eine moderne Aufbauorganisation sollte räumliche und zeitliche Flexibilität ermöglichen (Stichwort: Homeoffice, Gleitzeit, mobiles Arbeiten).
  - Wichtig ist auch eine Vereinbarkeit von Beruf und Familie.
- Wertschätzung und Sichtbarkeit von Arbeit
  - Organisatorische Strukturen sollten Leistung sichtbar machen und wertschätzen, z. B. durch Anerkennungsformate, klare Leistungskriterien oder regelmäßige Feedbackgespräche.

Stichworte, die u. U. in die Betrachtung einfließen sollten:

- Gehaltsmodell Verwaltung/freie Wirtschaft
- Stärkung der Kernkompetenzen
- Personalbestand und Kompetenzen
- attraktive Arbeitsbedingungen (Arbeitsmodell/-zeiten/-ort/-vergütung)
- Zuständigkeit Arbeitnehmervertretung, eigene/fremde Verwaltung
- Changemanagement: „Wir sind keine Bank und müssen mit unserem Geld auskommen und arbeiten!"

V

Begleitung der Mitarbeiter im Wandel: **Wir[17] brauchen ein „WIR-Gefühl", es ist unser Geld, was wir fordern.**		
Kernkompetenzen	Stärkung der Kernkompetenzen der Mitarbeiter	Ein guter Sozialarbeiter ist nicht immer ein guter Forderungsmanager.
	Weiterqualifizierung der Mitarbeiter zum „Champion" in jeweils einem Teilbereich	Adressverwaltung Debitoren, privatrechtliche/öffentlich-rechtliche Vollstreckung, Immobiliarvollstreckung, Inkasso, Insolvenzen
	bereichsübergreifende Systemkenntnisse	Fibu-Vollstreckung Bonitätsinformationen

17 „Wir" bedeutet in diesem Kontext „unsere Verwaltung".

Begleitung der Mitarbeiter im Wandel: Wir[17] brauchen ein „WIR-Gefühl", es ist unser Geld, was wir fordern.		
Sicherheit	Umgang mit Schuldnern und „Reichsbürgern" Absicherung der Arbeitsplätze (Zutrittsbeschränkung)	Seminarangebot mit Praktikern der Polizei Anregungen durch Arbeitssicherheitsausschuss

Tabelle 19: Begleitung der Mitarbeiter im Wandel

8. Entwicklungstendenzen

- **Ziel und Zweck**

  Die Organisationsentwicklung verfolgt das Ziel, Strukturen, Prozesse und das Miteinander innerhalb einer Organisation so weiterzuentwickeln, dass diese dauerhaft leistungsfähig, zukunftssicher und mitarbeiterorientiert bleibt. Veränderungen – z. B. durch neue gesetzliche Anforderungen, Digitalisierung oder gesellschaftlichen Wandel – erfordern regelmäßige Anpassungen.

- **Ausgangsanalyse**

  Bevor Veränderungen eingeleitet werden, ist eine gründliche Bestandsaufnahme notwendig:

  - Was funktioniert gut, was weniger?
  - Welche strukturellen Herausforderungen bestehen?
  - Wie ist die Stimmung im Team?
  - Welche externen Faktoren beeinflussen die Organisation?

- **Zieldefinition und Strategieentwicklung**

  Auf Basis der Analyse werden klare Ziele formuliert und eine Strategie festgelegt, wie diese Ziele erreicht werden sollen – Schritt für Schritt:

  - Was soll erreicht werden (z. B. Effizienzsteigerung, bessere Kommunikation, flexiblere Strukturen)?
  - Welche Werte und Leitprinzipien sollen die Entwicklung leiten?

- **Beteiligung und Kommunikation**

  Ein zentraler Erfolgsfaktor ist die frühzeitige und kontinuierliche Einbindung der Mitarbeiter:

  - transparente Kommunikation über Ziele, Gründe und Auswirkungen
  - Beteiligung durch Workshops, Umfragen oder Projektgruppen
  - regelmäßige Updates über Fortschritte und nächste Schritte

- **Umsetzung von Maßnahmen**

  Die Maßnahmen richten sich nach den vereinbarten Zielen und können beinhalten:

  - Anpassung der Aufbau- und Ablauforganisation
  - Einführung neuer digitaler Tools
  - Schulungen und Qualifizierungen
  - Einführung neuer Kommunikations- oder Entscheidungsstrukturen

- **Begleitung und Unterstützung der Mitarbeiter**

  Jede Veränderung erzeugt Unsicherheiten. Mitarbeiter brauchen:

  - Ansprechpartner für Fragen und Sorgen
  - Schulungen und Coachings
  - Raum für Feedback und Mitgestaltung
  - sichtbare Unterstützung durch Führungskräfte

- **Evaluation und Weiterentwicklung**

  Organisationsentwicklung ist kein einmaliges Projekt, sondern ein kontinuierlicher Prozess:

  - Welche Maßnahmen waren erfolgreich?
  - Wo bestehen noch Herausforderungen?
  - Was kann künftig besser gemacht werden?

  Regelmäßige Evaluationen helfen, die Organisation dauerhaft lern- und anpassungsfähig zu halten.

Fazit
Erfolgreiche Organisationsentwicklung verbindet Strategie, Struktur und Mensch. Nur wenn alle Beteiligten mitgenommen werden und die Veränderungen auf einem klaren Zielbild beruhen, kann Wandel positiv gestaltet werden – für die Organisation und die Menschen, die in ihr arbeiten.

Entwicklungsrichtung	Mittel
Effektivitätssteigerung	im Wege der Binnenoptimierung, d. h. Optimierung der **verwaltungsinternen Aufbau- und Ablauforganisation** entlang der Forderungen
Digitalisierung	der (Teil-)Prozesse, Ergänzungen Buchhaltungssystem (Mahnzyklen/Entwicklung/Vollstreckungssysteme/Informationssysteme
Zusammenarbeit	mit anderen öffentlich-rechtlichen oder privaten Partnern

Tabelle 20: Organisatorische Entwicklungstendenzen im Forderungsmanagement

VI. Betrachtung des Forderungsmanagements aus betriebswirtschaftlicher Sicht

VI

VI. Betrachtung des Forderungsmanagements aus betriebswirtschaftlicher Sicht

1. Entwicklung des Geldeingangs und der Kosten im Zeitablauf

Eine betriebswirtschaftliche Betrachtung des Forderungsmanagements ermöglicht es, Liquidität zu sichern, Risiken zu minimieren und das Ergebnis zu stabilisieren. Es handelt sich also nicht nur um eine buchhalterische Notwendigkeit, sondern um ein strategisches Steuerungsinstrument.

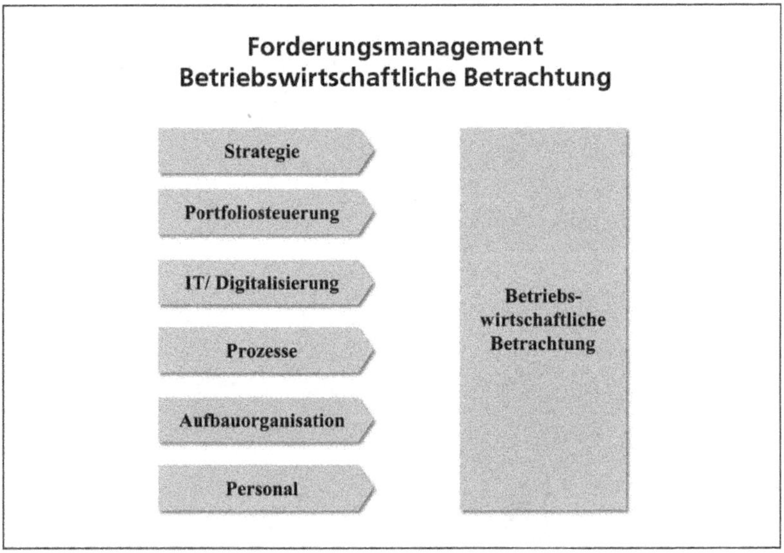

Abbildung 11: Betriebswirtschaftliche Betrachtung des Forderungsmanagements

Bei der Bewirtschaftung eines Forderungsportfolios sollte in der Regel eine betriebswirtschaftliche Betrachtung mitberücksichtigt werden. Hieraus ergeben sich Rückschlüsse für Themen wie Fertigungstiefe, Bagatellgrenze etc.

Sinnvoll ist es, aus Sicht des Verfassers, den kompletten Prozessverlauf zu betrachten und hierzu Kosten und Nutzen gegenüberzustellen. Für viele Verwaltungen ist schon die Ermittlung der tatsächlichen Beträge des Geldeinganges und der Kosten eine Herausforderung.

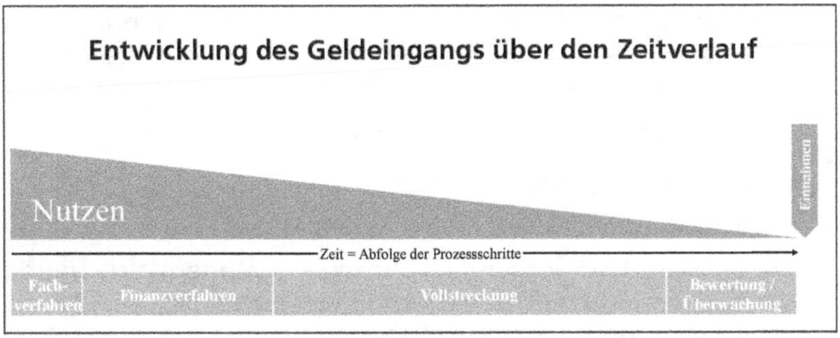

Abbildung 12: Entwicklung des Geldeinganges über den Zeitverlauf

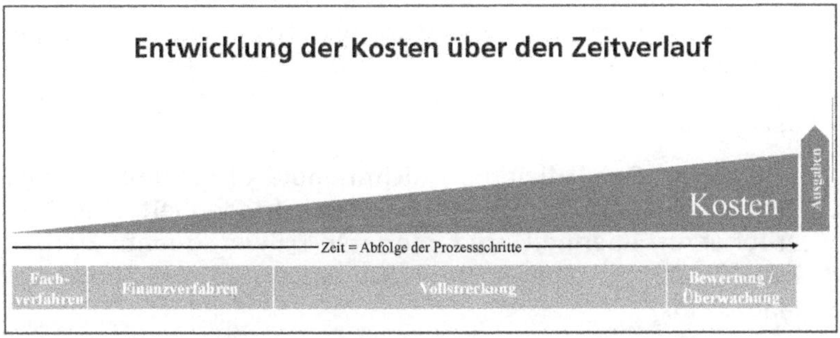

Abbildung 13: Entwicklung der Kosten über den Zeitverlauf

Die korrekte Ermittlung der Kosten und des Nutzens für einen Prozess ist aus mehreren Gründen eine Herausforderung (an dieser Stelle einige Beispiele):

- **Komplexität der Prozesse:** Geschäftsprozesse bestehen oft aus vielen ineinandergreifenden Tätigkeiten, die von verschiedenen Abteilungen und Mitarbeitenden ausgeführt werden. Diese Komplexität erschwert die genaue Zuordnung von Kosten zu einzelnen Prozessschritten.
- **Indirekte Kostenanteile:** Viele Kosten (z. B. Verwaltung, IT, Infrastruktur) sind indirekt und lassen sich nicht direkt einem bestimmten Prozess zuordnen. Die Verteilung dieser Gemeinkosten erfolgt meist über Annahmen oder Schlüssel, die die Realität nur näherungsweise abbilden.
- **Datenverfügbarkeit und -qualität:** Eine präzise Kostenrechnung setzt voraus, dass detaillierte, aktuelle und korrekte Daten vorliegen. In vielen Organisationen sind diese Daten jedoch
  - verteilt auf verschiedene Systeme,
  - unvollständig oder
  - nicht standardisiert.
- **Dynamische Veränderungen:** Prozesse verändern sich häufig durch Optimierungen, neue Technologien oder sich wandelnde Marktbedingungen. Kostenstrukturen müssen daher regelmäßig angepasst werden, was zusätzlichen Aufwand bedeutet.
- **Zeitliche und personelle Ressourcen:** Die Durchführung einer (genauen) Prozesskostenrechnung ist aufwendig. Viele Organisationen scheuen den dafür notwendigen Zeit- und Personalaufwand oder haben nicht die nötigen Kompetenzen intern verfügbar.
- **Schwierige Quantifizierung nichtmonetärer Faktoren:** Einige Prozessaspekte wie Qualität, Kundenzufriedenheit oder Mitarbeiterzufriedenheit sind monetär schwer quantifizierbar, beeinflussen aber dennoch die Gesamtkosten eines Prozesses langfristig.

2. Kosten-Nutzen-Betrachtung

Wenn wir nun den Kosten den Nutzen gegenüberstellen, können wir u. U. zu erstaunlichen Ergebnissen kommen. Das Lieblingsbeispiel des Verfassers ist die Gegenüberstellung der Kosten für die manuelle Ermittlung des Geldeingangs aus einer Ratenzahlung oder Stundungsvereinbarung. Je nach systemischer Unterstützung kommen hier schnell Beträge zwischen zehn und 20 EUR auf der Kostenseite zusammen. Wenn wir dem auf der Geldeingangsseite einen Betrag von unter 20 EUR monatlich gegenüberstellen, macht das Ganze betriebswirtschaftlich eigentlich keinen Sinn. Hier sollte eine andere Art von Vereinbarung im Hinblick auf die Anzahl und die Höhe der Zahlungen überlegt werden.

Daher ist sowohl die Betrachtung der Kosten- als auch der Nutzenseite nach Meinung des Verfassers zwingend erforderlich.

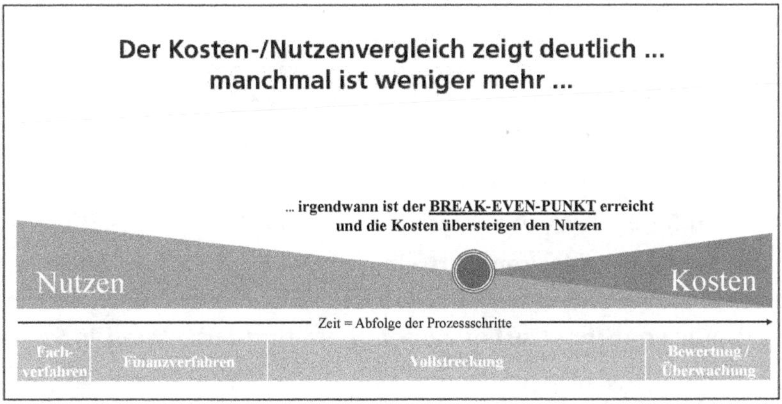

Abbildung 14: Der Kosten-Nutzen-Vergleich zeigt deutlich: Manchmal ist weniger mehr[18]

3. Ermittlung von Basisinformationen zu Kostenüberlegungen

3.1 Ermittlung der Arbeitszeit

Die zur Verfügung stehende Arbeitszeit einer Vollzeitkraft in Minuten kann anhand der wöchentlichen Arbeitszeit, von Feiertagen und Urlaub sowie anderer Abwesenheiten berechnet werden. Hier ist die Vorgehensweise:

[18] Vgl. Keilmann/Moericke, Schlummernde Millionen effizient einfordern, in: Innovative Verwaltung, Ausgabe 3, 2024, S. 34 ff.

3.1.1 Schritt-für-Schritt-Berechnung:

1. **Ermittlung der Jahresarbeitszeit in Stunden**
   - reguläre Wochenarbeitszeit (z. B. 40 Std./Woche)
   - multipliziert mit der Anzahl der Arbeitswochen im Jahr (52 Wochen)
   - *= 40 Std./Woche × 52 = 2.080 Std./Jahr*
2. **Abzug der nicht produktiven Zeit (Urlaub, Feiertage, Krankheit, Fortbildung etc.)**

Beispiel:

- **Urlaubstage:** 30 Tage = 6 Wochen → *6 × 40* Std. = 240 Std.
- **Feiertage:** ca. 10 Tage = 2 Wochen → *2 × 40* Std. = 80 Std.
- **Krankheit (durchschnittlich):**
- 10 Tage = 2 Wochen → *2 × 40* Std. = 80 Std.
- **sonstige Fehlzeiten (Fortbildung, Meetings etc.):** ca. 50 Std.

Daraus errechnet sich die verfügbare Nettoarbeitszeit in Stunden:

2.080 – (240 + 80 + 80 + 50) = 1.630 Std./Jahr

VI

3. **Umrechnung in Minuten**

   1.630 Std. × 60 = 97.800 Min./Jahr
4. **Berechnung der monatlichen und täglichen Arbeitszeit (optional)**
   - **monatlich:***97.800 / 12`= 8.150 Min./Monat*
   - **täglich (bei 220 Arbeitstagen pro Jahr):**

     97.800 / 220 = 444 Min./Tag (≈ 7,4 Std./Tag)

3.1.2 Zusammenfassung (Beispiel Vollzeitkraft, 40 Std./Woche, 52 Wochen/Jahr)

- **Bruttoarbeitszeit:** 2.080 Std. = 124.800 Min.
- **Nettoarbeitszeit (nach Abzug von Urlaub, Feiertagen, Krankheit etc.):** ca. **1.630 Std. = 97.800 Min./Jahr**
  - **monatlich:** ca. **8.150 Min.**
  - **täglich:** ca. **444 Min.**

3.2 Ermittlung der Stückkosten

Die Stückkosten (auch Einheitskosten genannt) sind die Kosten, die für die Herstellung oder Durchführung einer einzelnen Einheit eines Produkts oder einer Dienstleistung anfallen. Sie werden berechnet, indem die Gesamtkosten durch die Anzahl der produzierten oder bearbeiteten Einheiten geteilt werden. Die **Formel zur Berechnung der Stückkosten lautet:**

Stückkosten = Gesamtkosten / Anzahl der Einheiten

3.2.1 Schritt-für-Schritt-Anleitung zur Ermittlung der Stückkosten in einem Prozess

1. **Gesamtkosten ermitteln**
   - Erfasse alle Kosten, die in dem betrachteten Prozess anfallen.

     Dazu gehören:

     - **fixe Kosten:** Kosten, die unabhängig von der Produktionsmenge anfallen (z. B. Miete, Abschreibungen, Gehälter)
     - **variable Kosten:** Kosten, die mit der Anzahl der bearbeiteten Einheiten steigen (z. B. Materialkosten, Energiekosten, Lohnkosten pro Stück)
2. **Anzahl der produzierten Einheiten bestimmen**
   - Bestimme die Anzahl der Produkte oder Dienstleistungen, die in einem bestimmten Zeitraum oder Prozessdurchlauf produziert oder bearbeitet wurden.
3. **Berechnung der Stückkosten**
   - Verwende die oben genannten Formel, gemäß der die Gesamtkosten durch die Anzahl der Einheiten geteilt werden

Beispiel:

Angenommen, eine Verwaltung stellt 1.000 Einheiten eines Produkts her. Die Gesamtkosten setzen sich zusammen aus:

- **fixen Kosten:** 10.000 EUR
- **variablen Kosten:** 5.000 EUR
- **Gesamtkosten:** 10.000 + 5.000 = 15.000 EUR
- **Stückkosten:** 15.000 EUR / 1.000 Einheiten = 15 EUR/Stück

VI

3.2.2 Unterscheidung nach Kostenarten

Diese Unterscheidung ist wichtig, um zu sehen, wie sich die Stückkosten mit steigender Produktionsmenge verändern.

- **fixe Stückkosten** = *fixe Gesamtkosten / Anzahl der Einheiten*
- **variable Stückkosten** = *variable Gesamtkosten / Anzahl der Einheiten*

3.3 Gründe für die Ermittlung der Stückkosten

- **Preisgestaltung:** hilft bei der Kalkulation von Verkaufspreisen
- **Wirtschaftlichkeit:** ermöglicht eine Bewertung der Rentabilität des Prozesses
- **Prozessoptimierung:** zeigt Einsparpotenziale in der Produktion oder Verwaltung auf

Die Digitalisierung und Automatisierung von Routinetätigkeiten bietet einen umfassenden Mehrwert – nicht nur aus betriebswirtschaftlicher Sicht, sondern auch hinsichtlich der Mitarbeiterzufriedenheit und der strategischen Ausrichtung einer Organisation. Im Folgenden werden die wichtigsten Aspekte ausführlich dargestellt:

3.3.1 Effizienzsteigerung und Zeitersparnis

- **Schnellere Abläufe:** Automatisierte Prozesse bearbeiten repetitive Aufgaben wesentlich schneller als manuelle Verfahren, z. B. können Datenabgleiche, Rechnungserstellungen oder Standardprüfungen in Sekundenbruchteilen durchgeführt werden.
- **Reduzierung manueller Eingriffe:** Routineaufgaben, die oft mehrere Klicks und Überprüfungen erfordern, werden digitalisiert, sodass Mitarbeitende weniger Zeit mit administrativen Tätigkeiten verbringen.
- **Optimierung von Arbeitsabläufen:** Durch den Einsatz digitaler Workflows werden Prozesse nicht nur schneller, sondern auch reibungsloser, da Informationen nahtlos zwischen Systemen ausgetauscht werden.

3.3.2 Kostenreduktion

- **Personalkosteneinsparungen:** Durch die Automatisierung repetitiver Aufgaben wird der Bedarf an manuellen Eingriffen reduziert, was langfristig zu Einsparungen bei den Personalkosten führen kann.
- **Fehlervermeidung:** Menschliche Fehler bedingen oft nachträgliche Korrekturen und zusätzlichen Aufwand. Automatisierte Systeme führen standardisierte Prozesse durch, wodurch die Fehlerquote signifikant sinkt.
- **Reduzierung von Verwaltungsaufwand:** Weniger manuelle Bearbeitung bedeutet auch geringere Kosten für Schulungen, Verwaltung und Dokumentation von Prozessen.

3.3.3 Erhöhung der Datenqualität und bessere Entscheidungsgrundlagen

- **Zentrale Datenerfassung:** Digitale Systeme ermöglichen die lückenlose Erfassung von Daten, was zu einer höheren Transparenz führt. Alle relevanten Informationen werden zentral gespeichert und sind jederzeit abrufbar.
- **Standardisierte Prozesse:** Durch Automatisierung wird sichergestellt, dass Daten konsistent und in einheitlicher Qualität erfasst werden, was die Vergleichbarkeit und Analyse erleichtert.
- **Echtzeitanalysen:** Automatisierte Systeme können in Echtzeit Daten verarbeiten und auswerten. Das unterstützt Managemententscheidungen, da aktuelle und zuverlässige Daten die Grundlage für strategische Entscheidungen bieten.

3.3.4 Mitarbeiterentlastung und Fokussierung auf Kernaufgaben

- **Abbau monotoner Tätigkeiten:** Routineaufgaben können ermüdend und demotivierend wirken. Automatisierung entlastet die Mitarbeitenden, sodass sie sich auf komplexe und kreative Aufgaben konzentrieren können.
- **Verbesserte Arbeitszufriedenheit:** Wenn Mitarbeitende von repetitiven Aufgaben befreit werden, steigt in der Regel auch die Arbeitsmotivation und -zufriedenheit, da sie ihre Kompetenzen besser einbringen können.

- **Entwicklung von Schlüsselqualifikationen:** Zeitersparnis ermöglicht die Weiterbildung und den Erwerb neuer Fähigkeiten, was langfristig zur Steigerung der Innovationskraft in der Verwaltung beiträgt.

3.3.5 Flexibilität und Skalierbarkeit

- **Anpassung an steigende Anforderungen:** Digitale Prozesse lassen sich leichter skalieren als manuelle Abläufe. Bei steigendem Arbeitsvolumen können automatisierte Systeme schnell angepasst und erweitert werden.
- **Modularität:** Durch den Einsatz von Softwarelösungen können einzelne Prozessschritte flexibel verändert oder optimiert werden, ohne dass der gesamte Ablauf neu strukturiert werden muss.
- **Integration neuer Technologien:** Digitale Systeme können in der Regel problemlos mit anderen Technologien (z. B. künstliche Intelligenz, Big-Data-Analyse) verknüpft werden, was die Innovationsfähigkeit der Verwaltung weiter erhöht.

3.3.6 Verbesserte Compliance und Nachvollziehbarkeit

- **Lückenlose Dokumentation:** Digitale Prozesse hinterlassen einen detaillierten Audit-Trail, der alle Schritte und Änderungen nachvollziehbar macht. Dies ist besonders wichtig im Hinblick auf rechtliche Vorgaben und interne Kontrollsysteme.
- **Einhaltung von Standards:** Automatisierte Abläufe helfen, interne und gesetzliche Vorgaben konsistent einzuhalten, da standardisierte Prozesse das Risiko von Abweichungen minimieren.
- **Erhöhte Transparenz:** Alle Beteiligten – vom Management bis zu den externen Prüfern – erhalten einen klaren Überblick über die Prozessabläufe, was die Zusammenarbeit und Kommunikation verbessert.

3.3.7 Zukunftssicherheit und Wettbewerbsfähigkeit

- **Anpassung an den digitalen Wandel:** Verwaltungen, die ihre Prozesse digitalisieren, sind besser auf zukünftige Herausforderungen vorbereitet und können schneller auf Marktveränderungen reagieren.
- **Innovationspotenzial:** Automatisierte Prozesse schaffen Raum für innovative Ideen, da Routineaufgaben effizient abgewickelt werden und Ressourcen für neue Projekte frei werden.
- **Wettbewerbsvorteil:** In einer zunehmend digitalisierten Welt ist die Fähigkeit, Prozesse effizient zu automatisieren, ein entscheidender Wettbewerbsfaktor. Verwaltungen, die frühzeitig auf Digitalisierung setzen, können leichter Mitarbeiter gewinnen und so den Fachkräftemangel kompensieren.

Fazit

Die Digitalisierung und Automatisierung von Routinetätigkeiten sind weit mehr als nur ein Trend – sie stellen einen wesentlichen Baustein moderner Arbeitsorganisation dar. Durch Zeitersparnis, Kostenreduktion, erhöhte Datenqualität, Mitarbeiterentlastung und bessere Skalierbarkeit schaffen Verwaltungen eine solide Grundlage, um flexibel auf Herausforderungen zu reagieren und sich langfristig im Wettbewerb zu behaupten. Der strategische Einsatz digitaler Technologien führt zu einer nachhaltigen Optimierung von Geschäftsprozessen und ermöglicht es, Ressourcen effizienter zu nutzen.

VII. Kennzahlen im Forderungsmanagement: Definition, Berechnung, Optimierung

VII. Kennzahlen im Forderungsmanagement: Definition, Berechnung, Optimierung

1. Hintergrund für die Verwendung von Kennzahlen

Ein effektives Forderungsmanagement ist entscheidend für die Liquiditätssicherung und die Vermeidung von Zahlungsausfällen. Kennzahlen helfen dabei, die Performance des Mahn- und Inkassowesens zu überwachen, Schwachstellen zu identifizieren und Optimierungspotenziale zu nutzen.

Nachfolgend werden die wichtigsten Kennzahlen im Forderungsmanagement ausführlich erläutert, mit Berechnungsformeln versehen und praxisnahe Optimierungsmaßnahmen vorgestellt.

2. Liquiditäts- und Effizienzkennzahlen

Diese Kennzahlen zeigen, wie schnell Forderungen in Liquidität umgewandelt werden und wie effizient das Mahnwesen arbeitet.

2.1 Days Sales Outstanding (DSO) – durchschnittliche Forderungslaufzeit

VII

Definition: Der DSO-Wert gibt an, wie lange es im Durchschnitt dauert, bis Kunden eine Forderung bezahlen.

Formel: *DSO = (Forderungen aus Lieferungen und Leistungen / Umsatz) × 360*

- **Zielwert:** branchenabhängig, häufig unter 40 Tagen angestrebt
- **Optimierungsmöglichkeiten:**
  - kürzere Zahlungsziele setzen (z. B. von 30 auf 14 Tage)
  - frühzeitige Mahnungen versenden
  - Skontoanreize für schnelle Zahlung gewähren

2.2 Forderungsquote (Debitorenquote)

Definition: Diese Kennzahl zeigt, wie hoch der Anteil der offenen Forderungen am Gesamtumsatz ist.

Formel: *Forderungsquote = (Forderungen aus Lieferungen und Leistungen / Gesamtumsatz) × 100*

- **Zielwert:** unter 20 %
- **Optimierungsmöglichkeiten:**
  - Automatisierung der Rechnungsstellung
  - Einsatz digitaler Zahlungsmethoden
  - Einführung von Vorauszahlungen bei Neukunden

2.3 Mahnquote

Definition: gibt an, wie viele Rechnungen gemahnt werden müssen

Formel: *Mahnquote = (Anzahl der Mahnungen / gesamte Rechnungen) × 100*

- **Zielwert:** unter 10 %
- **Optimierungsmöglichkeiten:**
  - Bonitätsprüfung vor Vertragsabschluss
  - Zahlungserinnerungen vor der ersten Mahnung
  - Einführung von Lastschriftverfahren

3. Risiko- und Ausfallkennzahlen

3.1 Forderungsausfallquote

Definition: misst den Anteil der Forderungen, die endgültig nicht bezahlt werden

Formel: *Forderungsausfallquote = (uneinbringliche Forderungen / Gesamtumsatz) × 100*

- **Zielwert:** möglichst unter 2 %
- **Optimierungsmöglichkeiten:**
  - strenge Bonitätsprüfung bei Neukunden
  - Einsatz von Kreditversicherungen
  - frühzeitiges Inkassoverfahren

3.2 Anteil zweifelhafter Forderungen

Definition: Gibt an, welcher Anteil der offenen Forderungen als unsicher gilt (z. B. laufende Insolvenzverfahren).

Formel: *Anteil zweifelhafter Forderungen = (zweifelhafte Forderungen / Gesamtforderungen) × 100*

- **Zielwert:** unter 5 %
- **Optimierungsmöglichkeiten:**
  - stärkere Nutzung von Wirtschaftsauskunfteien
  - Einbindung von Factoring-Dienstleistern

4. Prozesskennzahlen

4.1 Automatisierungsquote der Zahlungseingänge

Definition: zeigt, wie viele Zahlungen automatisch zugeordnet werden

Formel: *Automatisierungsquote = (automatisch zugeordnete Zahlungen / Gesamtanzahl der Zahlungseingänge) × 100*

- **Zielwert:** über 90 %
- **Optimierungsmöglichkeiten:**
  - Einführung von standardisierten Rechnungsnummern
  - Nutzung von künstlicher Intelligenz zur Zuordnung

4.2 Durchschnittliche Bearbeitungszeit einer Forderung

Definition: gibt an, wie lange eine Forderung von der Rechnungserstellung bis zum Zahlungseingang benötigt

Formel (für einzelne Forderung): *Datum Forderungserledigung – Datum Forderungsentstehung – (Wochenendtage, Feiertage)*

Formel (für alle Forderungen): *Summe Bearbeitungszeiten aller Forderungen / Anzahl der erledigten Forderungen*

- **Zielwert:** unter 30 Tage
- **Optimierungsmöglichkeiten:**
  - Digitalisierung der Rechnungsverarbeitung
  - automatisierte Mahnprozesse

4.3 Kosten pro Mahnung/Forderungseinzug

Definition: misst die Kosten für das Mahnwesen pro Fall

Formel: *Kosten pro Mahnung = Gesamtkosten Mahnwesen / Anzahl der Mahnungen*

- **Zielwert:** möglichst niedrig
- **Optimierungsmöglichkeiten:**
  - Einführung von Self-Service-Portalen für Kunden
  - Nutzung von E-Mail-Mahnungen statt postalischer Mahnungen

5. Zusammenfassung der wichtigsten Kennzahlen und Zielwerte

Kennzahl	Zielwert	Optimierungsmöglichkeiten
DSO (Tage)	< 40	schnellere Mahnprozesse, Skontoanreize
Forderungsquote (%)	< 20	Automatisierung, striktere Bonitätsprüfung
Mahnquote (%)	< 10	Zahlungserinnerungen, Lastschriftverfahren
Forderungsausfallquote (%)	< 2	Factoring, Inkasso, Kreditversicherungen
Anteil zweifelhafter Forderungen (%)	< 5	Nutzung von Wirtschaftsauskunfteien
Automatisierungsquote der Zahlungseingänge (%)	> 90	KI-basierte Zahlungszuordnung
durchschnittliche Bearbeitungszeit einer Forderung (Tage)	< 30	Digitalisierung, automatische Mahnungen
Kosten pro Mahnung (EUR)	niedrig	Nutzung von E-Mahnungen, Self-Service-Portale

Tabelle 21: Zielwerte und Optimierungsmöglichkeiten von Forderungsmanagementkennzahlen

Praxis-Tipp:

Durch die systematische Analyse dieser Kennzahlen kann das Forderungsmanagement gezielt verbessert werden. Eine regelmäßige Überwachung dieser Werte sorgt für bessere Liquidität und reduziert das Risiko von Forderungsausfällen.

6. DSO-Tage: Berechnung, Interpretation und Optimierung

6.1 Berechnung der DSO-Tage

Die DSO-Tage werden, wie bereits beschrieben, mit folgender Formel berechnet:

DSO = (Forderungen aus Lieferungen und Leistungen / Umsatz) × 360

Alternativ kann auch ein kürzerer Zeitraum (z. B. monatlich oder quartalsweise) verwendet werden, indem man die 360 durch 30 bzw. 90 ersetzt.

Beispiel:

Eine Verwaltung hat am Jahresende Forderungen aus Lieferungen und Leistungen in Höhe von **500.000 EUR**. Der Jahresumsatz beträgt **6.000.000 EUR**. Die Berechnung erfolgt wie folgt:

DSO = (500.000 / 6.000.000) × 360 = 30 Tage

Das bedeutet, dass die Verwaltung im Durchschnitt 30 Tage benötigt, um ihre Rechnungen bezahlt zu bekommen.

6.2 Interpretation der DSO-Tage

Die Bedeutung der DSO-Werte hängt stark von der Branche und den üblichen Zahlungszielen ab.

- **Niedrige DSO-Werte (z. B. unter 30 Tage):**
  - Kunden zahlen schnell und pünktlich.
  - Die Verwaltung hat eine gute Liquidität und muss weniger Betriebskapital in Forderungen binden.
  - Es gibt ein effizientes Forderungsmanagement.

– **Hohe DSO-Werte (z. B. über 60 Tage):**
  - Kunden zahlen verspätet oder es gibt Probleme mit der Zahlungsmoral.
  - Die Verwaltung muss möglicherweise Kredite aufnehmen, um die laufenden Kosten zu decken.

6.3 Einflussfaktoren auf die DSO-Tage

Verschiedene Faktoren beeinflussen die Anzahl der DSO-Tage:

– **Kundenzusammensetzung:** Große Unternehmen zahlen oft später als kleine Firmen oder Privatkunden.

– **Bonität der Kunden:** Kunden mit schlechter Bonität zahlen oft verspätet oder gar nicht.

– **Effizienz des Forderungsmanagements:** Klare Rechnungsstellung, Mahnwesen und Inkassoverfahren beeinflussen die Zahlungsmoral.

6.4 Maßnahmen zur Senkung der DSO-Tage

Wenn die DSO-Tage zu hoch sind, können Verwaltungen verschiedene Maßnahmen ergreifen:

– **Optimierung der Rechnungsstellung:**
  - sofortige Rechnungsstellung nach Lieferung oder Leistungserbringung
  - elektronische Rechnungen (E-Rechnungen) für eine schnellere Verarbeitung
  - automatische Zahlungsaufforderungen

– **Effektives Mahnwesen und Inkasso:**
  - klare Zahlungserinnerungen und Mahnstufen definieren
  - automatisierte Mahnverfahren mit Fristsetzung
  - frühzeitige Einschaltung von Verwaltungshelfern

– **Verbesserung der Vertragskonditionen:**
  - kürzere Zahlungsziele (z. B. 14 statt 30 Tage)
  - Skonto für schnelle Zahlung anbieten (z. B. 2 % bei Zahlung innerhalb von zehn Tagen)

- Vorkasse oder Anzahlungen für Neukunden oder risikobehafteten Kunden verlangen

– **Bonitätsprüfung und Risikomanagement:**
  - SCHUFA- oder Creditreform-Abfragen für Neukunden
  - Begrenzung von Kreditlinien für unsichere Kunden
  - Erfassung und Analyse der Zahlungshistorie von Kunden

6.5 Zusammenhang zwischen DSO-Tagen und Liquidität

Die DSO-Tage haben einen direkten Einfluss auf die Liquidität einer Verwaltung:

– Je **schneller** eine Verwaltung ihre Forderungen einzieht, desto weniger Fremdkapital wird benötigt.

– Lange Zahlungsfristen führen dazu, dass Kapital gebunden bleibt und nicht für Investitionen oder Betriebsausgaben genutzt werden kann.

– Eine niedrige DSO-Zahl trägt zur finanziellen Stabilität der Verwaltung bei.

Fazit

Die DSO-Tage sind eine zentrale Kennzahl im Finanzmanagement. Sie zeigen, wie effizient eine Verwaltung ihre Forderungen eintreibt und wie sich das Zahlungsverhalten der Kunden auf die Liquidität auswirkt. Eine regelmäßige Überwachung und gezielte Maßnahmen können helfen, die DSO-Zahl zu senken, die Liquidität zu verbessern und das Forderungsmanagement zu optimieren.

VIII. Vertiefende Betrachtung und Handlungshinweise

VIII

VIII. Vertiefende Betrachtung und Handlungshinweise

1. Stammdaten

Anforderungen an die Stammdaten bzw. zentrale Adressverwaltung

- Die **Vollständigkeit** und **Aktualität** von Schuldnerstammdaten ist für ein wirksames Forderungsmanagement **maßgeblich**.
- Eine der Voraussetzungen für eine effektive Arbeitsweise ist die Vermeidung von mehrfachen Stammdaten (**Dubletten**) und von unterschiedlich strukturierten Stammdaten.
- Die Existenz von Stammdatendubletten ist ein in der Verwaltung häufig anzutreffendes Phänomen und resultiert aus Schnittstellenproblemen/Datenüberschreibungen.

Die Problematik der Stammdatenkonsistenz wird in den Verwaltungen insbesondere durch die hohe Anzahl der vorgelagerten Fachsysteme verschärft. Bei diesen Systemen, die in der Verantwortung des jeweiligen Fachbereichs betrieben werden, ist die Gefahr einer nicht genormten Stammdatenerfassung besonders hoch. Wenn diese Daten nun über Schnittstellen ungeprüft und unqualifiziert in das Fibu-System übernommen werden, besteht das Problem, dass Dubletten allein aufgrund anderer Schreibweise oder anderer Abkürzungen (Straße vs. Str.) eingespielt werden.

Daher gehen einige Verwaltungen dazu über, ein für den Adressbestand führendes System zu etablieren. Es empfiehlt sich hierzu ein/das System zu wählen, das zu allen vorgelagerten und nachgelagerten Systemen Schnittstellen bietet. Im Regelfall sollte dies das Fibu-System sein.

Um der Gefahr einer über Schnittstelleneingänge überschriebenen und damit ggf. falschen Adresse entgegenzuwirken, ist es ratsam, die Datenübernahme in den Schnittstellen zu beschränken. So wird sichergestellt, dass keine Stammdaten überschrieben und lediglich Bewegungsdaten übernommen werden.

Dieselbe Verfahrensweise ist für die nachgelagerten Systeme wie das Vollstreckungssystem ratsam.

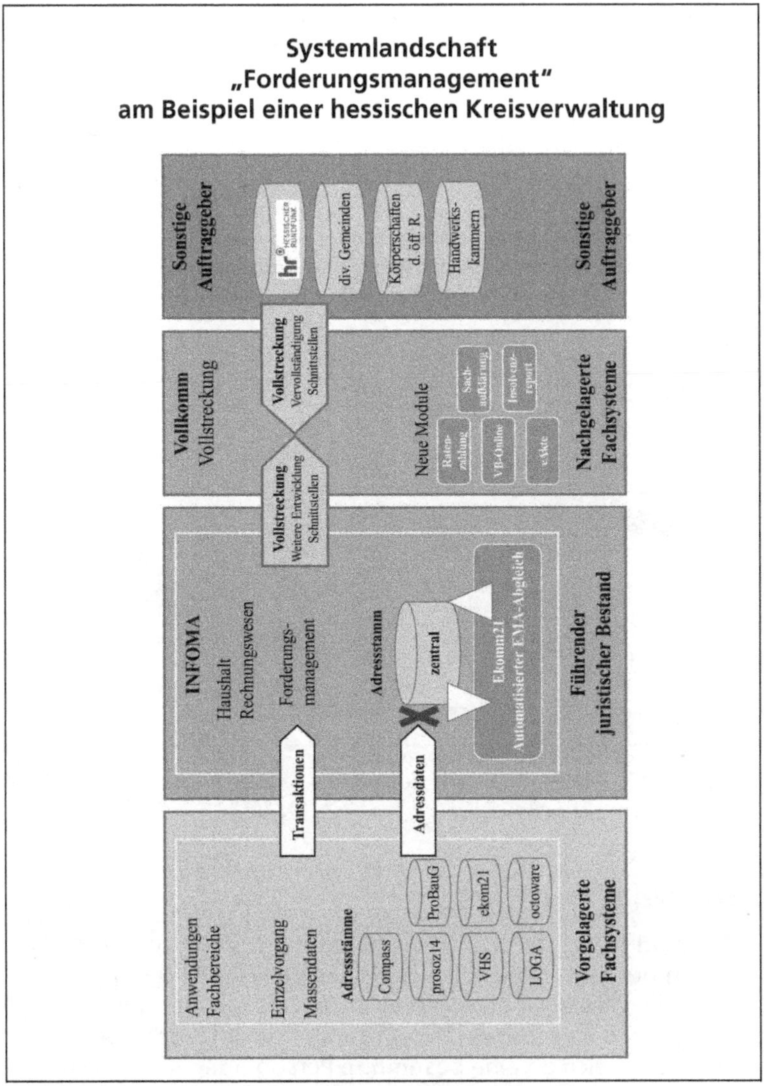

Abbildung 15: Systemlandschaft „Forderungsmanagement" am Beispiel einer hessischen Kreisverwaltung

Gerade die Daten im Vollstreckungssystem lassen aufgrund des hoheitlichen Auftrags keine Irrtümer oder nicht korrekte Anschriften

VIII

zu. Stellen wir uns nur vor, wir versuchen bei der falschen Person an der falschen Anschrift eine Vollstreckung. Im schlimmsten Fall dann noch mit einer Wohnungsöffnung!

Daraus wird deutlich, dass in dem Vollstreckungssystem eine Fehlertoleranz von null besteht.

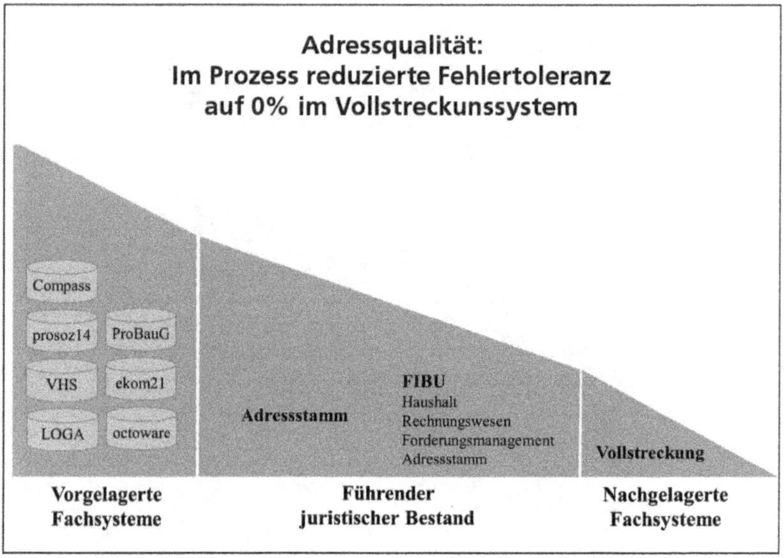

Abbildung 16: Adressqualität: Reduzierung der Fehlertoleranz auf 0 % im Vollstreckungssystem

VIII

2. Bescheid

Ein **Bescheid** in der öffentlichen Verwaltung ist ein **Verwaltungsakt**, durch den eine Behörde eine konkrete Entscheidung über ein individuelles Verwaltungsverfahren trifft. Er stellt eine verbindliche Regelung eines Einzelfalls auf dem Gebiet des öffentlichen Rechts dar und richtet sich an eine bestimmte Person oder einen bestimmten Personenkreis.

§

§ 35 VwVfG – Begriff des Verwaltungsaktes

„Verwaltungsakt ist jede Verfügung, Entscheidung oder andere hoheitliche Maßnahme, die eine Behörde zur Regelung eines Einzelfalls auf dem Gebiet des öffentlichen Rechts trifft und die auf unmittelbare Rechtswirkung nach außen gerichtet ist."

2.1 Typische Merkmale eines Bescheids

- **Hoheitliche Maßnahme:** Der Staat handelt mit Befehlsgewalt.
- **Einzelfallregelung:** Es geht um eine individuelle Situation (z. B. Steuerbescheid, Baugenehmigung).
- **Rechtswirkung nach außen:** Der Bescheid betrifft den Bürger direkt und entfaltet verbindliche Wirkung.
- **Schriftform:** meist schriftlich mit Begründung, Rechtsbehelfsbelehrung und Datum versehen

Beispiele für Bescheide:

- Baugenehmigung oder Ablehnung eines Bauantrags
- Bußgeldbescheid
- Ablehnungsbescheid für BAföG oder Sozialleistungen
- Steuerbescheid (Finanzamt)

2.2 Funktion

- Ein Bescheid schafft Rechtssicherheit und Rechtsklarheit für den Betroffenen.
- Er kann aber auch durch Rechtsmittel (z. B. Widerspruch oder Klage) angefochten werden.

2.3 Bescheid mit Zahlungsaufforderung

Formalrechtliche Anforderungen an einen Verwaltungsakt mit einer Zahlungsaufforderung oder einer Rechnung:

- Äußerer Aufbau, Struktur und Layout sind wichtig.
- Für den Empfänger einer Zahlungsaufforderung bzw. eines Bescheids sollten die Angaben
  - zum Zahlungsgrund,
  - zur Zahlungshöhe,
  - zur Fälligkeit,
  - zur Bankverbindung des Zahlungsempfängers und
  - zum Verwendungszweck

zweifelsfrei, eindeutig und gut sichtbar sein. Gleiches gilt für die Angaben zum Ansprechpartner bei Fragen zur Festsetzung und/oder Zahlungsabwicklung.

Das Forderungsmanagement verlangt, dass ein Bescheid **rechtskonform, klar, begründet und vollstreckbar** ist, damit die Verwaltung Forderungen effektiv und rechtssicher eintreiben kann.

Anforderungen aus Sicht des Forderungsmanagements sind:

- **eine eindeutige Kundenidentifizierung, -plausibilisierung, -verifizierung**
- **Vorname(n), Name, Anschrift, Geburtsdatum**

Schuldnergruppen	**Identifikation**
bei natürlichen Personen	**immer** Vorlage Personalausweis/Reisepass (kopieren)
bei Gewerbetreibenden (Selbstständigen)	**immer** aktuelle (Gewerbe-)Anmeldung/Auszug aus dem Gewerberegister und Personalausweis/Reisepass; Vorname(n), Name, Anschrift, Geburtsdatum (kopieren)
bei juristischen Personen (GmbH, AG, KG, OHG, UG etc.)	**immer** aktueller Registerauszug (kopieren); vertreten durch: immer gesetzliche(r) Vertreter Vorname(n), Name, Anschrift, Geburtsdatum

Tabelle 22: Schuldneridentifikation unterschiedlicher Schuldnergruppen

VIII

Obwohl der SCHUFA-Einsatz in Hessen seit etwa 2005 datenschutzrechtlich genehmigt und zunehmend bekannt ist, zeigen nur wenige konkrete Bescheide einen Hinweis auf SCHUFA-Konsequenzen:

Musterschreiben
Sehr geehrte Damen und Herren, nach § 18 Abs. 3 HessVwVG können Nebenleistungen wie Säumniszuschläge, Zinsen und Kosten auch ohne Erlass eines (weiteren) Verwaltungsakts volstreckt werden, wenn die Vollstreckung wegen der Hauptleistung eingeleitet worden ist und bei der Forderung der Hauptleistung auf Säumniszuschläge und Zinsen dem Grunde nach hingewiesen worden ist.

Zur Erleichterung der Vollstreckung von Nebenleistungen versehen Sie bitte zukünftig jeden Verwaltungsakt, mit dem die Geldleistung gefordert wird, mit einem solchen Hinweis, z. B.:

- **„Sofern die Forderung nicht fristgerecht und vollständig beglichen wird, können weitere Kosten entstehen."**
- **„Wir weisen ausdrücklich darauf hin: Bei weiterem Zahlungsverzug können entsprechende offene Forderungen (der Kommune) bei der SCHUFA gemeldet werden."**

Einbuchung aller Forderungen in Fachsystem	
Wann?	unmittelbar
Was?	jede Forderung, ob Bescheid, Feststellung oder Abrechnung
Wer?	gegen jeden Debitor, egal ob Bürger oder Leistungsträger
Wie?	Einbuchung über das jeweilige Fachsystem
„Nur was gebucht ist, kann auch überwacht werden!"	

Tabelle 23: Einbuchung aller Forderungen in Fachsystem

Die Einbuchung ist **gesetzlich verpflichtend**, schafft **Rechtssicherheit**, ermöglicht **Vollstreckung** und ist Voraussetzung für eine **ordnungsgemäße Haushalts- und Finanzführung**.

<table>
<tr><th colspan="3">Juristisch korrekte Erfassung</th></tr>
<tr><td colspan="2">des Schuldners</td><td rowspan="4">Zur Erinnerung: Adressqualität mit 0 % Fehlertoleranz in der Vollstreckung!</td></tr>
<tr><td>natürliche Personen</td><td>korrekte Erfassung</td></tr>
<tr><td>juristische Personen</td><td>Erfassung Firmierung und gesetzlicher Vertreter</td></tr>
<tr><td colspan="2"></td></tr>
<tr><td colspan="2">des Verwendungszwecks</td><td rowspan="4">Es wird nur angezeigt, was auch eingegeben worden ist!
Einzige Möglichkeit der Fachabteilung, auch auf die Fälligkeit Einfluss zu nehmen!</td></tr>
<tr><td colspan="2">einheitliche Angabe und Forderungsbezeichnung</td></tr>
<tr><td>Fälligkeitsdatum</td><td>stets angeben</td></tr>
<tr><td>Folgen</td><td>Hinweis auf § 15 HVwKostG</td></tr>
</table>

Tabelle 24: Juristisch korrekte Erfassung des Schuldners und Verwendungszwecks

3. Zahlungseingang/Buchungen

Eine Zahlung zum Ausgleich einer Forderung sollte unbedingt folgende **Angaben und Merkmale** enthalten, damit sie korrekt zugeordnet, rechtlich wirksam und ordnungsgemäß verbucht werden kann:

- **Kassenzeichen/Buchungszeichen/Aktenzeichen**
  - **zwingend notwendig**, um die Zahlung **eindeutig einer Forderung** im Finanzsystem zuordnen zu können
  - wird meist im Bescheid oder Mahnschreiben angegeben, z. B.: Kassenzeichen: 2024-123456-789
  - **Wichtig:** Ohne Angabe des Kassenzeichens kann die Zahlung nicht automatisiert verbucht werden und führt zu Rückfragen oder Fehlbuchungen.
- **Angabe des Zahlers (Name und Adresse oder Geburtsdatum)**
  - insbesondere bei Zahlungen von Dritten oder mit abweichendem Kontoinhaber wichtig
  - erlaubt die manuelle Zuordnung bei unklarem Verwendungszweck
- **Exakter Betrag**
  - Der Zahlungsbetrag muss mit dem **geforderten Betrag übereinstimmen**.
  - Bei **Teilzahlungen** sollte dies klar im Verwendungszweck benannt werden: „Teilzahlung auf Bescheid Nr. 2024/456 vom 1. März 2024".

- **Verwendungszweck**
  - klare Angabe, **wofür** die Zahlung geleistet wird
  - Aktenzeichen/Kassenzeichen, Betreff: „Hundesteuer 2024", „Verwaltungsgebühr Bescheid 456" etc.
- **Zahlungspflichtiger (wenn abweichend vom Kontoinhaber)**
  - wenn z. B. ein Elternteil für ein Kind oder ein Unternehmen für eine dritte Person zahlt: „Für: Max Mustermann, Kassenzeichen 123456"

– **Zusätzliche Hinweise bei Sonderfällen**

Fall	Wichtig zu beachten
Teilzahlung	unbedingt im Verwendungszweck erwähnen
mehrere offene Forderungen	klar benennen, welche Forderung ausgeglichen werden soll
Ratenzahlung	Hinweis auf Ratenzahlungsvereinbarung mit Datum
Zahlung nach Vollstreckung	Referenz auf Vollstreckungsakte oder PfÜB-Aktenzeichen

Tabelle 25: Zahlungen: Hinweise bei Sonderfällen

Praxis-Tipp:

Ein korrekter Verwendungszweck enthält bestenfalls folgende Angaben: Kassenzeichen 2024-123456-789 / Verwaltungsgebühr Bescheid Nr. 456 / Zahlung durch Max Mustermann, geb. 1. 1. 1990

Fazit

Ohne eindeutige Kennzeichnung – insbesondere **Kassenzeichen, Angabe des Zahlers** und **Verwendungszweck** – kann eine Zahlung nicht zuverlässig zugeordnet werden. Das kann zu Mahnungen, Doppelbuchungen oder gar Zwangsvollstreckung führen – **trotz Zahlung**.

VIII

3.1 Erledigung durch Zahlung

- Zahlungseingang im Regelfall innerhalb der Zahlungsfrist
- Der Betreff in Bescheid/Feststellung sollte eine eindeutige Rechnungsnummer tragen:
  - mindestens 50 % automatische Zuordnung über Matching-systeme,
  - ca. 40 % manuelle Nachbereitung und

- unter 10 % ungeklärte Zahlungseingänge (UZE) führen zu hohem manuellem Aufwand, Nachfragen, Reklamationen und Erinnerungen.

Die Vereinbarungen einer Stundung oder Ratenzahlung sollte nicht in den bewirtschaftenden Fachämtern erfolgen.[19] Wenn es zu Zahlungsrückständen kommt, sollte die Bearbeitung zentral im Fachdienst Finanzen erfolgen. Hier laufen sämtliche Zahlungsinformationen über einen Debitor zusammen, sodass auch ein zentraler Überblick über das Zahlungsverhalten eines Debitors vorhanden sein sollte. Sofern es zu einer Zahlungserleichterung kommt, gelten hier die gleichen Bedingungen und Voraussetzungen unabhängig von der zugrunde liegenden Art der Forderung.

Alle Mitarbeiter sollten zu einer einheitlichen Vorgehensweise bei Zahlungsrückständen angehalten werden. Eine Verwaltung ist und bleibt keine Bank, die dem Bürger mit kreditierten Beträgen zur Verfügung steht. So werden willkürliche Vereinbarungen vermieden. Um dies zu gewährleisten, macht es Sinn, auf externe Bonitätsdaten zurückzugreifen.

Betrachten wir nun auch noch, wie eine Forderung wieder ihren Weg raus aus den Büchern findet:

- Der einfachste und angenehmste Fall für Verwaltung und Bürger stellt die fristgerechte Zahlung durch den Zahlungsverpflichteten dar.
- Sofern eine Zahlung auch in einem initiierten Vollstreckungsverfahren nicht zeitnah erreicht werden kann, erfolgt auf unterschiedlichen Wegen eine Wertkorrektur, die bis zu 100 % des Forderungsbetrags ausmachen kann.
- Eine in Einzelfällen – aus Sicht des Verfassers unzulässige Variante – können aber auch Gutschriften sein. Fachabteilungen wählen u. U. diesen Weg, der manchmal, je nach Dienstanweisung, viel einfacher zu gehen ist als eine aufwendige Niederschlagung mit dem notwendigen verwaltungsrechtlichen Aufwand.

[19] Ein bewirtschaftendes Fachamt ist das verantwortliche Amt, das über die Verwendung von Haushaltsmitteln in einem bestimmten Fachbereich (z. B. Bau, Soziales, Schule) entscheidet und diese Mittel „bewirtschaftet".

Wie kommt eine Forderung aus den Büchern?

Auswirkung			
Vermögens-rechnung	./. Reduzierter Forderungsbestand + Kasse	./. Reduzierter Forderungsbestand	./. Reduzierter Forderungsbestand
Ergebnisrechnung	+	-	-
Finanzrechnung	Einzahlung		

Abbildung 17: Wie kommt eine Forderung aus den Büchern?

3.2 Buchung und Zahlungseingang

Je höher der Anteil der unklaren Einzahlungen an den Gesamteinzahlungen, desto größer ist der manuelle Aufwand für die Nachbearbeitung.

Ziel: hoher Automatisierungsgrad bei der automatischen Zahlungszuordnung mit Postenausgleich

- Indiz für fehlende Buchungen sind „Ist-vor-Soll-Fälle".
- Identifikation und Ablösung der manuellen Bescheid-/Rechnungserstellung durch ein einheitliches IT-Verfahren mit
  - integriertem Stammdatenabgleich
  - integrierter Buchungsableitung

Ein **„Ist-vor-Soll-Fall"** in der Buchhaltung tritt auf, wenn eine **Zahlung oder ein Zahlungseingang** bereits erfolgt ist, bevor die dazugehörige **Buchung oder Rechnungsstellung** im Soll-Konto erfasst wurde. Dies kann sowohl auf der **Einnahmen- als auch auf der Ausgabenseite** passieren. Nachfolgend zwei Beispiele für einen „Ist-vor-Soll-Fall":

VIII

Beispiel 1:

Kunde zahlt, bevor die Rechnung gebucht wurde.

Ein Kunde leistet eine **Vorauszahlung**, bevor die Rechnung in der Buchhaltung erfasst wurde.

Buchung: Der Zahlungseingang (Bank) wird erfasst, aber die Forderung existiert buchhalterisch noch nicht.

Lösung: spätere Buchung der Forderung und entsprechende Umbuchung

Beispiel 2:

Lieferant wird bezahlt, bevor eine Verbindlichkeit gebucht wurde.

Eine Verwaltung begleicht eine Rechnung, bevor die Verbindlichkeit in der Buchhaltung erfasst wurde.

Buchung: Die Zahlung ist bereits in den Büchern, aber die Verbindlichkeit wurde noch nicht als Aufwendung erfasst.

Lösung: nachträgliche Erfassung der Verbindlichkeit und Abgleich mit der Zahlung

Die **Auswirkungen eines Ist-vor-Soll-Falls sind:**

– **Unklare Buchhaltungsstruktur:** Salden erscheinen inkonsistent.
– **Fehlende Zuordnung:** Zahlungseingänge oder -ausgänge sind schwer nachvollziehbar.
– **Erhöhte Fehleranfälligkeit:** Risiko für fehlerhafte Bilanzen und falsche Steuererklärungen

Zur **Lösung und Vermeidung** sollten Maßnahmen ergriffen werden, z. B.:

– **Regelmäßiger Abgleich** von Zahlungen mit Rechnungen und Buchungen
– **Systematische Buchungsprozesse**, z. B. erst die Soll-Buchung, dann die Ist-Buchung
– **Automatisierte Buchhaltungssysteme** zur Erfassung von Vorauszahlungen und offenen Posten

Ein „Ist-vor-Soll-Fall" sollte möglichst vermieden oder zeitnah korrigiert werden, um eine saubere Buchführung zu gewährleisten.

Eine effiziente automatische Zahlungseingangsverarbeitung hängt maßgeblich von der **Qualität der Daten**, dem **technischen Setup** und der **prozessübergreifenden Integration** ab. Wer Kassenzeichen, QR-Codes, SEPA-Mandate und clevere Softwarelösungen kombiniert, kann die Verbuchungsquote auf über 95 % steigern – mit **minimalem manuellem Aufwand**.

Mögliche Optimierungsansätze:

- E-Payment
- moderne Bezahlsysteme, z. B. QR-Code auf Bescheiden und Mahnungen
- SEPA-Mandate/Onlinedienst
- E-Avise
- Erhöhung der Auszifferungsquote der Bankkontoauszüge und des automatischen Postenausgleichs auf dem Debitorenkonto ist eine **permanente Aufgabe** in der Zahlungsabwicklung

4. Mahnverfahren der öffentlichen Verwaltung

Das **Mahnverfahren in der öffentlichen Verwaltung** unterscheidet sich grundlegend vom **zivilrechtlichen Mahnverfahren**, da öffentliche Forderungen **öffentlich-rechtlicher Natur** sind und deshalb besonderen gesetzlichen Regelungen unterliegen. Während private Gläubiger den Weg eines gerichtlichen Mahnverfahrens gemäß der **Zivilprozessordnung (ZPO)** gehen müssen, verfügen **Behörden und öffentliche Institutionen über eigene Vollstreckungsbefugnisse**, die ihnen eine direkte Einziehung von Forderungen ermöglichen.

Das Mahnverfahren ist in verschiedenen Gesetzen geregelt, abhängig von der Art der Forderung und dem zuständigen Gläubiger.

4.1 Rechtsgrundlagen des Mahnverfahrens in der öffentlichen Verwaltung

Öffentliche Forderungen unterliegen speziellen Vorschriften, die sich aus unterschiedlichen Gesetzen ergeben. Dazu gehören unter anderem:

4.1.1 Allgemeine Rechtsgrundlagen für das öffentliche Mahnverfahren

- **Verwaltungsvollstreckungsgesetze** (VwVG des Bundes und der Länder) → regeln das Vollstreckungsverfahren für öffentliche Forderungen
- **Abgabenordnung (AO, §§ 218 ff.)** → regelt steuerliche Forderungen und deren Einziehung
- **Sozialgesetzbuch (SGB, v. a. §§ 76 ff. SGB IV)** → betrifft Sozialversicherungsbeiträge
- **Kommunalabgabengesetze (KAG) der Länder** → regeln kommunale Gebühren und Beiträge
- **Gesetz über Ordnungswidrigkeiten (OWiG)** → betrifft Bußgelder und Geldstrafen

4.1.2 Rechtscharakter von öffentlichen Forderungen

Öffentliche Forderungen entstehen häufig durch einen **Verwaltungsakt**, z. B. Steuerbescheide, Beitragsbescheide oder Bußgeldbescheide. Verwaltungsakte sind **ohne gerichtliches Verfahren vollstreckbar**, sobald sie **bestandskräftig** oder **vorläufig vollstreckbar** sind.

Im Gegensatz dazu müssen **private Gläubiger** zunächst einen gerichtlichen Mahnbescheid beantragen und anschließend einen Vollstreckungstitel erwirken, bevor sie eine Zwangsvollstreckung betreiben können.

4.2 Ablauf des Mahnverfahrens in der öffentlichen Verwaltung

Das Mahnverfahren in der öffentlichen Verwaltung folgt einem klar strukturierten Prozess.

4.2.1 Entstehung der Forderung durch Verwaltungsakt

Die meisten öffentlichen Forderungen ergeben sich aus einem **Verwaltungsakt**, z. B. Steuerbescheid, Beitragsbescheid oder Bußgeldbescheid.

Der Bescheid enthält eine Zahlungsfrist. Wird diese nicht eingehalten, gerät der Schuldner in Verzug.

4.2.2 Mahnung und Zahlungsaufforderung

In vielen Fällen wird dem Schuldner vor der Vollstreckung eine **Mahnung** zugesendet.

Öffentliche Stellen sind jedoch nicht immer verpflichtet, eine Mahnung zu verschicken (z. B. bei Steuerschulden).

Die Mahnung enthält:

- Höhe der Forderung
- Zahlungsfrist
- Androhung von Vollstreckungsmaßnahmen

4.2.3 Androhung der Zwangsvollstreckung

Falls keine Zahlung erfolgt, wird die **Zwangsvollstreckung angedroht**.

Diese erfolgt durch eigene Vollstreckungsstellen oder durch beauftragte Vollstreckungsorgane (z. B. das Hauptzollamt oder kommunale Vollstreckungsbeamte).

4.2.4 Zwangsvollstreckung ohne gerichtliches Verfahren

Öffentliche Gläubiger benötigen keinen gerichtlichen Mahnbescheid und können direkt pfänden.

Mögliche Vollstreckungsmaßnahmen:

- **Pfändung von Konten**
- **Lohn- oder Rentenpfändung**
- **Sachpfändung** durch Vollstreckungsbeamte
- **Zwangsversteigerung von Immobilien**

Besonderheit: Behörden müssen vor der Vollstreckung eine **Vollstreckungsankündigung** senden.

VIII

4.3 Besonderheiten bei verschiedenen öffentlichen Gläubigern

- **Finanzämter (Steuerforderungen, §§ 218 ff. AO):** Steuerforderungen entstehen durch **Steuerbescheide**. Wird die Steuer nicht gezahlt, kann das Finanzamt direkt vollstrecken (z. B. **Kontopfändung oder Zwangsvollstreckung durch das Hauptzollamt**).

Wichtig: Gerichtliche Mahnverfahren sind nicht erforderlich, da Steuerbescheide vollstreckbare Titel sind.

- **Kommunale Forderungen (Grundsteuer, Müllgebühren, Bußgelder):** Kommunen haben eigene **Vollstreckungsstellen** oder beauftragen den **Vollziehungsbeamten**.

  Maßnahmen umfassen:

  - **Pfändung von Bankkonten oder Gehältern**
  - **Eintrag von Sicherungshypotheken**

4.4 Unterschiede zum gerichtlichen Mahnverfahren nach ZPO

Merkmal	Öffentliche Verwaltung	Privatrechtliches Mahnverfahren
Grundlage	Verwaltungsakt	Vertrag oder sonstiger Anspruch
Mahnung erforderlich?	nein (freiwillig)	ja (gerichtlicher Mahnbescheid)
Zwangsvollstreckung	direkte Vollstreckung möglich	nur mit Vollstreckungstitel
Vollstreckung durch	behördliche Vollstreckungsstellen	Gerichtsvollzieher
Einspruchsmöglichkeit	Widerspruch/Klage vor Verwaltungsgericht	Widerspruch vor Zivilgericht

Tabelle 26: Unterschiede zum gerichtlichen Mahnverfahren nach ZPO

4.5 Rechtsschutzmöglichkeiten des Schuldners

Da die öffentliche Verwaltung **direkt vollstrecken kann**, hat der Schuldner nur **begrenzte Möglichkeiten**, sich zu wehren:

- **Einspruch oder Widerspruch gegen den Bescheid:** Falls der Bescheid **fehlerhaft** ist, kann der Schuldner Widerspruch einlegen.

  Im Fall von Steuer- oder Beitragsangelegenheiten kann der Einspruch beim **Finanzamt oder der Krankenkasse** erfolgen.

- **Antrag auf Aussetzung der Vollziehung (§ 361 AO, § 80 VwGO):** Falls ein Widerspruch eingelegt wurde, kann eine Aussetzung der Vollziehung beantragt werden.

- **Stundung oder Ratenzahlung (§ 222 AO, § 76 SGB IV):** Auf Antrag kann eine Stundung oder Ratenzahlung gewährt werden, falls der Schuldner die Zahlung nicht sofort leisten kann.
- **Klage vor dem Verwaltungsgericht oder Finanzgericht:** Falls der Einspruch abgelehnt wird, kann der Schuldner vor das Verwaltungsgericht (für Gebühren, Bußgelder) oder das Finanzgericht (für Steuerforderungen) ziehen.

4.6 Zusammenfassung

Das Mahnverfahren der öffentlichen Verwaltung ist effizienter als das privatrechtliche Mahnverfahren, da öffentliche Stellen **keinen gerichtlichen Mahnbescheid benötigen und direkt vollstrecken können.**

Dennoch sind **Rechtsschutzmöglichkeiten für Schuldner** vorhanden, insbesondere durch Widerspruch, Klage oder Stundungsvereinbarungen. Öffentliche Gläubiger sollten immer prüfen, ob eine **Zwangsvollstreckung notwendig** ist oder eine außergerichtliche Lösung (z. B. Ratenzahlung) sinnvoller wäre.

Ein effektives Mahnverfahren basiert auf **guter Datenqualität, klaren Fristen, automatisierten Abläufen** und einer **sachlichen Kommunikation**. Durch gezielte Optimierung lassen sich Zahlungsausfälle reduzieren, Prozesse beschleunigen und die Rechtskonformität sichern.

Als Handlungsansätze kommen in Betracht:

- Mahnintervalle: alle 3 bis 4 Wochen (Ziel)
- Stammdatenabgleich vor Mahnung → Rückläuferreduzierung
- Mahnsperrmanagement (einheitliche Sperrfristen, verbindliche Vorgaben und automatisiertes Wiedervorlagesystem, Überwachung der Verjährungsfristen)
- Reklamationsbearbeitung
  - fachlich: Fachamt
  - Zahlung: Kasse, Debitorenbuchhaltung, Kundenkontakt/ -service

Während der gesamten Prozesskette, insbesondere in der Mahn- und Vollstreckungsphase, ergeben sich grundsätzlich vielfältige Kundenkontakte. Im Bereich der Kommunikation sollte daher eine klare Trennung nach Zuständigkeiten erfolgen. Die Mitarbeiter aus dem Finanz-/Kassen-/Vollstreckungsbereich können im Regelfall zu inhaltlichen Reklamationen keine Auskunft geben. Es erfordert sinnvollerweise eine klare und eindeutige Kommunikation mit dem Schuldner, z. B.:

Musterklausel
Die Einleitung des Vollstreckungsverfahrens wird nun unmittelbar erfolgen. Diese Maßnahme können Sie nur noch durch eine sofortige Zahlung des offenstehenden Betrags von … EUR inklusive der bisher aufgelaufenen Säumniszuschläge umgehen. Eine weitere Mahnung wird nicht mehr erfolgen. **„Wir weisen ausdrücklich darauf hin: Bei weiterem Zahlungsverzug können entsprechende offene Forderungen (der Kommune) bei der SCHUFA gemeldet werden.“**

5. Vollstreckung

Im Bereich der Vollstreckung wird die Kommunikation gegenüber dem Schuldner immer knapper. Angekündigte Maßnahmen müssen auch konsequent umgesetzt werden.

5.1 Durchführung der Verwaltungs-Zwangsvollstreckung

Eingeleitet wird die Zwangsvollstreckung in der Regel durch Übergabe des Sachverhalts an die Vollstreckungsstelle:

- Formaljuristische Prüfung (z. B. Forderungsbezeichnung, vollständige Angaben, **zustellungsfähige Anschrift**)
- Kategorisierung des Pflichtigen (*„Ist der Schuldner bekannt? Welche Bonität ist ihm zuzuordnen?“*)
- Recherchen und Abfragen (SCHUFA, Bundeszentralamt für Steuern, Insolvenzportal, Sachaufklärung/Vermögensauskunft, Einwohnermeldeamt etc.)
- Auswahl und Durchführung der „richtigen“ Vollstreckungsmaßnahme (grundsätzlich stehen alle Pfändungsmaßnahmen wie z. B. Lohn-, Miet-, Konto- sowie Sachpfändung gleichberechtigt parallel zur Verfügung)

In dieser Phase kann die Mitwirkung der Gläubiger unterschiedlich ausfallen:

- **während** der Vollstreckung: z. B. aktive Unterstützung der Vollstrecker durch unverzügliche Weitergabe von sachdienlichen Informationen
- **nach** Abschluss einer erfolglosen Vollstreckung: z. B. Pflege der Mahnkennziffern, Bewertung der Forderung (wirtschaftliche Beurteilung), Weiterverfolgung, Niederschlagung

In der Vollstreckungsankündigung sollten die möglichen Konsequenzen konkret angesprochen werden. Ein sehr hoher Anteil der Schuldner nimmt die Vollstreckungsankündigung als letzte Mahnung wahr. Daher ist zu überlegen, aus welchem System diese Kommunikation geführt wird. Im Regelfall liegt der Erledigungsgrad durch Zahlung bei mehr als 60 %. (*„Ist ein Systemwechsel nur für dieses eine Dokument dann wirtschaftlich sinnvoll?“*)

5.2 Vollstreckungsankündigung

- Verschärfte Form der Vollstreckungsankündigung
  - Inkassobegriff
  - Androhung der Vermögensauskunft
  - **Hinweis auf SCHUFA-Eintrag** erhöht die Reaktionsquote (grenzwertig ohne SCHUFA-Mitgliedschaft).
  - Kommune als SCHUFA-Mitglied kann auch schon früher eintragen (Abnahme der Vermögensauskunft nicht zwingend erforderlich).
- Analyse der Übergangsquote der Mahnfälle in die Vollstreckung
- Analyse der Quote von Vollstreckungsankündigung zu den tatsächlich durchgeführten Vollstreckungsmaßnahmen

VIII

Des Weiteren können Kommunen die Mitarbeiter der Vollstreckungsbehörde in deren Tätigkeit unterstützen, z. B.:

- Anerkennung einer kreisweiten Parkerlaubnis für die Mitarbeiter der Vollstreckungsbehörde[20]
- offener Dialog zwischen der Vollstreckungsbehörde, den Gläubigervertretern, dem Schuldner und den Schuldnerberatern

---

[20] Siehe Anhang.

- Angedrohte Vollstreckungsmaßnahmen werden auch durchgezogen.

  Teilnahme an Abnahme der Vermögensauskunft

5.3 Durchführung angedrohter Vollstreckungsmaßnahmen

Angedrohte Vollstreckungsmaßnahmen müssen grundsätzlich auch tatsächlich durchgeführt werden, sofern die rechtlichen Voraussetzungen weiterhin bestehen. Dies ergibt sich aus dem Grundsatz der Verhältnismäßigkeit und Glaubwürdigkeit der Verwaltungsvollstreckung.

5.3.1 Rechtsgrundlage

- **Verwaltungsvollstreckungsgesetze der Länder (VwVG)**
- **Abgabenordnung (§ 254 AO)** für steuerrechtliche Vollstreckungen
- **Zivilprozessordnung (ZPO)** für Gerichtsvollzieher
- **§ 6 VwVG** – Androhung und Durchführung der Vollstreckung

5.3.2 Warum müssen angedrohte Maßnahmen auch durchgeführt werden?

- **Rechtssicherheit und Vertrauensschutz**
  - Schuldner müssen darauf vertrauen können, dass die Behörde ihre Ankündigungen ernst nimmt.
  - Eine angedrohte Maßnahme darf nicht nur zur Abschreckung dienen, sondern muss tatsächlich beabsichtigt sein.
- **Glaubwürdigkeit der Behörde**
  - Wenn die Vollstreckungsbehörde Maßnahmen androht, diese aber nicht durchführt, kann dies zu einem Autoritätsverlust führen.
  - Schuldner könnten künftige Zahlungsaufforderungen nicht mehr ernst nehmen.
- **Verwaltungsakt ist zu vollziehen**
  - Ein bestandskräftiger Verwaltungsakt (z. B. Steuerbescheid, Gebührenbescheid) muss von der Behörde durchgesetzt werden.

  - Die **Androhung** ist eine notwendige Stufe im Vollstreckungsverfahren (§ 6 VwVG).
- **Verhältnismäßigkeitsgrundsatz**
  - Falls die Umstände es erfordern (z. B. Schuldner zahlt oder legt einen Vollstreckungsschutzantrag ein), kann die Maßnahme aufgeschoben oder angepasst werden.
  - Wenn jedoch keine neuen Gründe vorliegen, ist die Vollstreckung umzusetzen.

5.3.3 Ausnahmefälle: Wann kann auf eine Vollstreckung verzichtet werden?

- Schuldner zahlt nach Androhung der Maßnahme.
- Vollstreckungsschutzantrag (§ 765a ZPO) wird vom Gericht bewilligt.
- fehlende wirtschaftliche Erfolgsaussichten (Schuldner ist mittellos, keine pfändbaren Gegenstände)
- Rechtsmittel des Schuldners (Widerspruch oder Klage) haben aufschiebende Wirkung.

5.3.4 Konsequenz

Eine angedrohte Vollstreckungsmaßnahme muss **grundsätzlich durchgeführt werden**, da die Verwaltung glaubwürdig bleiben und ihre eigenen Ankündigungen durchsetzen muss. **Ausnahmen bestehen nur in besonderen Fällen** (z. B. Zahlungseingang oder unpfändbares Vermögen).

VIII

5.4 Teilnahme von Gläubigervertretern bei Abgabe der Vermögensauskunft

Die **Vermögensauskunft** (früher „eidesstattliche Versicherung") ist eine gesetzlich geregelte Maßnahme im Rahmen der **Zwangsvollstreckung**. Sie dient dem Gläubiger dazu, Informationen über die finanziellen Verhältnisse des Schuldners zu erhalten. Die Anwesenheit von Dritten, insbesondere Gläubigervertretern, ist dabei nur unter bestimmten Bedingungen möglich.

5.4.1 Rechtsgrundlagen

Die maßgeblichen Regelungen zur Vermögensauskunft sind in der **Zivilprozessordnung (ZPO)** festgelegt:

- **§ 802c ZPO:** Abgabe der Vermögensauskunft
- **§ 802f ZPO:** Zuständigkeit des Gerichtsvollziehers
- **§ 802g ZPO:** Einsicht in das Vermögensverzeichnis durch den Gläubiger
- **§ 802k ZPO:** Speicherung und Übermittlung der Vermögensauskunft

Die Vermögensauskunft wird **vor dem zuständigen Gerichtsvollzieher** abgegeben und in das zentrale **Schuldnerverzeichnis** eingetragen, wenn der Schuldner zahlungsunfähig ist oder die Forderung nicht begleicht.

5.4.2 Anwesenheit der Gläubigervertreter

Die **Anwesenheit eines Gläubigervertreters** ist **nicht automatisch gestattet**, sondern hängt von mehreren Faktoren ab.

Eine Anwesenheit ist möglich, wenn

- **der Schuldner der Anwesenheit ausdrücklich zustimmt.**
- **der Gerichtsvollzieher dies für unproblematisch hält.**
- **es sich um den Anwalt des Gläubigers handelt**, der diesen offiziell vertritt.
- **die Vollstreckungsstelle in besonderen Fällen eine Ausnahme zulässt** (z. B. bei Verwaltung oder komplexen Schuldverhältnissen).

Die Anwesenheit ist demgegenüber nicht gestattet, wenn

- **der Schuldner widerspricht:** Die Vermögensauskunft enthält **sensible Finanzdaten**, weshalb das Persönlichkeitsrecht des Schuldners Vorrang hat.
- **der Gerichtsvollzieher die Anwesenheit untersagt:** Nach § 802f ZPO liegt die Durchführung der Vermögensauskunft im Ermessen des Gerichtsvollziehers.
- **die Anwesenheit die Abgabe der Vermögensauskunft stören könnte:** Eine Drucksituation durch Dritte soll vermieden werden.

5.4.3 Alternativen des Gläubigers

Falls ein Gläubigervertreter nicht anwesend sein darf, hat der Gläubiger dennoch **Rechte auf Informationen über die Vermögenslage des Schuldners.**

- **Einsichtsrecht in das Vermögensverzeichnis (§ 802g ZPO)**
  - Der Gläubiger kann das **Vermögensverzeichnis nachträglich einsehen**, auch wenn er bei der Abgabe nicht anwesend war.
  - Das Verzeichnis wird beim **zentralen Vollstreckungsgericht gespeichert** und kann vom Gläubiger beantragt werden.
- **Beauftragung eines Gerichtsvollziehers mit der Ermittlung**
  - Falls Fragen zur Richtigkeit der Angaben bestehen, kann der Gerichtsvollzieher weitere **Ermittlungen durchführen,** dies umfasst z. B. **Bankauskünfte oder Arbeitgeberanfragen**.
- **Antrag auf Durchsuchung (§ 802j ZPO)**
  - Falls der Verdacht besteht, dass der Schuldner Vermögenswerte verschweigt, kann der Gerichtsvollzieher eine **Wohnungsdurchsuchung** beantragen.

5.4.4 Besonderheiten bei Verwaltung und juristischen Personen

Bei **Verwaltung, Gesellschaften oder juristischen Personen** kann die Situation anders bewertet werden:

- **Wenn der Schuldner eine Firma ist**, kann der Gläubiger unter Umständen **direkt mit dem Insolvenzverwalter oder Geschäftsführer kommunizieren**.
- In bestimmten Fällen kann eine **Buchprüfung oder eine Einsicht in Geschäftsunterlagen** angeordnet werden.

VIII

Hier kann es, je nach **Landesrecht**, möglich sein, dass Gläubiger oder deren Vertreter an der Protokollierung der Auskunft beteiligt sind.

5.4.5 Zusammenfassung

Frage: Dürfen Gläubigervertreter anwesend sein?

Ja, aber nur mit Zustimmung des Schuldners und des Vollstreckungsbeamten/Gerichtsvollziehers.

Frage: Welche Alternativen hat der Gläubiger?

- Einsicht in das Vermögensverzeichnis nachträglich beantragen
- erweiterte Ermittlungen des Gerichtsvollziehers nutzen
- Wohnungsdurchsuchung beantragen, falls Verdacht auf Verschleierung besteht

Da das Recht auf informationelle Selbstbestimmung des Schuldners geschützt ist, wird in der Regel **kein Gläubigervertreter zugelassen**, es sei denn, der Schuldner stimmt ausdrücklich zu.

5.5 Sachaufklärung

Durch die Reform der Sachaufklärung (2013) sollte die Bearbeitung der Vollstreckung zunächst im Innendienst beginnen, um die schnell realisierbaren Vollstreckungsansätze zu überprüfen.

Das Vermögensauskunftsverfahren ist damit gleichberechtigt mit den Regelinstrumenten der Vollstreckung durch

- Sachpfändung in das bewegliche Sachvermögen
- Forderungspfändung

Vor der Entscheidung über die erfolgversprechende Vollstreckungsmaßnahme ist eine Prüfung des Vermögensstatus des Schuldners erforderlich:

- Liegen Negativmerkmale vor?
- Onlinezugriff mittels SCHUFA-Vermögensauskunft
- Eintragungen im Schuldnerregister
- Unpfändbarkeitsprotokoll
- Onlinezugriff auf Grundbücher über Registrierung beim OLG

5.6 Sonderfall: Öffentlich-rechtliche Vollstreckung privatrechtlicher Forderungen

Es gibt einige Bundesländer in Deutschland, in denen Verwaltungen **privatrechtliche Forderungen** (z. B. Forderungen aus öffentlich-rechtlichen Verträgen oder privatrechtlichen Verträgen wie Mieten, Gebühren oder Entgelte) im Wege der **öffentlich-rechtlichen Verwaltungsvollstreckung** beitreiben können. Dies hängt von den Regelungen in den jeweiligen Verwaltungsvollstreckungsgesetzen der Länder ab. Im Folgenden eine Übersicht:

Bundesländer mit Möglichkeit zur öffentlich-rechtlichen Vollstreckung privatrechtlicher Forderungen		
Bundesland	**Rechtsgrundlage**	**Erläuterung**
Baden-Württemberg	§ 1 Abs. 1 LVwVG BW	Baden-Württemberg ermöglicht die Vollstreckung privatrechtlicher Forderungen durch Verwaltungsbehörden, wenn dies ausdrücklich vorgesehen ist.
Brandenburg	§ 1 Abs. 1 Satz 2 BbgVwZG	Privatrechtliche Forderungen können vollstreckt werden, sofern sie von einer Behörde stammen.
Bayern	Art. 1 Abs. 1 Satz 2 BayVwZVG	Bayern erlaubt die öffentlich-rechtliche Vollstreckung auch für privatrechtliche Forderungen, sofern die Verwaltung Gläubigerin ist.
Mecklenburg-Vorpommern	§ 1 Abs. 1 Satz 2 VwVG M-V	Hier wird ebenfalls die Vollstreckung privatrechtlicher Forderungen durch Behörden ermöglicht.
Sachsen	§ 1 Abs. 2 SächsVwVG	Hier wird die Vollstreckung von privatrechtlichen Forderungen öffentlich-rechtlich geregelt, sofern die Forderung von einer Behörde stammt.
Thüringen	§ 1 Abs. 1 ThürVwZVG	Auch Thüringen lässt privatrechtliche Forderungen öffentlich-rechtlich vollstrecken.

Tabelle 27: Bundesländer mit Möglichkeit zur öffentlich-rechtlichen Vollstreckung privatrechtlicher Forderungen[21]

In vielen Fällen ist Voraussetzung, dass die Forderung in einem Verwaltungsakt (z. B. Leistungsbescheid) festgesetzt wird. Damit wird sie in eine öffentlich-rechtliche Form überführt (**Bescheidscharakter**). Nur wenn die Verwaltung als öffentliche Stelle handelt, gilt diese Möglichkeit (**Behördeneigenschaft**). Handelt sie als rein

[21] Anmerkung des Verfassers: Momentaufnahme

privatrechtliche Vertragspartei, kann eine solche Vollstreckung ausgeschlossen sein.

In einigen Ländern wie **Nordrhein-Westfalen** oder **Rheinland-Pfalz** ist die öffentlich-rechtliche Vollstreckung privatrechtlicher Forderungen nicht möglich.[22] In diesen Fällen muss die Verwaltung den normalen zivilrechtlichen Weg (Mahnbescheid, Klage) einschlagen.

Die **öffentlich-rechtliche Vollstreckung privatrechtlicher Forderungen** bietet der Verwaltung gegenüber der zivilrechtlichen Vollstreckung mehrere **wesentliche Vorteile**, die insbesondere mit Effizienz, Kostenersparnis und rechtlicher Durchsetzungskraft zusammenhängen. Hier sind die wichtigsten Vorteile:

- **Schnelligkeit:** Bei der öffentlich-rechtlichen Vollstreckung entfällt der oft langwierige gerichtliche Prozess, der bei der zivilrechtlichen Vollstreckung erforderlich ist (z. B. Klage, Mahnbescheid, Vollstreckungsbescheid). Die Verwaltung kann direkt einen **Vollstreckungsakt** erlassen, ohne auf eine richterliche Entscheidung angewiesen zu sein.
- **Geringere Kosten:** Die Verwaltung spart sich die Gerichtsgebühren, Anwaltskosten und andere Auslagen, die bei zivilrechtlichen Verfahren entstehen würden. Die Vollstreckung erfolgt meist durch die eigenen Vollstreckungsstellen (z. B. Vollstreckungsbeamte oder kommunale Vollstreckungsbehörden), was kostengünstiger ist.
- **Höhere Durchsetzungskraft:** Öffentlich-rechtliche Vollstreckungsmaßnahmen wie **Zwangsvollstreckung, Pfändungen** oder **Zwangsversteigerungen** haben eine stärkere rechtliche Grundlage und können oft effizienter durchgesetzt werden. Widerstandsmöglichkeiten des Schuldners sind begrenzter, da die Maßnahmen direkt auf der Grundlage des Verwaltungsvollstreckungsrechts ergriffen werden.
- **Einheitliche Verfahren:** Die Verwaltung nutzt für alle Forderungen (öffentlich-rechtlich oder privatrechtlich) einheitliche Instrumente und Verfahren. Das erleichtert die organisatorische Handhabung und reduziert bürokratischen Aufwand. Es gibt keine Notwendigkeit, zwischen zivilrechtlicher und öffentlich-rechtlicher Durchsetzung zu differenzieren.

22 Anmerkung des Verfassers: Momentaufnahme

- **Vermeidung von Rechtsunsicherheiten:** Wenn eine privatrechtliche Forderung im Rahmen der öffentlich-rechtlichen Verwaltungsvollstreckung umgesetzt wird, gibt es klare gesetzliche Regelungen und Zuständigkeiten, die Rechtsunsicherheiten minimieren. Anders als im Zivilrecht, wo Klagen und Rechtsbehelfe den Prozess erheblich verzögern können, sind Einsprüche und Rechtsmittel bei öffentlich-rechtlicher Vollstreckung stark eingeschränkt.
- **Direkter Zugriff auf Schuldner:** Die Verwaltung hat oft direkten Zugriff auf Daten des Schuldners (z. B. Melderegister, Steuerdaten, Kontoinformationen), was die Vollstreckung erheblich erleichtert. Anders als im Zivilrecht, wo solche Daten meist erst aufwendig ermittelt oder angefordert werden müssen, stehen sie im Rahmen der öffentlich-rechtlichen Vollstreckung schneller zur Verfügung.
- **Signalwirkung:** Die Möglichkeit der öffentlich-rechtlichen Vollstreckung erhöht die Zahlungsmoral, da Schuldner wissen, dass die Verwaltung schneller und effizienter vorgehen kann als ein privater Gläubiger.

Fazit

Die öffentlich-rechtliche Vollstreckung privatrechtlicher Forderungen gibt der Verwaltung eine schnellere, kostengünstigere und durchsetzungsstärkere Möglichkeit, ausstehende Forderungen einzutreiben. Dies ist insbesondere bei öffentlich-rechtlichen Körperschaften wie Kommunen, die regelmäßig große Mengen an Forderungen verwalten müssen (z. B. Mieten für kommunalen Wohnraum, Gebühren für städtische Einrichtungen), ein entscheidender Vorteil.

6. Pfändungsmaßnahmen

Die **schnellste Pfändungsmaßnahme**, um einer Verwaltung zeitnah finanzielle Mittel aus offenen Forderungen zu verschaffen, hängt von der konkreten Situation und den Vermögensverhältnissen des Schuldners ab. In der Praxis gelten jedoch folgende Maßnahmen als besonders effektiv.

6.1 Kontopfändung (Pfändung von Bankguthaben)

Mittlerweile dürfte die Kontopfändung bundesweit eine der erfolgreichsten Vollstreckungsmaßnahmen sein. Auch hier hält die Digitalisierung dieses Prozesses immer stärker Einzug.

- **„Schnelle Maßnahme“:** Bei der Kontopfändung kann die Verwaltung direkt auf vorhandenes Guthaben des Schuldners bei der Bank zugreifen. Sobald der Pfändungs- und Überweisungsbeschluss der Bank zugeht, werden die Gelder eingefroren, und die Auszahlung an die Verwaltung kann innerhalb weniger Tage erfolgen.
- **Voraussetzungen:** Kenntnis der Bankverbindung des Schuldners (z. B. durch Datenabgleich mit dem Finanzamt oder Meldebehörden)
- **Vorteil:** schnelle Liquidität, wenn ausreichend Guthaben vorhanden ist

6.2 Lohn- und Gehaltspfändung

Die Ermittlung des Arbeitgebers ist derzeit noch eine Maßnahme, die immer noch einen gewissen Aufwand mit sich bringt. Auch hier wird es in den kommenden Jahren einen Weg zur Erleichterung geben müssen.

- **„Schnelle Maßnahme“:** Bei der Pfändung von Lohn oder Gehalt wird der Arbeitgeber des Schuldners verpflichtet, einen pfändbaren Anteil des Einkommens direkt an die Verwaltung abzutreten. Wenn der Schuldner ein festes Einkommen hat, sorgt dies für eine regelmäßige Zahlung.
- **Voraussetzungen:** Kenntnis des Arbeitgebers (häufig über Melderegister oder Sozialversicherungsdaten)
- **Vorteil:** regelmäßige Zahlung bei laufendem Arbeitsverhältnis, keine Einmalmaßnahme

6.3 Zwangsvollstreckung in bewegliches Vermögen (Sachpfändung)

Die eigentliche Sachpfändung ist vor dem Hintergrund einer betriebswirtschaftlich sinnvollen Bearbeitung immer seltener geworden. Zu beachten ist hier das Kosten-Nutzen-Verhältnis. Ferner sprechen Gründe der körperlichen Sicherheit von Vollstreckungsbeamten dafür, die deutlich reduzierte Anzahl der tatsächlichen Sachpfändungseinsätze mit einem Team aus mindestens zwei Mitarbeitern vorzunehmen.

Einige Verwaltungen statten den Außendienst auch mit entsprechender Sicherheitsausrüstung wie Schutzwesten und Bodycams aus.

- **Kurzfristige Maßnahme:** Gerichtsvollzieher oder Vollstreckungsbeamte können kurzfristig Gegenstände (z. B. Wertgegenstände, Fahrzeuge) pfänden, die dann versteigert werden.
- **Voraussetzungen:** Der Schuldner muss pfändbare Gegenstände besitzen.
- **Vorteil:** Möglichkeit, wertvolle Gegenstände (z. B. Schmuck, Elektronik, Fahrzeuge) zu verwerten

6.4 Vollstreckung in Forderungen Dritter

Ähnlich wie die Kontopfändung ist die Vollstreckung in Forderungen gegenüber Dritten ein probates Mittel der Vollstreckung, wobei sich mögliche Ansätze insbesondere erst durch die Abgabe der Vermögensauskunft ergeben.

- **Weitere Maßnahme:** Pfändung von Forderungen, die der Schuldner gegenüber Dritten hat (z. B. Mietforderungen, Rückzahlungen von Steuererstattungen)
- **Voraussetzungen:** Kenntnis der Drittschuldner und Forderungen des Schuldners
- **Vorteil:** unmittelbarer Zugriff auf bereits bestehende Ansprüche des Schuldners

6.5 Faktoren für die Wahl der Maßnahme

Die Vollstreckungsbehörde sollte hier immer die Faktoren der Erfolgswahrscheinlichkeit und des zeitlichen Aufwands berücksichtigen.

- **Vermögensverhältnisse des Schuldners:** *„Welche pfändbaren Vermögenswerte sind vorhanden?"*
- **Schnelligkeit der Maßnahme:** *„Wie zügig kann die Maßnahme eingeleitet und abgeschlossen werden?"*

- **Verwaltungsaufwand:** *„Wie hoch ist der Aufwand der Vollstreckungsmaßnahme?"*

Fazit
Die Kontopfändung ist in den meisten Fällen die schnellste und effizienteste Maßnahme, da sie unkompliziert und direkt liquiditätswirksam ist, sofern der Schuldner Guthaben auf dem Konto hat. Ist dies nicht der Fall, können **Lohnpfändungen** oder die **Pfändung beweglicher Sachen** ebenfalls effektiv sein, jedoch mit etwas höherem Aufwand und Zeitbedarf.

7. Stundung

Die **Stundung von Forderungen der öffentlichen Verwaltung** bezeichnet den Aufschub der Fälligkeit einer Forderung. Dies bedeutet, dass der Schuldner – etwa im Fall von Steuer- oder Abgabenforderungen – mehr Zeit erhält, um den geforderten Betrag zu begleichen, ohne dass die Forderung erlassen wird. Die Stundung ist also keine Reduktion der Schuld, sondern lediglich eine Verschiebung des Zahlungstermins.

7.1 Voraussetzungen und Bedingungen

Auch im Falle einer Stundung müssen bestimmte Voraussetzungen erfüllt sein.

- **Vorliegen vorübergehender finanzieller Engpässe:** Der Schuldner muss glaubhaft darlegen, dass er aktuell aufgrund vorübergehender Liquiditätsprobleme oder anderer unvorhergesehener Umstände nicht in der Lage ist, die Forderung fristgerecht zu begleichen.
- **Ermessen der zuständigen Behörde:** Die Entscheidung zur Stundung liegt im Ermessen der öffentlichen Verwaltung. Dabei wird abgewogen, ob die Gewährung des Zahlungsaufschubs im öffentlichen Interesse liegt und ob der Schuldner gute Gründe für die vorübergehende Zahlungsunfähigkeit vorlegt.
- **Keine dauerhafte Entlastung:** Eine Stundung führt nicht zum Erlass der Forderung, sondern verschiebt lediglich den Zeitpunkt, zu dem die Zahlung erfolgen muss. Die Forderung bleibt bestehen und ist später unter den im Bescheid festgelegten Bedingungen zu begleichen.

– **Eventuell erforderliche Sicherheiten und Zinsregelungen:** Um das Risiko eines späteren Forderungsausfalls zu mindern, kann die Behörde Sicherheiten verlangen oder einen Zinsaufschlag festlegen, der für den gestundeten Zeitraum erhoben wird.

7.2 Rechtliche Grundlagen

Im Steuerrecht finden sich z. B. Regelungen zur Stundung in der Abgabenordnung (AO). Zwar variiert der konkrete rechtliche Rahmen je nach Art der Forderung, doch bildet er häufig die Grundlage für stundungsbezogene Entscheidungen.

7.3 Verfahren

1. **Antragstellung:** Der Schuldner muss einen formellen schriftlichen Antrag bei der zuständigen Behörde stellen und seine finanzielle Situation detailliert darlegen.[23]
2. **Prüfung durch die Behörde:**[24] Die Behörde prüft den Antrag und bewertet, ob die Voraussetzungen für eine Stundung – insbesondere die vorübergehende Zahlungsunfähigkeit – vorliegen.
3. **Entscheidung und Bescheid:** Bei positiver Prüfung wird ein Stundungsbescheid erlassen, in dem der neue Zahlungstermin sowie etwaige zusätzliche Bedingungen (wie Zinsaufschläge oder Sicherheiten) festgelegt werden.

Fazit

Die Stundung von Forderungen der öffentlichen Verwaltung ist ein Instrument, das es Schuldnern in vorübergehenden finanziellen Schwierigkeiten ermöglicht, den Zahlungstermin aufzuschieben, ohne dass die Forderung grundsätzlich erlassen wird. Dies dient sowohl dem Schutz der Schuldner vor unzumutbaren Härten als auch der Wahrung der Interessen der öffentlichen Hand, da die Forderung zu einem späteren Zeitpunkt unter den neu vereinbarten Bedingungen beglichen werden muss.

VIII

[23] Gute und verständliche Muster eines möglichen Stundungsverfahrens finden sich im Anhang.

[24] Eine Mustergliederung für eine Dienstanweisung Stundung Niederschlagung und Erlass findet sich im Anhang.

8. Exkurs: Zahlungsunwilligkeit vs. Zahlungsunfähigkeit

Die richtige Einschätzung, ob ein Schuldner **zahlungsunwillig** oder **zahlungsunfähig** ist, ist essenziell für das Forderungsmanagement. Eine falsche Einschätzung kann zu ineffektiven Maßnahmen führen, Zeit und Geld kosten und letztlich die Realisierung der Forderung gefährden.

8.1 Definitionen und Bedeutung

Zahlungsunwilligkeit liegt vor, wenn der Schuldner **über ausreichende finanzielle Mittel verfügt**, aber bewusst nicht zahlt. Dies kann auf strategisches Verhalten, Nachlässigkeit oder sogar betrügerische Absichten zurückzuführen sein.

Zahlungsunfähigkeit bedeutet, dass der Schuldner **objektiv nicht in der Lage** ist, die offene Forderung zu begleichen, weil er nicht über ausreichende liquide Mittel oder pfändbares Vermögen verfügt. Dies kann z. B. durch Arbeitslosigkeit, Überschuldung oder Insolvenz verursacht sein.

Die Differenzierung zwischen beiden Typen ist wichtig, da sie die Wahl der richtigen Strategie beeinflusst:

- **Zahlungsunwillige Schuldner** sollten mit konsequentem Mahnwesen, Inkasso oder rechtlichen Schritten unter Druck gesetzt werden.
- **Zahlungsunfähige Schuldner** benötigen oft eine angepasste Strategie, z. B. Ratenzahlungsangebote oder langfristige Überwachung ihrer finanziellen Situation.

8.2 Indikatoren zur Unterscheidung

8.2.1 Indikatoren für Zahlungsunwilligkeit

Ein zahlungsunwilliger Schuldner **könnte zahlen, tut es aber nicht**. Die Gründe können vielfältig sein:

- Der Schuldner versucht, Forderungen bewusst hinauszuzögern.
- Er spekuliert darauf, dass der Gläubiger die Forderung irgendwann aufgibt.
- Er priorisiert andere Zahlungen oder verfolgt eine betrügerische Strategie.

Typische Anzeichen dafür sind:

- **Kommunikationsverhalten**
  - ignoriert Mahnungen, Anrufe und Briefe
  - antwortet nur sporadisch oder erst nach mehrfacher Aufforderung
  - wechselt häufig Telefonnummern, Adressen oder E-Mail-Kontakte
  - macht widersprüchliche Angaben zum Zahlungsstatus
- **Auffälliges Zahlungsverhalten**
  - hat in der Vergangenheit gezahlt, stellt plötzlich ohne erkennbaren Grund Zahlungen ein
  - leistet auf Mahnungen hin kleinere „Alibizahlungen“ oder bietet unrealistisch niedrige Raten an
  - zahlt andere Rechnungen (z. B. Miete, Leasingraten) weiterhin, aber nicht die offene Forderung
- **Finanzielle Auffälligkeiten**
  - führt nach außen hin ein erkennbar kostenintensives Leben (teure Anschaffungen, Reisen, Luxusgüter)
  - Unternehmen: Trotz Umsatz werden keine Verbindlichkeiten beglichen.
  - lässt sich Zeit mit Zahlungszusagen, ohne diese einzuhalten
- **Juristische Hinweise**
  - Es gibt keine negativen SCHUFA-Einträge oder Insolvenzverfahren.
  - Es liegen keine bereits gescheiterten Vollstreckungsversuche gegen den Schuldner vor.

Als mögliche **Maßnahmen** kommen in Betracht:

- **Mahnverfahren verschärfen:** kürzere Mahnfristen setzen, härtere Formulierungen nutzen
- **Persönliche Kontaktaufnahme:** direkte Konfrontation (z. B. durch Telefonat oder persönliche Vorsprache)
- **Bonitätsprüfung anfordern:** Wirtschaftsauskunfteien (SCHUFA, Creditreform, Bürgel) zur Klärung heranziehen.

- **Inkasso- oder Gerichtsverfahren einleiten:** Falls keine Reaktion erfolgt, sollte schnellstmöglich ein gerichtliches Mahnverfahren oder eine Vollstreckung eingeleitet werden.

8.2.2 Indikatoren für Zahlungsunfähigkeit

Ein zahlungsunfähiger Schuldner **möchte zahlen, kann es aber nicht**. Dies kann durch plötzliche Arbeitslosigkeit, Krankheit, Überschuldung oder eine Insolvenz begründet sein.

Typische Anzeichen dafür sind:

- **Kommunikationsverhalten**
  - Der Schuldner meldet sich freiwillig und teilt seine finanzielle Notlage mit.
  - Er zeigt eine grundsätzliche Kooperationsbereitschaft (z. B. durch die Bereitschaft zur Ratenzahlung).
  - Er legt Unterlagen über seine finanzielle Lage vor (z. B. Kontoauszüge, Einkommensnachweise).
- **Bonitäts- und Wirtschaftsinformationen**
  - negativer SCHUFA-Eintrag oder Eintrag in Schuldnerverzeichnissen
  - Wirtschaftsauskunft zeigt bestehende Vollstreckungen oder Pfändungen.
  - Unternehmen: offensichtliche Liquiditätsprobleme, Umsatzrückgänge oder Betriebsaufgabe
- **Finanzielle Hinweise**
  - Arbeitslosigkeit oder reduzierte Einkünfte (z. B. Kurzarbeit, Rentenbezug)
  - offene Forderungen auch bei anderen Gläubigern
  - Lohn- oder Kontopfändungen durch andere Gläubiger
  - Vermögensauskunft (früher: eidesstattliche Versicherung) bereits abgegeben
- **Juristische Hinweise**
  - Der Schuldner ist bereits in einem Insolvenzverfahren.
  - Gerichtliche Vollstreckungen anderer Gläubiger blieben erfolglos.

Als mögliche **Maßnahmen** kommen in Betracht:

- **Ratenzahlungsvereinbarung:** falls realistische Teilzahlungen möglich sind, um zumindest einen Teilbetrag zu sichern
- **Vergleichsangebot:** Wenn der Schuldner eine Einmalzahlung leisten kann, ist ein teilweiser Forderungsverzicht sinnvoll.
- **Langfristige Überwachung:** Bei temporärer Zahlungsunfähigkeit kann eine erneute Bonitätsprüfung nach sechs bis zwölf Monaten sinnvoll sein.
- **Insolvenzforderung anmelden:** Falls ein Insolvenzverfahren eröffnet wurde, muss die Forderung fristgerecht beim Insolvenzverwalter eingereicht werden.

8.3 Methoden zur Unterscheidung

- **Bonitätsprüfung und Wirtschaftsauskunft**
  - SCHUFA, Creditreform oder Bürgel liefern verlässliche Daten zur finanziellen Situation des Schuldners.
  - Ein negativer Bonitätseintrag deutet auf Zahlungsunfähigkeit hin, während eine neutrale bis positive Bonität eher auf Zahlungsunwilligkeit hindeutet.
- **Pfändung als Testmaßnahme**
  - Wird eine Kontopfändung durchgeführt, aber kein Guthaben vorgefunden, spricht dies für Zahlungsunfähigkeit.
  - Wird pfändbares Einkommen festgestellt, aber dennoch nicht gezahlt, deutet dies auf Zahlungsunwilligkeit hin.
- **Direkte Kommunikation mit dem Schuldner**
  - Ehrliche Schuldner sind meist kooperativ und legen ihre finanzielle Situation offen.
  - Zahlungsunwillige Schuldner weichen Fragen aus oder reagieren gar nicht.
- **Vergleich mit anderen Gläubigern**
  - Ein Schuldner, der selektiv bezahlt, ist meist zahlungsunwillig.
  - Ein Schuldner, der generell keine Rechnungen begleicht, ist wahrscheinlich zahlungsunfähig.

Fazit: Die richtige Strategie für jeden Schuldnertyp

Erfahrene Vollstreckungsmitarbeiter können aufgrund ihrer Erfahrung sicherlich gut einschätzen, welchen Schuldnertyp sie vor sich haben. Durch die Einbeziehung externer Bonitätsdaten entwickelt sich diese Einschätzung von einem Gefühl zu einer für Dritte objektiv nachvollziehbaren Gewissheit.

Generelle Empfehlung

Merkmal	Zahlungs-unwillig	Zahlungs-unfähig
kann zahlen, will aber nicht	✓	x
kein Geld, selbst wenn er wollte	x	✓
macht falsche Versprechungen	✓	x
reagiert nicht auf Mahnungen	✓	x / manchmal ✓
negative Bonitätsauskunft	x / manchmal ✓	✓
ehrliche Kommunikation	x	✓
Pfändung erfolgreich	✓	x

Tabelle 28: Die richtige Strategie für jeden Schuldnertyp

- **Bei zahlungsunwilligen Schuldnern:** Druck aufbauen, Mahnwesen eskalieren, ggf. juristische Schritte einleiten
- **Bei zahlungsunfähigen Schuldnern:** nach alternativen Lösungen suchen, Ratenzahlungen oder Vergleiche anbieten

Praxis-Tipp:

Mit einer klugen Analyse lassen sich unnötige Kosten vermeiden und die besten Maßnahmen für eine erfolgreiche Forderungsdurchsetzung treffen.

9. Niederschlagung

Niederschlagung ist die befristete oder unbefristete Zurückstellung (Wertberichtigung) der Weiterverfolgung eines fälligen Anspruchs der Kommune **ohne Verzicht auf den Anspruch selbst**. Die Niederschlagung ist eine verwaltungsinterne Maßnahme, die keines Antrags bedarf und dem Schuldner nicht mitgeteilt wird.

9.1 Voraussetzungen

Forderungen der Kommune dürfen befristet niedergeschlagen werden, wenn

- ihre Einziehung wegen der wirtschaftlichen Verhältnisse **vorübergehend keinen Erfolg** verspricht (z. B nach Vorliegen eines vorläufigen fruchtlosen Pfändungsversuchsprotokolls) oder
- der Aufenthaltsort nicht zu ermitteln ist.

Bei der befristeten Niederschlagung ist ein Ende der Befristung zwingend anzugeben.

Eine **unbefristete Niederschlagung** kommt nur in Betracht, wenn feststeht, dass

- eine Einziehung wegen der wirtschaftlichen Verhältnisse oder anderer Gründe dauernd ohne Erfolg bleibt (z. B. **mehrmalige** erfolglose Vollstreckungsversuche, Tod des Zahlungspflichtigen) oder
- die **Kosten** der Einziehung **in keinem Verhältnis zur Höhe der Forderung** stehen.

Beispiel:

Betragsgrenzen (Kreis): Zur befristeten und unbefristeten Niederschlagung sind ermächtigt:

bei Beträgen bis	5.000 EUR	die Fachstellenleitung
bei Beträgen bis	10.000 EUR	die Fachdienstleitung
bei Beträgen bis	20.000 EUR	die Fachbereichsleitung
bei Beträgen bis	30.000 EUR	der Fachdezernent
bei Beträgen über	30.000 EUR	Vorlage im Kreisausschuss

Dabei ist das Vier-Augen-Prinzip von Sachbearbeitung und Leitungsfunktion zu gewährleisten. Ab einer Betragsgrenze über 20.000 EUR ist die Mitzeichnung der Revision erforderlich.

VIII

9.1.1 Befristete Niederschlagung

- Erfolgt dann, wenn nach durchgeführten Vollstreckungsmaßnahmen angenommen werden kann, dass der Zahlungspflichtige sich wirtschaftlich erholen wird und der Einziehungsaufwand in einem angemessenen Verhältnis zur Forderungshöhe steht.

- Eine befristet niedergeschlagene Forderung wird **bilanziell wertberichtigt**, sie verbleibt jedoch in der Langzeitbeobachtung in der Vollstreckung.
- Es muss darauf geachtet werden, dass **verjährungsunterbrechende Maßnahmen** durchgeführt werden.

9.1.2 Unbefristete Niederschlagung

- Unbefristete Niederschlagung erfolgt dann, wenn nach durchgeführten Vollstreckungsmaßnahmen mit gewisser Sicherheit angenommen werden muss, dass der Zahlungspflichtige nicht zahlen kann, oder wenn der Einziehungsaufwand größer ist als der beizutreibende Betrag.
- wichtige Parameter: Forderungshöhe, Forderungsalter, Alter des Schuldners, Bonität des Schuldners, harte Negativmerkmale
- Wenn eine unbefristet niedergeschlagene Forderung nicht weiterverfolgt wird, ist die zwangsläufige Konsequenz die Verjährung.

Die Überwachung niedergeschlagener Forderungen ist eine Kernaufgabe, die regelmäßig erfolgen soll. Die entsprechenden Ressourcen dafür vorzuhalten, fällt der Verwaltung allgemein schwer. Die Kommune kann sich vor diesem Hintergrund entscheiden, die eigenen Ressourcen auf aktuelle Forderungen zu konzentrieren. Betriebswirtschaftliche Überlegungen im Hinblick auf Kosten und Nutzen führen zur Einbindung von Verwaltungshelfern gemäß der Genehmigung des Hessischen Beauftragten für Datenschutz und Informationsfreiheit.

9.2 Niedergeschlagene Forderungen: Entstehung und Bewirtschaftung

Häufig ist die nachhaltige Bearbeitung dieser Portfolios nicht gewährleistet. So fehlt dem mittelbewirtschaftenden Fachamt der Systemzugriff auf das Vollstreckungssystem und die darin enthaltenen aktuellen Informationen. Auf der anderen Seite hat die Vollstreckungsstelle die Kompetenz, eine abschließende Bewertung vorzunehmen.

Übersicht: Niedergeschlagene Forderung		
Entstehung einer niedergeschlagenen Forderung		
Zufluss	jährlich nach mehrfach erfolgloser Vollstreckung	
Rechtsgrundlage	entsprechend § 59 BHO (bzw. den entsprechenden Landes- und Kommunalvorschriften)	
Höhe	durchschnittliche Höhe der jährlichen Niederschlagung 1 bis 2 % der jährlichen Einnahmen	Kumuliert steigt das Portfolio der niedergeschlagenen Forderungen jährlich um 1 bis 2 %. Nach zehn Jahren liegt der Wert also schätzungsweise bei 10 bis 20 % der jährlichen Einnahmen.
Bearbeitung der niedergeschlagenen Forderungen		
Theorie	regelmäßige jährliche Überwachung durch das bewirtschaftende Fachamt	Gründe: – Personalmangel – fehlende Systemunterstützung Informationsfluss Kasse (Vollstreckung) und Fachamt: Wann war letzte Vollstreckung? Ergebnis? Verjährung?
Praxis	dokumentierte regelmäßige jährliche Überprüfung findet nur punktuell statt	

Tabelle 29: Niedergeschlagene Forderungen: Entstehung und Bewirtschaftung

9.3 Forderungsbewertung durch die Verwaltung

Die aktuelle Entwicklung gibt den Verwaltungen die Möglichkeit, bei jungen und alten Portfolios mit wenig Aufwand anhand der aktuellen Bonitätsdaten eine tagesaktuelle Bewertung auf Einzelforderungsebene vorzunehmen. Der Aufwand reduziert sich dramatisch und die Aussagefähigkeit wird objektiver.

Forderungsbewertung	
Grundlage	vertragliche Vereinbarung mit dem Dienstleister (Datenschutz)
Datentransfer	Daten der zu bewertenden Einzelforderungen werden verschlüsselt zur Verfügung gestellt.
Dauer	maximal eine Woche nach erfolgreicher Datenlieferung
Kosten	bei entsprechender Datenqualität 2.500 EUR je angefangenen 50.000 Forderungen; Zusatzkosten für Datenaufbereitung möglich

Tabelle 30: Forderungsbewertung durch die Verwaltung

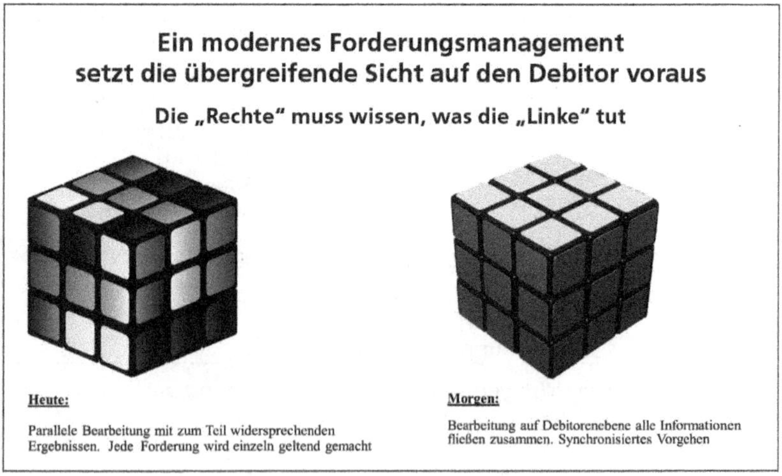

Abbildung 18: Übergreifende Sicht auf den Debitor

Maßnahme	Wirkung	Forderung besteht?
Stundung	Zahlung wird verschoben.	✓
Erlass	Forderung wird aufgegeben.	x
Niederschlagung	Vollstreckung wird eingestellt.	✓

Tabelle 31: Unterschiede von Erlass, Stundung, Niederschlagung

Fazit

Eigentlich sollte die Verwaltung versuchen, das Portfolio so gut wie möglich aktiv zu bewirtschaften. Hier kommen auch wieder betriebswirtschaftliche Überlegungen ins Spiel, die leider viel zu selten Berücksichtigung finden.

10. Verjährung

Die **Verjährung von Forderungen** stellt im deutschen Zivilrecht einen Mechanismus dar, der dazu führt, dass Ansprüche nach Ablauf einer bestimmten Frist nicht mehr gerichtlich durchgesetzt werden können – der Schuldner kann sich dann auf die Verjährung berufen. Nachfolgend eine detaillierte Übersicht zu den wichtigsten Aspekten.

10.1 Definition

Verjährung bedeutet, dass ein Anspruch nach Ablauf der festgesetzten Frist zwar grundsätzlich noch besteht, aber der Schuldner die Leistung verweigern kann, weil der Anspruch als „verjährt" gilt. Dies führt in der Praxis dazu, dass der Gläubiger seinen Anspruch nicht mehr gerichtlich durchsetzen kann, wenn er nicht innerhalb der Verjährungsfrist tätig wird.

10.2 Gesetzliche Grundlagen

Die **gesetzlichen Grundlagen** zur Verjährung werden in den §§ 194 ff. BGB geregelt.

- **§ 195 BGB (Regelverjährung) bestimmt**, dass die regelmäßige Verjährungsfrist für Forderungen drei Jahre beträgt, sofern nicht gesetzlich eine andere Frist vorgesehen ist.
- **§ 199 BGB (Beginn der Verjährungsfrist)** regelt, wann die Verjährungsfrist zu laufen beginnt. Grundsätzlich startet sie mit dem Schluss des Jahres, in dem der Anspruch entstanden ist und der Gläubiger Kenntnis von den anspruchsbegründenden Umständen und der Person des Schuldners erlangt hat oder ohne grobe Fahrlässigkeit hätte erlangen müssen.
- **§§ 197, 199 Abs. 2–4 BGB (absolute Höchstfrist):** Unabhängig von den Kenntnisvoraussetzungen beträgt die regelmäßige Verjährungsfrist in der Regel nicht länger als 30 Jahre (§ 199 Abs. 3 BGB). Eine Ausnahme bildet die Zehnjahresfrist der Verjährung für bestimmte Ansprüche gemäß § 199 Abs. 3 Satz 1 Nr. 1, Abs. 4 BGB.

Es gibt darüber hinaus zahlreiche Sonderregelungen, die für bestimmte Anspruchsarten abweichende Verjährungsfristen vorsehen:

- **Mängelgewährleistungsansprüche im Werkvertragsrecht**

  Häufig gelten hier Fristen von zwei oder fünf Jahren, je nach Art des Werkes und vertraglicher Vereinbarung.
- **Ansprüche aus unerlaubter Handlung (Deliktsrecht)**

  Auch hier beträgt die regelmäßige Frist in der Regel drei Jahre, wobei besondere Fälle (z. B. bei Verletzung des Lebens, des Körpers oder der Gesundheit) abweichende Fristen vorsehen können.
- **Steuerrechtliche und andere besondere Forderungen**

  Für Steuerforderungen oder Bußgelder können eigene Verjährungsfristen gelten, die sich aus spezialgesetzlichen Regelungen ergeben.

10.3 Hemmung und Neubeginn der Verjährung

Hemmung der Verjährung: Unter bestimmten Umständen wird der Lauf der Verjährungsfrist gehemmt, d. h., sie ruht vorübergehend. Typische Hemmungsgründe sind:

- **Verhandlungen:** Führen Gläubiger und Schuldner über den Anspruch Verhandlungen, wird die Frist in der Regel bis zum Abschluss der Gespräche gehemmt.
- **Rechtshängigkeit:** Durch die Erhebung einer Klage wird die Verjährung gehemmt, bis über den Anspruch endgültig entschieden ist.
- **Stundungsvereinbarungen:** Eine Vereinbarung zwischen den Parteien, in der die Fälligkeit des Anspruchs verschoben wird, kann ebenfalls zu einer Hemmung führen.

Neubeginn der Verjährung: Der Lauf der Verjährungsfrist kann auch von neuem beginnen, z. B., wenn der Schuldner den Anspruch ausdrücklich anerkennt oder eine Teilzahlung leistet. Dies führt dazu, dass ein neuer Verjährungszeitraum anzusetzen ist.

10.4 Auswirkungen der Verjährung

- **Verjährungseinrede:** Nach Ablauf der Verjährungsfrist kann der Schuldner die Einrede der Verjährung erheben. Das bedeutet, dass er sich darauf beruft, dass der Anspruch nicht mehr gerichtlich durchsetzbar sei.
- **Keine materielle Auslöschung:** Wichtig ist, dass die Verjährung den Anspruch nicht „löscht" – sie entzieht ihn lediglich der Zwangsdurchsetzbarkeit. Der Anspruch bleibt als rechtlicher Tatbestand bestehen, kann aber nur noch unentgeltlich geltend gemacht oder in Verhandlungen angerechnet werden.
- **Bedeutung für Gläubiger:** Es ist für Gläubiger wesentlich, frühzeitig aktiv zu werden, sei es durch Verhandlungen, gerichtliche Klärung oder andere Maßnahmen, um zu verhindern, dass Ansprüche verjähren.

10.5 Praktische Bedeutung

Die Verjährung dient unter anderem dazu, Rechtssicherheit zu schaffen und langwierige Rechtsstreitigkeiten zu vermeiden. Gläubiger sind dadurch motiviert, ihre Ansprüche zeitnah geltend zu machen. Gleichzeitig schützt sie Schuldner davor, Jahre nach einem Vorfall noch unvorhergesehenen rechtlichen Verpflichtungen ausgesetzt zu werden.

Fazit
Die Verjährung von Forderungen bedeutet, dass ein Anspruch, der nicht innerhalb der gesetzlichen Frist (in der Regel drei Jahre ab dem Ende des Jahres, in dem der Anspruch entstanden ist und der Gläubiger davon Kenntnis erlangt hat) geltend gemacht wird, später nicht mehr gerichtlich durchsetzbar ist. Es gibt zahlreiche Ausnahmen und besondere Regelungen, die je nach Anspruchsart davon abweichen können. Zudem können Hemmung und Neubeginn des Verjährungszeitraums eintreten, wenn bestimmte Umstände vorliegen. Für Gläubiger ist es daher entscheidend, frühzeitig tätig zu werden und sich einen genauen Überblick zu verschaffen, um die Durchsetzbarkeit ihrer Ansprüche zu sichern.

Unterbrechung der Verjährung	Erläuterung	
– schriftliche Geltendmachung des Anspruchs – Zahlungsaufschub – Stundung – Aussetzung der Vollziehung – Sicherheitsleistung – Vollstreckungsaufschub – Vollstreckungsmaßnahme – Anmeldung im Insolvenzverfahren – Ermittlungen des Kostengläubigers über Wohnsitz oder Aufenthalt des Zahlungspflichtigen Mit dem Ablauf des Kalenderjahres, in dem die Unterbrechung geendet hat, beginnt eine neue Verjährungsfrist!	Bei der Unterbrechung wird durch ein Ereignis (vgl. Aufzählung) der Fristablauf „abgebrochen" mit der Folge, dass nach der Unterbrechung eine neue Frist zu laufen beginnt. Die neue Frist beginnt mit Ablauf des Kalenderjahres, in dem die Unterbrechung geendet hat. **Beispiel:** Die Lohnpfändung wurde von der Vollstreckungsstelle wegen Unpfändbarkeit am 30. 4. 2022 zurückgenommen und die Vollstreckung eingestellt. In diesem Fall beginnt die neue Frist am 1. 1. 2023 wieder (neu) zu laufen.	§ 231 AO § 19 III-V HVwKostG § 20 III VwKostG Bund u. a. § 231 Abs. 3 AO § 19 IV HVwKostG § 20 IV VwKostG Bund u. a.

Tabelle 32: Übersicht zur Unterbrechung der Verjährung

Verjährung nach dem OWiG		
Gemäß § 34 I OWiG darf eine rechtskräftig festgesetzte Geldbuße nach Ablauf der Verjährungsfrist (hier Vollstreckungsverjährung) nicht mehr vollstreckt werden. Die Vollstreckungsverjährung beginnt mit der Rechtskraft der Entscheidung.		§ 34 OWiG
Ruhen der Verjährung	**Erläuterung**	
Die Verjährung ruht, solange – nach dem Gesetz die Vollstreckung nicht begonnen hat oder nicht fortgesetzt werden kann, – die Vollstreckung ausgesetzt ist oder – eine Zahlungserleichterung (Ratenzahlung) bewilligt ist.	Gleiche Folgen wie bei der Hemmung hat das Ruhen der Verjährung nach § 34 Abs. 3 OWiG. Der Eintritt der Verjährung wird um den Zeitraum des „Ruhens“ hinausgeschoben.	§ 34 Abs. 4 OWiG

Tabelle 33: Verjährung (Besonderheiten nach dem OWiG)

11. Hemmung

Um die **Verjährung einer Forderung zu hemmen**, gibt es mehrere gesetzlich vorgesehene Möglichkeiten. Diese sorgen dafür, dass die Verjährungsfrist zeitweise unterbrochen wird oder für einen bestimmten Zeitraum nicht weiterläuft.

11.1 Rechtliche Grundlagen

Die rechtlichen Grundlagen dafür finden sich vor allem in **§§ 203–209 BGB**.

11.2 Wichtigste Maßnahmen zur Hemmung der Verjährung

11.2.1 Anerkennung der Forderung durch den Schuldner (§ 212 Abs. 1 Nr. 1 BGB)

- **Definition:** Der Schuldner erkennt die Forderung an, z. B. durch eine schriftliche Bestätigung, Teilzahlung oder Zinszahlung.

- **Wirkung:** Die Verjährung beginnt mit dem Tag des Anerkenntnisses neu zu laufen.

11.2.2 Verhandlungen über die Forderung (§ 203 BGB)

- **Definition:** Wenn Gläubiger und Schuldner über die Forderung oder die Umstände ihrer Erfüllung verhandeln, wird die Verjährung gehemmt.
- **Wirkung:** Die Verjährung ist für die Dauer der Verhandlungen gehemmt und läuft erst drei Monate nach dem Ende der Verhandlungen weiter.
- **Empfehlung:** Es ist ratsam, den Beginn und das Ende der Verhandlungen schriftlich festzuhalten, um Nachweise zu haben.

11.2.3 Rechtsverfolgung durch den Gläubiger (§ 204 Abs. 1 BGB)

- **Definition:** Durch die Einleitung rechtlicher Schritte wird die Verjährung gehemmt, z. B.:
  - Beantragung eines gerichtlichen Mahnbescheids
  - Anmeldung der Forderung im Insolvenzverfahren des Schuldners
- **Wirkung:** Die Verjährung ist für die Dauer des Verfahrens gehemmt und läuft erst sechs Monate nach dessen Abschluss weiter.

11.2.4 Vollstreckungsmaßnahmen (§ 204 Abs. 1 Nr. 5 BGB)

- **Definition:** die Beantragung oder Durchführung von Zwangsvollstreckungsmaßnahmen (z. B. (Konto-)Pfändung, Zwangsversteigerung).
- **Wirkung:** Die Verjährung wird gehemmt, solange die Vollstreckung läuft.

11.2.5 Vereinbarung über den Verzicht auf die Einrede der Verjährung

- **Definition:** Der Schuldner kann sich freiwillig verpflichten, auf die Einrede der Verjährung für einen bestimmten Zeitraum zu verzichten.

- **Wirkung:** Die Verjährung wird nicht gehemmt, aber der Schuldner kann sich für den vereinbarten Zeitraum nicht auf die Verjährung berufen.
- **Achtung:** Diese Vereinbarung ist nur wirksam, wenn sie schriftlich erfolgt und zeitlich begrenzt ist.

11.3 Besondere Situationen

- **Schweben eines staatlichen oder behördlichen Verfahrens:** Wird eine Forderung in einem behördlichen Verfahren geltend gemacht (z. B. Steuerbescheid oder Widerspruch), ist die Verjährung ebenfalls gehemmt.
- **Hemmung bei Minderjährigen oder Betreuten (§ 207 BGB):** Wenn der Gläubiger minderjährig oder betreut ist und keinen gesetzlichen Vertreter hat, ist die Verjährung gehemmt.

11.4 Empfehlung: Hemmung durch Kontopfändung

- **Wirkung:** Die Verjährung einer Forderung wird durch die Einleitung der **Zwangsvollstreckung**, zu der auch die **Kontopfändung** gehört, **für die Dauer des Verfahrens gehemmt**. Dies bedeutet, dass die Frist zur Verjährung für den Zeitraum, in dem die Vollstreckung läuft, gestoppt wird.
- **Dauer:** Die Hemmung dauert so lange, wie das Vollstreckungsverfahren läuft. Sobald das Verfahren abgeschlossen ist, wird die Verjährungsfrist um die Dauer der Hemmung verlängert. Nach Abschluss des Vollstreckungsverfahrens, z. B. wenn das Konto gepfändet wurde, aber keine Zahlung erfolgt oder die Forderung nicht beglichen wurde, läuft die Verjährungsfrist für die Forderung weiter, aber sie wird um die Zeit der Hemmung verlängert.

Wichtig: Wenn eine Forderung eine Verjährungsfrist von **drei Jahren** hat und während des letzten Jahres eine **Kontopfändung** durchgeführt wird, wird die Verjährung **gehemmt**. Wenn das Vollstreckungsverfahren z. B. sechs Monate dauert, verlängert sich die Verjährungsfrist um diese sechs Monate.

Nach dem Abschluss des Verfahrens läuft die Verjährung dann weiter und endet nach insgesamt drei Jahren plus sechs Monaten ab dem Zeitpunkt, an dem die Forderung ursprünglich verjährt wäre.

Praxis-Tipp:

Die **Hemmung** gilt nicht dauerhaft. Wenn das Vollstreckungsverfahren irgendwann eingestellt wird oder der Schuldner keine pfändbaren Mittel mehr hat, endet die Hemmung der Verjährung, und die Verjährungsfrist läuft weiter.

Fazit

Die Hemmung der Verjährung erfolgt am einfachsten durch:

1. **Verhandlungen** mit dem Schuldner,
2. **Anerkenntnis** der Forderung oder
3. **Einleitung rechtlicher Schritte** wie Kontopfändung oder Mahnbescheid.

Am effektivsten ist die Einleitung eines gerichtlichen Verfahrens, da sie die Verjährung sofort hemmt und ein klarer Nachweis besteht.

12. Verwirkung

Die **Verwirkung einer Forderung** bedeutet, dass der Gläubiger – also derjenige, der einen Anspruch auf Zahlung oder Leistung hat – sein Recht verliert, diese Forderung noch durchzusetzen. Im Unterschied zur Verjährung, bei der der Anspruch zwar weiterhin besteht, aber gerichtlich nicht mehr einklagbar ist, führt die Verwirkung dazu, dass der Anspruch faktisch erlischt.

12.1 Wesentliche Aspekte der Verwirkung

- Inaktivität des Gläubigers:
  - Die Verwirkung setzt in der Regel voraus, dass der Gläubiger über einen längeren Zeitraum hinweg untätig bleibt und es unterlässt, seinen Anspruch geltend zu machen.
  - Diese Untätigkeit muss so erheblich sein, dass der Schuldner (derjenige, der zur Leistung verpflichtet ist) darauf vertrauen kann, dass der Anspruch nicht mehr bestehen oder nicht mehr durchgesetzt wird.

- Vertrauensschutz und Treu und Glauben:
  - Das Prinzip von Treu und Glauben (vgl. § 242 BGB) spielt eine zentrale Rolle. Es soll verhindert werden, dass ein Gläubiger, der durch sein langes Schweigen den Schuldner in einer bestimmten Situation hat handeln lassen, später plötzlich und überraschend doch noch seinen Anspruch durchsetzt.
  - Der Schuldner darf sich darauf verlassen, dass aus der Inaktivität des Gläubigers keine Forderung mehr resultiert.
- Rechtsfolgen:
  - Wird die Verwirkung festgestellt, so erlischt die Durchsetzbarkeit des Anspruchs vollständig.
  - Der Schuldner kann die Verwirkung als Einrede vorbringen und somit die Erfüllung verweigern, ohne dass der Gläubiger noch einen Anspruch geltend machen kann.

12.2 Abgrenzung zu Verjährung

Bei der **Verjährung** läuft eine festgelegte Frist ab, nach deren Ende der Anspruch zwar formal weiterhin „besteht", aber gerichtlich nicht mehr durchgesetzt werden kann. Der Anspruch erlischt jedoch nicht, sondern er kann nicht mehr eingeklagt werden, sobald sich der Schuldner auf die Verjährung beruft und die Leistung verweigert.

Demgegenüber beruht die **Verwirkung** nicht auf dem schlichten Ablauf einer Frist, sondern auf einem Verhalten des Gläubigers (langfristige Untätigkeit) und dem dadurch begründeten Vertrauensschutz des Schuldners. Die Forderung erlischt in dem Sinne, dass der Gläubiger sein Recht nicht mehr durchsetzen kann, weil es als aufgegeben gilt.

12.3 Beispiel aus der Praxis

Eine Verwaltung stellt einem Unternehmen eine Rechnung / einen Bescheid für eine erbrachte Leistung. Bleibt das Unternehmen nun über einen längeren Zeitraum – auch nach mehrfacher Mahnung – die Zahlung schuldig, ohne dass die Verwaltung weitergehende Maßnahmen – wie die Vollstreckung – einleitet, könnte das Unternehmen im Extremfall davon ausgehen, dass die Verwaltung die Forderung aufgegeben und damit verwirkt hat. Der Schuldner beruft sich dann auf Verwirkung und verweigert die Zahlung, weil es sich auf die lang andauernde Untätigkeit beruft.

Dieser Sachverhalt kommt insbesondere für niedergeschlagene Forderungen (befristet/unbefristet) in Betracht, wenn die Zuständigkeit zwischen mittelbewirtschaftendem Fachamt und Vollstreckungsbehörde nicht eindeutig „gelebt" wird.

Fazit

Die Verwirkung einer Forderung bedeutet also, dass durch das Verhalten des Gläubigers – insbesondere durch eine unzulässige Verzögerung oder Untätigkeit – sein Recht, die Forderung durchzusetzen, verloren geht. Dies schützt den Schuldner vor einer späten, unter Umständen überraschenden und unbilligen Durchsetzung von Ansprüchen, auf deren Nichtgeltendmachung er sich aufgrund der langjährigen Untätigkeit verlassen durfte.

IX. Weitere Hinweise aus der Praxis

IX

IX. Weitere Hinweise aus der Praxis

1. Vorkasse

Ein Wechsel zu **Vorkasse-Bezahlmodellen** in der öffentlichen Verwaltung kann in bestimmten Bereichen sehr sinnvoll sein. Dies ist vor allem bei standardisierten, häufig nachgefragten Dienstleistungen wie z. B. Ausweisdokumenten, Beglaubigungen und Urkundenausfertigungen, oder gebührenpflichtigen Onlineportalen, z. B. bei Bauanträgen, in Erwägung zu ziehen. Hauptgründe dafür sind:

- **Reduzierung von Zahlungsausfällen**
  - Bei **Vorkasse** ist die Zahlung bereits erfolgt, bevor eine Leistung erbracht oder ein Produkt geliefert wird.
  - Das minimiert das Risiko, dass Bürger oder Unternehmen nicht zahlen, z. B. bei Gebührenbescheiden, Verwaltungsdienstleistungen etc.
- **Reduzierung Verwaltungsaufwand**
  - kein Mahnwesen, keine Vollstreckung, keine Zahlungserinnerungen → **geringere Verwaltungskosten**
  - Vereinfachte Buchhaltung und **automatisierte Prozesse** sind leichter umzusetzen.
- **Schnellere Liquidität**
  - Einnahmen stehen der Verwaltung **sofort zur Verfügung**, z. B. bei Führerscheinanträgen, Meldebescheinigungen oder Ausweisbestellungen.
  - Das verbessert die **Finanzplanung** und reduziert den Aufwand für Zwischenfinanzierungen.
- **Förderung digitaler Prozesse**
  - **Onlinedienste** mit integrierter Vorkassezahlung, z. B. über E-Payment-Systeme, ermöglichen durchgängige digitale Workflows.
  - Das erhöht die **Nutzerfreundlichkeit** und beschleunigt den Verwaltungsprozess.

– **Bessere Planbarkeit**
  - Bei Vorkasse ist **klar**, welche Dienstleistungen wirklich nachgefragt werden – das hilft bei der **Ressourcenplanung**.

Natürlich muss **Rechtssicherheit** gewährleistet sein. Vorkasse darf nur verlangt werden, wenn es rechtlich zulässig und verhältnismäßig ist. Bei hoheitlichen Maßnahmen oder individuellen Einzelfallentscheidungen ist eine differenzierte Prüfung notwendig.

1.1 Rechtliche Grundlagen für Vorkasse

Als **rechtliche Grundlage** für Vorkasse können in der öffentlichen Verwaltung die Vorschriften aus verschiedenen Gesetzen herangezogen werden.

– **Verwaltungskostengesetz (VwKostG)**
  - **§ 16 VwKostG – Vorschusszahlung:** Behörden dürfen vor Durchführung einer antragsgebundenen Amtshandlung einen angemessenen **Vorschuss** verlangen, wenn abzusehen ist, dass Kosten entstehen.
  - **§ 17 VwKostG – Fälligkeit:** Gebühren sind fällig mit Bekanntgabe der Kostenentscheidung – die Verwaltung kann aber auf Vorkasse bestehen.
  - VwKostG legitimiert also ausdrücklich, dass vor Leistungserbringung Zahlungen verlangt werden dürfen.

– **Gebührenrecht von Ländern und Kommunen**
  - Nach dem **Kostendeckungs- und Äquivalenzprinzip** (Bund und Länder) müssen Gebühren in einer nachvollziehbaren Relation zu den erbrachten Leistungen stehen.
  - Viele Kommunen verankern Vorgaben für Vorkasse in **Gebührensatzungen** (z. B. analog zu § 4 KAG oder VwVfG). Dabei ist Transparenz über die Art der Leistung und das Zahlungsverfahren entscheidend.

– **EGovG – elektronische Bezahlmöglichkeiten**
  - Nach **§ 4 EGovG** müssen Behörden bei Onlineverfahren barrierefrei verfügbare und sichere **elektronische Zahlungsoptionen**, z. B. Vorkasse, bereitstellen.

  - Die Zahlung erfolgt vor Leistungserbringung; elektronische Quittungen und Integration in digitale Workflows sind vorgesehen.
- **Verwaltungsverfahrensgesetz (VwVfG)**
  - Die Verwaltung muss rechtsstaatlich handeln. Ein Vorkassevorschuss ist zulässig, sofern
    - ein Antragverfahren besteht,
    - die Gebührenhöhe angemessen und begründbar ist (VwKostG und lokale Satzungen) und
    - vor Erbringung der Leistung keine rechtlichen Hindernisse bestehen, z. B. bei hoheitlichen Verwaltungsakten.

1.2 Zusammenfassung: Wann ist Vorkasse rechtlich zulässig?

Voraussetzung	Rechtsgrundlage
Antrag auf eine gebührenpflichtige Leistung	§ 16 VwKostG
Gebührenentscheidung und Fälligkeit	§§ 17–18 VwKostG
angemessene Gebührenhöhe	VwKostG, KAG, lokales Gebührenrecht
barrierefreie elektronische Zahlung	§ 4 EGovG
Erfüllung der form- und rechtsstaatlichen Anforderungen	VwVfG, Art. 20 III GG

Tabelle 34: Rechtliche Voraussetzungen für Vorkasse

Praxis-Tipp:

Verwaltungen können also rechtssicher einen Vorschuss bzw. Vorkasse verlangen, wenn diese Bedingungen erfüllt sind.

Fazit

Die Kombination aus VwKostG, EGovG, VwVfG und lokalen Gebührenordnungen schafft eine solide rechtliche Basis für Vorkassemodelle in der Verwaltung – solange Transparenz, Verhältnismäßigkeit und rechtliche Verfahrensregeln gewahrt bleiben.

2. Pfändung des Taschengeldanspruchs

Die **Pfändung des Taschengeldanspruchs gegen den Ehepartner** ist grundsätzlich möglich, aber nur unter bestimmten rechtlichen Voraussetzungen. **Rechtsgrundlage sind die Regelungen der §§ 1360 ff. BGB (Familienunterhalt).** Es handelt sich um einen **zivilrechtlichen Anspruch nach § 1360a Abs. 2 BGB** zwischen Ehegatten – den sogenannten Taschengeldanspruch –, der **auch gepfändet werden kann**, wenn eine Unterhaltspflicht oder sonstige titulierte Forderung vorliegt. Der angemessene Beitrag umfasst in der Regel auch ein Taschengeld, welches dem nicht oder weniger verdienenden Ehegatten zur freien Verfügung stehen soll.

2.1 Voraussetzungen für die Pfändung

- **Bestehender Taschengeldanspruch:** Der Ehegatte hat tatsächlich einen Anspruch auf Taschengeld – z. B. weil er kein oder nur geringes eigenes Einkommen hat und der andere Ehegatte leistungsfähig ist.
- **Titulierter Anspruch des Gläubigers:** Die pfändende Stelle (z. B. Kommune, Unterhaltsgläubiger) muss einen **vollstreckbaren Titel** gegen den Ehegatten haben.
- **Pfändungs- und Überweisungsbeschluss:** Der Anspruch muss **gerichtlich gepfändet werden**. Das Amtsgericht erlässt dazu einen sogenannten **Pfändungs- und Überweisungsbeschluss (§§ 829 ff. ZPO)**, der sich an den leistungsfähigen Ehepartner richtet.
- **Pfändbarkeit analog § 850b ZPO:** Der Taschengeldanspruch ist ein **nicht laufender Arbeitserwerb** und daher **nur eingeschränkt pfändbar** – meist analog zu § 850b Abs. 1 Nr. 2 ZPO (unterhaltspflichtige Leistungen). Eine **Einzelfallprüfung** ist erforderlich.

2.2 Grenzen der Pfändung

Aber auch die Pfändung des Taschengeldanspruchs gegen den Ehepartner unterliegt bestimmten Grenzen. Nachfolgend ein Überblick über Einschränkungen und Besonderheiten bei der Taschengeldpfändung:

Übersicht:
Nur das Taschengeld – nicht der gesamte Unterhalt – ist pfändbar.
Gepfändet werden kann nur in Höhe des konkret feststellbaren Anspruchs. Gerichte orientieren sich oft an ca. 5 bis 7 % des Nettoeinkommens des Ehepartners.
Die Pfändung ist nicht automatisch durchsetzbar. Die Existenz des Anspruchs muss konkret nachgewiesen werden.
Besonders relevant ist sie bei Zwangsvollstreckung gegen nicht verdienende Ehepartner, die mit einem gut verdienenden Ehegatten zusammenleben.

Tabelle 35: Einschränkungen und Besonderheiten bei der Taschengeldpfändung

Beispiel:

Ein Schuldner (Ehefrau) hat kein eigenes Einkommen. Die Ehefrau lebt aber mit ihrem Ehemann zusammen, der monatlich 4.000 EUR netto verdient. Sie hätte demnach einen (gerichtlich geschätzten) Taschengeldanspruch von ca. 200 bis 280 EUR, der – bei entsprechender Titulierung – gepfändet werden kann.

Fazit

Die Pfändung eines Taschengeldanspruchs gegen den Ehegatten ist **rechtlich möglich**, aber **nur mit PfÜB und im Rahmen strenger Voraussetzungen** durchsetzbar. Sie ist ein selten eingesetztes, aber wirksames Instrument im Bereich der **Zwangsvollstreckung gegen Ehepartner ohne eigenes Einkommen**.

3. Interkommunale Zusammenarbeit (IKZ)

Interkommunale Zusammenarbeit bezeichnet die freiwillige oder gesetzlich geregelte Kooperation **mehrerer Gemeinden, Städte oder Landkreise**, um **gemeinsame Aufgaben zu erfüllen** oder **Ressourcen effizienter zu nutzen.** Dabei behalten die beteiligten Kommunen ihre rechtliche Selbstständigkeit, arbeiten aber in bestimmten Bereichen eng zusammen.

3.1 Ziele der interkommunalen Zusammenarbeit

- **Effizienzsteigerung:** Durch gemeinschaftliche Nutzung von Infrastruktur, Personal oder Know-how lassen sich Skaleneffekte erzielen, sodass Aufgaben oft kostengünstiger und effektiver erledigt werden.

- **Qualitätsverbesserung:** Mittels Spezialisierung und Professionalisierung durch einen Zusammenschluss können bessere Ergebnisse erzielt werden. Gerade regelmäßigere Bearbeitung komplexer Sachverhalte aus dem Bereich des Forderungsmanagements wie etwa der Insolvenzbearbeitung oder der Durchführung von Immobiliarversteigerungen führt zu einem Know-how-Aufbau und zu einer gewissen Routine.

Neben dem Forderungsmanagement gibt es auch andere Bereiche, wo eine Zusammenarbeit sinnvoll ist.

3.2 Exkurs: typische Formen der Zusammenarbeit

- **Zweckverbände:** rechtlich selbstständige Organisationen, die bestimmte Aufgaben (z. B. Abfallentsorgung, Wasserversorgung) übernehmen
- **Verwaltungsgemeinschaften:** Kommunen teilen sich eine gemeinsame Verwaltung (besonders in ländlichen Regionen).
- **Gemeinsame Projekte:** etwa bei interkommunalen Gewerbegebieten, Schulen, Rettungsdiensten oder Kulturangeboten
- **Kooperationsverträge:** rechtlich unverbindliche Vereinbarungen über gemeinsame Ziele oder gegenseitige Unterstützung

3.3 Rechtlicher Rahmen

In Deutschland ist die interkommunale Zusammenarbeit auf Ebene der Landesgesetze geregelt – jedes Bundesland hat eigene Regelungen in seinen Kommunalgesetzen. Die kommunale Selbstverwaltung (Art. 28 GG) bildet dabei den verfassungsrechtlichen Rahmen.

3.4 Vorteile

- Kostensenkung durch Synergieeffekte
- Höhere Leistungsfähigkeit
- Bessere Auslastung von Fachpersonal
- Förderung regionaler Identität

3.5 Herausforderungen

- Unterschiedliche Interessen der beteiligten Kommunen
- Koordinationsaufwand
- Demokratische Kontrolle kann schwieriger werden.
- Angst vor Identitätsverlust kleinerer Kommunen

4. Verwaltungshelfer

Die Zusammenarbeit zwischen **Verwaltung** und **Verwaltungshelfern** im **Forderungsmanagement** kann gezielt zur **Entlastung** und **Effizienzsteigerung** beitragen – vor allem bei wiederkehrenden, formalisierten und technisch gestützten Prozessen.

Verwaltungshelfer sind **nicht hoheitlich tätige Dritte**, die unterstützende Aufgaben für Behörden übernehmen dürfen – **ohne eigene Entscheidungsbefugnis**.

Rechtsgrundlage ist § 5 Abs. 1 VwVfG (Beauftragung Dritter). Zu beachten ist aber, dass die Verwaltung weiterhin für die hoheitliche Handlung **verantwortlich** bleibt.

Nachfolgend ein Überblick über mögliche Einsatzbereiche und deren Grenzen:

Aufgabenbereich	Einsatzmöglichkeit für Verwaltungshelfer
Mahnversand	Erstellung und Versand von Zahlungserinnerungen/Mahnschreiben
Prüfung Zahlungseingang	automatisierte Auswertung und Zuordnung von Zahlungseingängen
Datenpflege	Pflege von Schuldnerdaten, Prüfung von Stammdaten
Adressrecherche	Durchführung einfacher Meldeanfragen oder Nutzung von Datenbanken
Telefoninkasso	Durchführung standardisierter Erinnerungstelefonate
IT-Support	Betrieb von Forderungsmanagementsoftware oder Schnittstellenpflege

Tabelle 36: Mögliche Einsatzbereiche von Verwaltungshelfern im Forderungsmanagement

Nicht delegierbar	Begründung
Erlass von Verwaltungsakten	hoheitlicher Akt – bleibt immer bei der Behörde
Entscheidung über Zwangsmaß-nahmen	nur durch Behördenmitarbeiter möglich
Vollstreckungstitel ausstellen	nicht übertragbar

Tabelle 37: Grenzen bei der Beauftragung von Verwaltungshelfern

4.1 Vorteile

- **Entlastung von Fachkräften** bei Routineaufgaben
- **Beschleunigung von Prozessen** durch Automatisierung
- **Kosteneffizienz** bei Massenverfahren
- **Flexible Skalierbarkeit** bei Forderungsspitzen (z. B. bei Bescheidsammelaktionen)

4.2 Anforderungen an die Zusammenarbeit

- **Vertragliche Absicherung** (Leistungsbeschreibung, Datenschutzvereinbarung)
- **Verwaltungsseitige Kontrolle und Verantwortung**
- **Transparente Prozessdefinition** (z. B. anhand eines Rollen- und Rechtekonzepts)
- **DSGVO-konforme Datenverarbeitung** durch den Verwaltungshelfer

Praxis-Tipp:
Eine Kommune beauftragt ein Rechenzentrum oder einen externen Dienstleister mit

- dem **Druck und Versand von Mahnungen,**
- der **Rückmeldung offener Posten** und

– dem **Import von Zahlungseingängen** in das Kassenverfahren.

Die **Mahnung selbst** (Verwaltungsakt) wird weiterhin von der Kommune **automatisiert erzeugt und genehmigt**.

Eine **praxisgerechte Checkliste zur rechtssicheren Beauftragung von Verwaltungshelfern** im Forderungsmanagement, basierend auf § 5 VwVfG und datenschutzrechtlichen Anforderungen, findet sich im Kapitel „Hilfsmittel".

5. Zusammenarbeit mit externen Datenlieferanten

Vorbemerkung: In diesem Kapitel teilt der Verfasser insbesondere seine persönlichen Erfahrungen aus den vergangenen Jahren, die er insbesondere mit der SCHUFA[25]gemacht hat und die er gerne weitergeben möchte.

Der Verfasser hat bereits mehrfach im Rahmen dieser Publikation auf die Notwendigkeit einer bereichsübergreifenden Zusammenarbeit hingewiesen. Diese muss nicht an den Grenzen der Verwaltungsbereiche haltmachen, sondern kann auch Schnittstellen zu Datenlieferanten und Verwaltungshelfern – mit ganz anderen Kostenstrukturen – beinhalten. Unter betriebswirtschaftlichen Gesichtspunkten macht dies auch mehr Sinn.

Was in der Privatwirtschaft gang und gäbe ist, ist für die öffentliche Verwaltung immer noch ein Buch mit vielen Siegeln. Daher möchte der Verfasser an dieser Stelle die aus seiner Sicht vielfältigen Vorteile der Einbeziehung diverser externer Daten exemplarisch vorstellen.

5.1 Aktuelle Meldedaten des Schuldners

Fangen wir mit einem recht einfachen Thema an, den aktuellen Anschriften (Meldedaten). Maßgeblich dafür ist das Bundesmeldegesetz (BMG):

§

§ 17 Abs. 1 BMG:

(1) Wer eine Wohnung bezieht, hat sich innerhalb von zwei Wochen nach dem Einzug bei der Meldebehörde anzumelden.

---

25 Zusammenarbeitsmodelle und Konditionen sind individuell abzustimmen.

Das bedeutet:

- Die Ummeldung ist **verpflichtend (Meldepflicht).**
- Es handelt sich **nicht um eine freiwillige** oder „Kann"-Regelung.

Eine **Abmeldung** beim **alten** Einwohnermeldeamt ist in der Regel nicht erforderlich, sofern ein Umzug **innerhalb Deutschlands** erfolgt. Der Bürger muss sich **nur** dann abmelden, wenn er

- **ins Ausland zieht** oder
- **keine neue Wohnung in Deutschland** bezieht (z. B. wenn er auszieht, wohnungslos ist oder dauerhaft ins Ausland geht).

Es stellt sich die Frage: ***„Warum ist das so?"*** Seit dem Inkrafttreten des Bundesmeldegesetzes im Jahr 2015 gilt: Bei einem **Umzug innerhalb Deutschlands** reicht die **Anmeldung am neuen Wohnort** – die alte Meldebehörde wird **automatisch informiert**.

Soweit die Theorie. Jeder, der einen säumigen Schuldner erreichen möchte, hat sicherlich bereits mehr als einmal die Erfahrung gemacht, dass es in der Praxis leider oftmals anders aussieht. Die **häufigsten Gründe**, warum die Ummeldung *nicht reibungslos funktioniert* oder es zu Verwirrungen kommt:

- **Altes und neues Meldeamt kommunizieren nicht reibungslos:** Auch wenn es gesetzlich vorgesehen ist, dass die neue Meldebehörde die alte informiert, funktioniert der Datenabgleich zwischen Kommunen nicht immer fehlerfrei – besonders bei kleineren Gemeinden oder älteren IT-Systemen.
- **Fehlende oder fehlerhafte Wohnungsgeberbescheinigung:** Ohne korrekt ausgefüllte Wohnungsgeberbescheinigung wird die Ummeldung nicht abgeschlossen – auch wenn man persönlich erscheint. Manche Vermieter füllen sie falsch, verspätet oder auch gar nicht aus. In vielen Fällen wurde diese nur zur Einsicht vorgelegt und nicht als Kopie zu den Akten genommen.
- **Systemverzögerungen:** Manche Verwaltungen übertragen Meldedaten unregelmäßig nur ein- bis zweimal pro Woche, und bei hohem Aufkommen (z. B. Semesterbeginn, Jahreswechsel) kann es zu Verzögerungen kommen.
- **Zweitwohnsitzproblematik:** Wenn man einen Zweitwohnsitz anmeldet und nicht klar angibt, ob die neue Wohnung Haupt- oder Nebenwohnsitz ist, führt das oft zu Rückfragen oder Ablehnungen.

Für viele Kommunen besteht die Problematik darin, überhaupt keine Ahnung zu haben, dass und wohin der Bürger verzogen ist. Kommt es dann bei der neuen Verwaltung zu Problemen bei der Anmeldung – zum Teil auch bewusst provoziert – findet sich kein Ansatzpunkt für eine neue Adressermittlung. Eine mögliche Ursache dafür kann sein, dass der säumige Schuldner – für seine u. U. schon größere Anzahl von Gläubigern – nicht erreichbar sein möchte.

Hier können Auskunfteien mit einer Adressanfrage weiterhelfen. Deren Angaben zu Anschriften stammen nicht von den Bürgern selbst, sondern werden von den Nutzern der Auskunfteien hinterlegt – also im Regelfall von Firmen aus unterschiedlichsten Branchen, die mit dem Bürger aktuell in Geschäftsverbindungen stehen. Der Verfasser hat persönlich festgestellt, dass die Anschriften gerade bei der in Rede stehenden Klientel (Schuldnern) bei einer Auskunftei regelmäßig deutlich aktueller sind.

Er führt dies auf die meist noch aktuelle Vertragsbasis bei Versorgungs- bzw. Telekommunikationsunternehmen und nicht zuletzt dem Versandhandel zurück. Für diese Vertragspartner und deren Lieferungen (Strom, Fernwärme, Gas und Wasser und das berühmte Päckchen aus dem Versandhandel, das u. U. nur noch auf Vorkassebasis bezogen werden kann) will der Bürger erreichbar sein. Die Adressverzeichnisse der Auskunfteien werden so von Tausenden Vertragspartnern der SCHUFA gepflegt.

Die Kosten für eine Adressanfrage über eine Auskunftei (wir bleiben hier auf jeden Fall im unteren einstelligen Eurobereich) stehen in keinem Verhältnis zu den ansonsten anfallenden Kosten für Vollstreckungsmaßnahmen an potenziell falschen Anschriften oder schlimmstenfalls eine nicht weitergeführte Vollstreckungsmaßnahme mangels Anschrift.

Fazit

- **Um-/Anmelden beim neuen Wohnort: Pflicht**
- **Abmelden beim alten Wohnort: nicht notwendig**, außer bei Wegzug ins Ausland oder ohne festen Wohnsitz

5.2 Bonitätsdaten

Bevor **Vollstreckungsmaßnahmen gegen einen Schuldner** eingeleitet werden, sollte ein möglichst klares Bild von seiner finanziellen und rechtlichen Situation eingeholt werden. Denn sinnlose oder teure Maßnahmen kosten Zeit, Geld und Nerven – vor allem, wenn der Schuldner kein Vermögen hat oder sich „unpfändbar" macht. **Wichtige Prüfpunkte** im Vorfeld sind:

- **Hat der Schuldner pfändbares Vermögen oder Einkommen?**
  - Gibt es ein **regelmäßiges Einkommen** (z. B. Gehalt, Rente, Mieteinnahmen)?
  - Hat er **Vermögen** (z. B. ein Auto, Haus, Bankguthaben)?
  - Ist er **selbstständig**? Dann kann evtl. auf Forderungen gegen Kunden zugegriffen werden (sogenannte Forderungspfändung).

  Hier zuverlässige Informationen zu erhalten, ist extrem schwierig. Daher beruhen diese Informationen im Regelfall auf eigenen Angaben der Schuldner.
- **Ist der Schuldner verschuldet oder in Privatinsolvenz?**
  - Ein Schuldner, der sich bereits in der **Privatinsolvenz** befindet, ist meist nicht mehr vollstreckbar.
  - Eine **Auskunft aus dem Insolvenzregister** (kostenfrei online beim Insolvenzgericht) kann hier Klarheit verschaffen.
  - Neben der Einzelanfrage gibt es auch Softwareanbieter, die ganze Forderungsbestände oder Portfolios mit den Registern abgleichen, was natürlich wieder Kosten- und Produktivitätsvorteile gegenüber dem Einzelabgleich bietet.
- **Gibt es aktuelle Eintragungen im Schuldnerverzeichnis?** Über das **zentrale Vollstreckungsportal**[26] kann der berechtigte Gläubiger prüfen, ob der Schuldner bereits eine **Vermögensauskunft** geleistet hat und bereits als „offiziell zahlungsunfähig" gilt.

Dieser Prozess kann deutlich **vereinfacht und beschleunigt** werden, indem eine SCHUFA-Auskunft eingeholt wird. Im Rahmen einer Kosten-Nutzen-Betrachtung ist es – vor allem auch bei gewerblichen Schuldnern – sinnvoll, eine Wirtschaftsauskunft einzuholen.

---

26 www.vollstreckungsportal.de

5.3 Bonitätsbeurteilung

In der öffentlichen Verwaltung ist es im Gegensatz zur privaten Wirtschaft bisher eher unüblich, eine objektive Bonitätsbeurteilung des Schuldners durch einen neutralen Dritten vorzunehmen. Größtenteils finden nur eigene Zahlungs- und Vollstreckungserfahrungen Berücksichtigung, aber über den Tellerrand hinaus schauen nur wenige. Gründe hierfür sind zum einen die Unkenntnis dieser Möglichkeiten und zum anderen eine gewisse Unsicherheit über deren **datenschutzrechtliche** Zulässigkeit.

Je nach Zugang und technischen Möglichkeiten ist die Einsicht in das zentrale Vollstreckungsportal und/oder das Insolvenzregister zu Beginn der Bonitätsbeurteilung sinnvoll. Darüber hinaus wird der Bürger aufgefordert, seine finanziellen Verhältnisse offenzulegen, d. h., Einkommen und Belastungen sowie Vermögen und Schulden zu dokumentieren. Diese Aufforderung erfolgt im Regelfall im schriftlichen Verfahren, bestenfalls via E-Mail. Die Gläubiger sind hier tatsächlich auf die Informationen, die der Schuldner freiwillig mitteilt, angewiesen. Der Schuldner wird aber regelmäßig kein großes Interesse daran haben, tiefe Einblicke in seine aktuelle wirtschaftliche Situation zu geben. Eine neutrale Überprüfung ist nicht möglich.

Zusammengefasst ein sehr aufwendiger, von den meisten Vollstreckungssystemen nur unzureichend unterstützter Prozess. Im Regelfall reden wir hier über ein von der Mitwirkung des Schuldners abhängiges, aufwendiges manuelles Verfahren, welches zum Teil Tage, Wochen oder Monate bis zur Abgabe der Vermögensauskunft dauert und bei dem im Zweifel der gewährte Einblick und die damit verbundene Transparenz von der Ehrlichkeit des Schuldners abhängt.

Alternativ bietet sich hier die Beurteilung durch einen neutralen Dritten (Auskunftei) an, um den Prozess im Hinblick auf die Objektivität als auch auf Zeit und Kosten zu optimieren.

Schauen wir uns also an, wie eine – in der Privatwirtschaft seit Jahren – bewährte Alternative aussieht.

Die SCHUFA verfügt über ein deutschlandweit einzigartiges Angebot an bonitätsrelevanten Informationen. Diese Informationen in Kombination mit Zahlungsprognosen (Scores) tragen in hohem Maße zur Bonitätsbewertung als Entscheidungsgrundlage bei.

Die **Bonität eines Schuldners** zu beurteilen bedeutet, seine **Zahlungsfähigkeit und Zahlungswilligkeit realistisch einzuschätzen**. Das ist besonders wichtig, bevor der Gläubiger Vollstreckungsmaßnahmen einleitet, einen Zahlungsplan akzeptiert oder weitere Schritte unternimmt und eventuell die Forderungen unbefristet oder befristet niederschlägt.

Eine besondere Herausforderung stellt der Datenschutz dar. Der Hessische Beauftragte für Datenschutz und Informationsfreiheit als Aufsichtsbehörde der SCHUFA ist in diesem Zusammenhang bestens aufgestellt. Auf dessen Webseite sind FAQs veröffentlicht[27], die im Folgenden für die Beurteilung herangezogen werden, um die grundsätzlichen Zulässigkeiten im Rahmen der DSGVO zu bewerten.

Danach steht dem Gläubiger ein großer Handlungsspielraum zur Verfügung. Es ist daher nicht nachvollziehbar, warum öffentlich-rechtliche Gläubiger hiervon keinen Gebrauch machen oder datenschutzrechtlich schlechter gestellt sein sollten.

An dieser Stelle sei der Hinweis erlaubt, dass die deutsche Sparkassenorganisation einerseits eine recht große Gruppe der SCHUFA-Nutzer stellt und andererseits mit 27,8 % einen großen Gesellschaftsanteil an der SCHUFA hält. **Eine gewisse Nähe zur öffentlichen Verwaltung sollte daher auf der Hand liegen.**

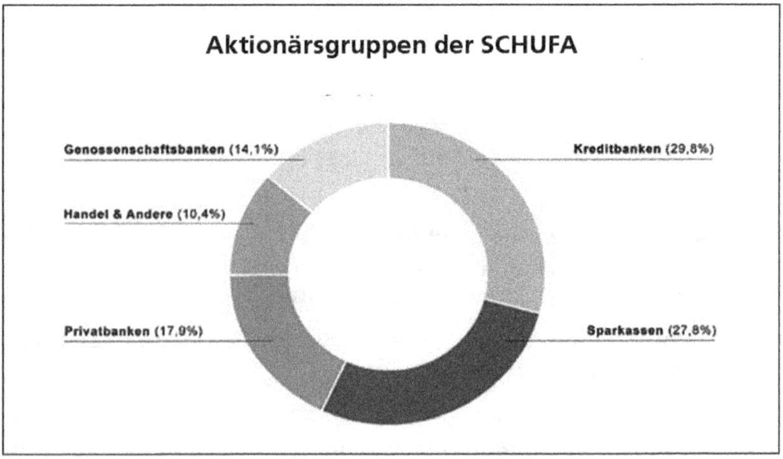

Abbildung 19: Aktionärsgruppen der SCHUFA[28]

[27] https://datenschutz.hessen.de/datenschutz/kreditinstitute-auskunfteien-und-inkasso/auskunfteien, zuletzt abgerufen am 11. 6. 2025.

Die SCHUFA unterstützt mit ihren Produkten täglich Hunderttausende Bonitätsentscheidungen in der Privatwirtschaft. Die Fragestellung ist dabei eigentlich immer die gleiche: *Ist der Kunde (Bürger, Schuldner, Kreditnehmer, Mieter) in der Lage, seinen finanziellen Verpflichtungen dauerhaft nachzukommen?* Die jeweilige Ausgangslage unterscheidet sich vielleicht, das Ziel ist aber immer eine nachhaltige Erfüllung der eingegangenen Zahlungsverpflichtung.

5.4 SCHUFA-Score

Der **SCHUFA-Score** ist ein **Bonitätswert**, der eine Aussage darüber trifft, **wie wahrscheinlich es ist, dass ein Schuldner seine Zahlungsverpflichtungen erfüllt** – d. h., ob er **„kreditwürdig"** ist.

5.4.1 Was genau sagt der SCHUFA-Score aus?

Bei dem SCHUFA-Score handelt es sich um einen statistisch berechneten Wahrscheinlichkeitswert. Der Score liegt zwischen 0 und 100 %. Je höher der Score, desto geringer das Risiko, dass der Schuldner Zahlungsausfälle verursacht.

Die SCHUFA hat zum besseren Verständnis des eigenen SCHUFA-Scores für Verbraucherinnen und Verbraucher Score-Klassen festgelegt. Diese gelten für den Basis-Score und den Score-Simulator. Bei manchen Branchen-Scores können die Score-Werte und die Einordnung in die Klassen abweichen.

Hervorragend – ab 97,22 %:

In dieser Score-Klasse sind Personen, die keine Zahlungsausfälle hatten und Rechnungen sowie offene Beträge zuverlässig bezahlen. Außerdem nehmen sie aktiv am Wirtschaftsleben teil. Sie haben mehrere sehr lange Geschäftsbeziehungen, z. B. ältere Girokonten und Kreditkarten.

IX

Gut – 93,54 bis 97,21 %:

In dieser Score-Klasse sind Personen, die Rechnungen und offene Beträge in der Regel zuverlässig bezahlen. Außerdem nehmen sie aktiv am Wirtschaftsleben teil und haben einige längere Geschäftsbeziehungen.

---

[28] Quelle: SCHUFA

Akzeptabel – 85,89 bis 93,53 %:

In dieser Score-Klasse sind Personen, die Rechnungen und offene Beträge in der Regel zuverlässig bezahlen. Häufig bestehen eher kürzere Geschäftsbeziehungen, die noch nicht sehr aussagekräftig sind. In Ausnahmefällen kann es zu Zahlungsausfällen gekommen sein. Offene Beträge wurden allerdings immer beglichen.

Ausreichend – 30,00 bis 85,88 %:

In dieser Score-Klasse sind Personen mit eher kürzeren Geschäftsbeziehungen, die noch nicht sehr aussagekräftig sind. Es kann höhere finanzielle Belastungen geben, z. B. durch Ratenkredite oder Rechnungskäufe. Außerdem kann es bereits zu Zahlungsausfällen gekommen sein. Offene Beträge wurden aber immer beglichen.

Ungenügend – bis 29,99 %:

In dieser Score-Klasse sind Personen mit Zahlungsausfällen, die nicht beglichen sind, wenn also z. B. Rechnungen nach mehrfacher Mahnung nicht bezahlt wurden oder Insolvenzverfahren laufen. Der Score kann sich erst wieder verbessern, nachdem die offenen Forderungen bezahlt wurden.

Eine Erfüllungswahrscheinlichkeit von 95 % sagt aus, dass die Wahrscheinlichkeit, mit der ein Kunde Zahlungen vertragsgemäß leistet, bei 95 % liegt. Anders ausgedrückt: Nach statistischen Erkenntnissen würden 95 von 100 Personen zuverlässig bezahlen.

5.4.2 Was fließt in den SCHUFA-Score ein?

Die SCHUFA sammelt Daten z. B. zu:

- Informationen über die Aufnahme und vertragsgemäße Durchführung eines Geschäftes (z. B. Girokonten, Ratenkredite, Kreditkarten, Pfändungsschutzkonten, Basiskonten)
- Informationen über unbestrittene, fällige und mehrfach angemahnte oder titulierte Forderungen sowie deren Erledigung
- Informationen zu missbräuchlichem oder sonstigem betrügerischem Verhalten wie Identitäts- oder Bonitätstäuschungen
- Informationen aus öffentlichen Verzeichnissen und amtlichen Bekanntmachungen

Die SCHUFA hat **keine** Informationen zu:

- Vermögen und Einkommen
- Marketingdaten (z. B. Kaufverhalten)
- Beruf
- Lebenseinstellungen und Mitgliedschaften (z. B. Religion und politische Überzeugungen)
- Familienstand
- Nationalität

Wichtig: Der SCHUFA-Score ist **keine Garantie für Zahlungsfähigkeit**, sondern nur eine **Risikoeinschätzung** auf Basis vergangener Verhaltensmuster. Selbst **ein guter Score schützt nicht vor Zahlungsausfällen**, gibt andererseits aber mit einem überschaubaren Aufwand eine neutrale Einschätzung der Zahlungsfähigkeit. Außerdem: Jeder Gläubiger bewertet Bonität zusätzlich mit eigenen Kriterien.

Wenn wir nun versuchen, das Ganze betriebswirtschaftlich zu sehen, finden sich schnell weitere Argumente, einen Score zu nutzen. Je nach genutztem Zugang benötigt der kommunale Sachbearbeiter für die Abfrage und Übermittlung des tagesaktuellen Score-Werts maximal einige Minuten. Dem stehen Stunden, Tage und manchmal Wochen für eine subjektive Einschätzung der Schuldnerbonität im klassischen manuellen Prozess gegenüber.

Die Auswirkungen auf der Kostenseite lassen sich dann – auf Einzelfallebene – grob einschätzen. Wenn wir eine objektive Betrachtung anstellen, reden wir über mehrere 100 % Unterschied zwischen dem digitalen SCHUFA-Score-Verfahren und einem manuellen konservativen Prozess der Verwaltung. Auf ein Portfolio mit 10.000 oder mehr Einzelforderungen ist der rechnerische Kostenvorteil offensichtlich.

Von der **Ergebnisseite** betrachtet, ergibt das Ganze natürlich auch Sinn. Mit dieser Bonitätseinschätzung auf Einzelschuldnerebene können die in der Vollstreckung **zur Verfügung stehenden Ressourcen** natürlich zunächst **auf die Schuldner mit einer zu erwartenden höheren Zahlungsfähigkeit konzentrieren**. Im Ergebnis wirkt sich das **positiv auf das Kosten-Nutzen-Verhältnis** in diesem Bereich aus.

Das Thema der Digitalisierung der Verwaltung, verbunden mit der Nachvollziehbarkeit auf Einzelfallebene und der Fehleranfälligkeit aufgrund manueller Auswertung und Übertragung von Informationen, kommen zusätzlich als Argumente gegen eine klassische manuelle Vorgehensweise hinzu.

So sollte eigentlich vor jeder kostenverursachenden Maßnahme der Verwaltung eine aktuelle Einschätzung der Erfolgsaussichten erfolgen. Mittels einer Einholung des aktuellen Score-Werts bei der SCHUFA kann eine sinnvolle Priorisierung der anstehenden Maßnahmen erfolgen. Hier empfiehlt es sich, das Portfolio nach Ampelfarben zu clustern. Grüne Score-Werte führen zu einer unmittelbaren Umsetzung der anstehenden Maßnahme. Wobei die Interpretation des Score-Werts durchaus unterschiedlich sein kann.

Möglicherweise kann der gleiche Score-Wert – je nach Fragestellung – aber auch zu unterschiedlichen Ergebnissen führen. Lieblingsbeispiel des Verfassers ist hier ein Stundungsantrag eines mit einem hervorragenden Bonitäts-Score ausgestatteten Schuldners. In diesem Fall müsste eine konsequente Umsetzung nicht zum Abschluss der Stundungsvereinbarung, sondern zu einer Ablehnung des Stundungsantrags führen. Dieser Schuldner ist objektiv zahlungsfähig, aber offensichtlich zahlungsunwillig, was nicht honoriert werden sollte.

An diesem Beispiel wird klar, wie unterschiedlich die Interpretation der Bonitätsbewertung erfolgen kann. Daher sind eine interne und verbindliche Forderungsmanagementstrategie sowie Vorgaben zur Umsetzung sinnvoll. So können Ungleichbehandlungen und damit subjektive Ungerechtigkeiten vermieden werden.

Im Hinblick auf die leeren kommunalen Kassen sollte aktuell eine „Strategie des schnellen Geldes" favorisiert werden (Leitspruch: *„Wir sind ein öffentlicher Gläubiger und keine Bank!"*).

Längerfristige Rückzahlungsvereinbarungen oder Stundungen sind nur bei objektiver Zahlungsunfähigkeit, d. h. einem Score-Wert mit harten Negativmerkmalen, wie einer abgegebenen Vermögensauskunft oder erfolglosen Vollstreckungsversuchen, zu vereinbaren. In allen anderen Fällen sollte im Falle einer positiven Bonität und offensichtlich zahlungsunwilligen Schuldnern die unmittelbare Zwangsvollstreckung in die Wege geleitet werden.

5.5 Bankauskunftsverfahren

So kommen wir zu einem weiteren Angebot der SCHUFA, dem Bankauskunftsverfahren. Dieses steht exklusiv den Vollstreckungsstellen der öffentlichen Verwaltung zur Verfügung.

In diesem Verfahren wird, sofern die Voraussetzungen gemäß den zugrunde liegenden gesetzlichen Regelungen (wie z. B. der AO oder dem jeweiligen Landesvollstreckungsgesetz) erfüllt sind, die SCHUFA aufgefordert, ihrer Mitwirkungspflicht[29] nachzukommen und sämtliche ihr bekannte Kontoverbindungen eines Schuldners der vollstreckenden Verwaltung zur Verfügung zu stellen.

Aktuell ist dies nach Erfahrung des Verfassers ein erfolgreicher – wenn nicht **der** erfolgreichste – Vollstreckungsansatz der öffentlichen Verwaltung. Hiermit erfolgt, zum Teil integriert in den öffentlich-rechtlichen Vollstreckungssystemen, eine unmittelbare Pfändung in u. U. sämtlichen bekannten Kontoverbindungen. Es kann nur erahnt werden, welcher unmittelbare Druck aus dieser Vollstreckungsmaßnahme auf den Schuldner ausgeübt wird. Sämtliche Kontoverfügungen werden unterbunden: keine Miete, keine Stadtwerke, keine Telefon- und Internetrechnungen etc. Natürlich auch keine Bar- oder Kartenverfügungen (Restaurant, Tankstelle, Supermarkt etc.) durch den Kontoinhaber (Schuldner).

Zahlungsfähige, jedoch zahlungsunwillige Schuldner reagieren hierauf in kürzester Zeit, weil sie die hieraus resultierenden Konsequenzen vermeiden wollen: die Meldung einer negativen Zahlungserfahrung der Vertragspartner an die SCHUFA.

5.6 SCHUFA-Meldung

An dieser Stelle einige Anmerkungen zu einem weiteren möglichen Bereich der Zusammenarbeit mit der SCHUFA: die SCHUFA-Meldung.

Auch für diese Möglichkeit geben die FAQs des Hessischen Beauftragten für Datenschutz und Informationsfreiheit eine Reihe von

---

[29] Gemäß § 93 AO und den jeweiligen Landesvollstreckungsgesetzen, z. B. § 17a Hessisches Verwaltungsvollstreckungsgesetz, Vorbereitung der Vollstreckung.

Hinweisen und Auskunft zu Regelungen.[30] Ergänzen möchte der Verfasser, dass aus seiner Sicht der Inhalt dieser FAQs durchaus nicht nur für hessische Nutzer einer Auskunftei maßgeblich sein kann. Die SCHUFA z. B. hat ihren Sitz in Wiesbaden und unterliegt damit eindeutig der Aufsicht durch den Hessischen Beauftragten für Datenschutz und Informationsfreiheit. Die FAQs geben durchaus einen Eindruck hinsichtlich der Sichtweise aller Auskunfteinutzer wieder.

Ein öffentlicher Gläubiger sollte, nach Meinung des Verfassers, nicht schlechter gestellt werden als privatrechtliche Gläubiger. Ergänzend hat der Hessische Beauftragte für Datenschutz und Informationsfreiheit bereits im 34. Tätigkeitsbericht[31] die Möglichkeiten einer Meldung an die SCHUFA beschrieben. Beim Inhalt der Meldung sollte sehr fein zwischen der Meldung einer privatrechtlichen Forderung und einer öffentlich-rechtlichen Forderung der Verwaltung unterschieden werden. **Grundsätzlich ist aber in beiden Fällen eine Meldung möglich**.

Wirkung auf den Schuldner: Berechtigte Meldungen von Gläubigern haben direkten Einfluss auf die Score-Bewertung eines Bürgers. Dies vorausgesetzt, bedeutet der Hinweis auf eine mögliche Meldung (z. B. in der 1. Mahnung der Verwaltung) u. U. eine Umkehr der Interessenlage des Schuldners. Hat er sich bisher bemüht, sich möglichst geräuschlos einer Vollstreckung zu entziehen und auf Zeit gespielt, ist jetzt der Zeitpunkt gekommen, ab dem der zahlungsfähige, bisher aber zahlungsunwillige Schuldner seine Strategie überdenken muss. Er sollte sein Interesse an einer guten Bonitätsbeurteilung in den Vordergrund stellen und aktiv und schnell eine Zahlung leisten. Wenn nicht, werden die entsprechenden unangenehmen Konsequenzen folgen.

Leider nutzen bisher nur eine Handvoll öffentlicher Gläubiger diese Möglichkeit der Meldung. Dem stehen Tausende privatrechtliche Gläubiger gegenüber, die täglich bei Zehntausenden (auch Kleinst-) Forderungen (ab 50 EUR) vor einer Meldung an die SCHUFA nicht

---

[30] https://datenschutz.hessen.de/datenschutz/kreditinstitute-auskunfteien-und-inkasso/auskunfteien, zuletzt abgerufen am 11. 6. 2025; Link direkt zum Dokument: https://datenschutz.hessen.de/sites/datenschutz.hessen.de/files/2022-11/faq-auskunfteien_20220728.pdf, zuletzt abgerufen am 12. 6. 2025

[31] https://datenschutz.hessen.de/sites/datenschutz.hessen.de/files/2022-08/2005_34_tb.pdf, S. 161–163, zuletzt abgerufen am 11. 6. 2025.

zurückschrecken und damit ihre Kunden zu redlichen und pünktlichen Zahlern erziehen.

Bei einer Gesamtbetrachtung landet ein Großteil der Vollstreckungserfahrungen der öffentlichen Verwaltung – über den Umweg der öffentlichen Vollstreckungs- und Schuldnerverzeichnisse – zu einem späteren Zeitpunkt dennoch in den Bonitätsbewertungen der SCHUFA. Auch unter Berücksichtigung dieser Tatsache spricht eigentlich alles für eine frühzeitige direkte Zusammenarbeit der Verwaltungen mit der SCHUFA.

Gesamtwirtschaftlich betrachtet, fehlt ohne die Teilnahme der öffentlichen Gläubiger an dem SCHUFA-Verfahren jedes Jahr ein mehrstelliger Milliardenbetrag zur Beurteilung der Bonität des einzelnen Bürgers!

Diese Ausführungen machen, aus Sicht des Verfassers, deutlich, dass die Zusammenarbeit mit der SCHUFA der Verwaltung Vorteile bringen kann.

Aus der Perspektive eines offensichtlich zahlungsunfähigen Schuldners und damit aus der Sicht des Verbraucherschutzes betrachtet: *Wem nützt der x-te erfolglose Vollstreckungsversuch gegen diesen offensichtlich zahlungsunfähigen Schuldner?* Kosten-Nutzen-Gesichtspunkte wurden bereits angesprochen. Die Verwaltung sollte sich auf die zahlungsfähigen Schuldner konzentrieren und ist damit u. U. mehr als ausgelastet.

Ein weiterer Aspekt liegt darin, dass die Verwaltung die Weiterverfolgung dokumentiert und anhand nachvollziehbarer Ergebnisse (z. B. dem SCHUFA-Score) und einer objektiven Wirtschaftlichkeitsbetrachtung zu der Erkenntnis gelangt, die Forderung zunächst nicht weiterzuverfolgen.

An dieser Stelle sollte nicht der falsche Eindruck entstehen, dass die Verwaltung nicht konsequent versuchen sollte, ihre Forderungen einzuziehen. Im Gegenteil, nur der sprichwörtliche „nackte Mann" hat einfach nichts in der Tasche. Hier ist und bleibt jeder Cent und jeder Euro, der gezahlt wird, ein positiver Beitrag. Problematisch ist es nur, wenn für die **Bearbeitung** nur **zahlungsunwilliger, aber eigentlich zahlungsfähiger Schuldner** keine Kapazitäten mehr zur Verfügung stehen.

6. Digitale Bezahldienste (Chancen am Beispiel PayPal)

Die Digitalisierung von Verwaltungsprozessen bringt auch im Bereich des Forderungsmanagements erhebliche Veränderungen mit sich. Digitale Bezahldienste wie **PayPal, giropay** oder **Sofortüberweisung** eröffnen neue Möglichkeiten, um offene Forderungen effizient, nutzerfreundlich und zeitnah zu realisieren. Über die reine Zahlungsabwicklung hinaus bieten insbesondere Dienste wie PayPal zusätzliche Funktionalitäten – etwa integrierte **Kreditierungsoptionen für Endnutzer**, die auch für die öffentliche Verwaltung strategisch nutzbar sind.

Im Folgenden werden die Vorteile der Nutzung solcher Bezahldienste, insbesondere am Beispiel PayPal, exemplarisch für das kommunale Forderungsmanagement im Detail dargestellt.

6.1 Echtzeitzahlung und Liquiditätsvorteile für die Verwaltung

Eine der zentralen Stärken von PayPal liegt in der **sofortigen Zahlungsbestätigung**. Im Gegensatz zur klassischen Banküberweisung, die je nach Institut ein bis drei Bankarbeitstage in Anspruch nehmen kann (Ausnahme: Echtzeitüberweisungen), erfolgt die Zahlung über PayPal **in Echtzeit**. Die Verwaltung erhält dadurch einen sofortigen Zahlungseingang – unabhängig davon, ob der Zahler tatsächlich über ausreichende Mittel verfügt (siehe Punkt 5 zur Kreditierungsfunktion).

Dieser direkte Zahlungsfluss führt zu einer **signifikanten Verkürzung der Forderungslaufzeit (DSO)** und **verbessert** somit die **kurzfristige Liquiditätsplanung**. Insbesondere in Haushaltslagen mit engen finanziellen Spielräumen kann dieser Effekt zur Verbesserung der Zahlungsfähigkeit der Kommune beitragen.

6.2 Weniger Zahlungsverzug – Entlastung des Mahnwesens

Ein Großteil kommunaler Forderungsausfälle entsteht nicht aus Zahlungsunwilligkeit, sondern aus **Zahlungsunfähigkeit oder -verzögerung**, etwa bei kurzfristiger Liquiditätsknappheit auf Seiten der Bürger. Digitale Bezahlsysteme wie PayPal bieten – im Unterschied zu klassischen Zahlwegen – **interne Finanzierungsmöglichkeiten** („Jetzt kaufen, später zahlen" oder „PayPal Ratenzahlung").

Die öffentliche Verwaltung profitiert dabei indirekt von dieser Kreditierungsfunktion:

- Der Bürger begleicht die Forderung **sofort**,
- **PayPal übernimmt das Ausfall- und Zahlungsrisiko** und
- die Verwaltung erhält **umgehend** den **vollständigen Betrag**.

Dadurch sinkt das Risiko eines verzögerten oder unterbleibenden Zahlungseingangs – selbst bei Bürgern mit eingeschränkter finanzieller Flexibilität.

6.3 Automatisierung und medienbruchfreie Verarbeitung

Zunehmend mehr kommunale Softwarelösungen bieten Schnittstellen zu PayPal oder eingebetteten E-Payment-Portalen an.

Die Vorteile liegen auf der Hand:

- **Automatische Verbuchung** des Zahlungseingangs auf der **korrekten Forderungsposition**,
- **Vermeidung von Zuordnungsfehlern** durch klar strukturierte Transaktionsdaten sowie
- **Entlastung der Kassen- und Buchhaltungsabteilungen**, da manuelle Bearbeitungsschritte entfallen.

Insbesondere bei Massenvorgängen, z. B. Hundesteuer, Verwarnungsgelder, Mahngebühren etc., kann dies den internen Bearbeitungsaufwand spürbar reduzieren.

6.4 Bürgerorientierung und Erhöhung der Zahlungsmoral

Die Erwartungshaltung der Bürger an digitale Verwaltungsdienste orientiert sich zunehmend an privatwirtschaftlichen Standards. Ein Bezahlangebot über bekannte Dienste wie PayPal signalisiert **Serviceorientierung und Modernität**.

IX

Dies stärkt

- das **Vertrauen** der Bürger **in die Verwaltung**,
- die **Zahlungsbereitschaft** insbesondere bei kleinen Beträgen sowie
- das **Gefühl von Fairness**, wenn die Verwaltung flexible Zahlungsmethoden anbietet.

Die Option, mit wenigen Klicks – auch mobil – eine offene Forderung zu begleichen, wirkt motivierend und senkt die psychologische Hemmschwelle zur sofortigen Zahlung erheblich.

6.5 Verwaltungsseitiger Nutzen der PayPal-internen Kreditierungsfunktion

Ein oft übersehener, aber hoch relevanter Vorteil für das kommunale Forderungsmanagement ist die **Kreditierungslogik innerhalb von PayPal.**

Diese funktioniert folgendermaßen:

- Schritt 1: Der Bürger nutzt z. B. die PayPal-Option „Später zahlen" oder eine interne Ratenzahlungsfunktion.
- Schritt 2: **PayPal tritt in Vorleistung** und überweist der Verwaltung sofort den vollen Betrag.
- Schritt 3: Der Bürger begleicht die Forderung **nicht an die Verwaltung,** sondern im vereinbarten Zahlungsmodell direkt an PayPal.

Für die Verwaltung hat dieses Vorgehen folgende Vorteile:

- **keine Verzögerung** des Zahlungseingangs
- **kein Forderungsausfallrisiko** bei Zahlungsschwierigkeiten des Bürgers
- **kein zusätzlicher Verwaltungsaufwand** für die Einrichtung oder Überwachung von Ratenzahlungen

PayPal übernimmt faktisch die Rolle eines privaten Vorfinanzierers, was insbesondere bei sozial sensiblen Fällen oder größeren Einzelforderungen entlastend wirkt.

IX

Für Kommunen, die keine eigene Ratenzahlungsverwaltung etablieren können oder wollen, bietet diese Lösung einen attraktiven Weg, soziale Härten abzufedern, **ohne Einbußen beim Zahlungseingang** zu verursachen.

6.6 Verbesserung der Datenverwaltung und des Berichtswesens

Durch die Einbindung digitaler Bezahlplattformen können detaillierte Daten zum Zahlungsverhalten der Bürger gesammelt und ausgewertet werden.

Das eröffnet neue Möglichkeiten im Controlling:

- Erkennung von Zahlungspräferenzen (Welche Methode wird bei welchen Forderungsarten genutzt?)
- Identifikation von Zahlungsausfällen oder Verzögerungen
- Grundlage für strategische Steuerungsentscheidungen im Forderungsmanagement

Ein modernes Berichtswesen auf Basis digitaler Zahlungsdaten kann zudem **frühzeitig** Trends erkennen und Maßnahmen zur Optimierung der Zahlungsprozesse ableiten.

6.7 Rechtliche und organisatorische Rahmenbedingungen

Trotz aller Vorteile erfordert die Integration von PayPal in den kommunalen Zahlungsverkehr eine gründliche Vorbereitung, u. a. zu folgenden Themen:

- **Datenschutz (DSGVO):** Es müssen Verträge zur Auftragsverarbeitung geschlossen werden.
- **Haushaltsrechtliche Zulässigkeit:** Der Einsatz privater Zahlungsdienstleister muss mit der kommunalen Haushaltsordnung vereinbar sein.
- **Gebührenstruktur:** Transaktionskosten dürfen nicht auf den Bürger umgelegt werden, sofern keine gesetzliche Grundlage vorliegt.
- **Vergaberecht:** Die Auswahl eines Zahlungsdienstleisters kann ggf. ausschreibungspflichtig sein.

Eine sorgfältige rechtliche und datenschutzrechtliche Prüfung ist daher unerlässlich, sollte aber nicht als Hemmnis, sondern als strukturierende Voraussetzung für eine moderne Zahlungsinfrastruktur verstanden werden.

6.8 Neue PayPal-Variante: Übernahme der Transaktionsgebühren durch die Verwaltung im Einklang mit dem Gebührenrecht

Ein zentraler Aspekt bei der Nutzung privater Zahlungsdienstleister wie PayPal ist die Frage der **Transaktionsgebühren**. In der Vergangenheit war ein häufiger Hinderungsgrund für die Integration solcher Zahlungsdienstleister in kommunale Prozesse die **Unzuläs-**

sigkeit der Gebührenweitergabe an die Bürger. Das gilt insbesondere in öffentlich-rechtlichen Abgabeverhältnissen, bei denen das kommunale Gebührenrecht eine klare gesetzliche Grundlage für Zusatzentgelte verlangt.

PayPal bietet mittlerweile eine **spezielle Lösung für Verwaltungen und öffentliche Einrichtungen** an, bei der die **anfallenden Transaktionsgebühren nicht dem Bürger**, sondern **separat der Verwaltung in Rechnung gestellt werden.** Damit ist ein entscheidender Schritt zur **Rechtskonformität** getan, nämlich:

- **Die Zahlung erfolgt für den Bürger kostenneutral**, unabhängig vom gewählten Zahlungsmittel.
- **Die Verwaltung übernimmt die Servicekosten**, die als eigene Ausgaben haushaltsrechtlich berücksichtigt werden.
- Es wird vermieden, dass Bürger indirekt zur Nutzung eines bestimmten Zahlungsmittels gedrängt oder benachteiligt werden – ein häufiger Kritikpunkt bei älteren Modellen.

Diese neue Zahlungsvariante macht die Integration von PayPal in das kommunale Forderungsmanagement deutlich einfacher, weil sie zentrale rechtliche Hürden beseitigt und gleichzeitig Planungssicherheit bietet. Gerade im Rahmen einer **Multi-Zahlweg-Strategie** können so auch PayPal-Zahlungen **gleichwertig zu SEPA oder Kartenzahlung** angeboten werden, ohne ein Ungleichgewicht bei den Kosten zu erzeugen.

Durch diese Trennung der Gebührenlast wird PayPal hinsichtlich des Forderungsmanagements zu einer rechtlich relevanten und belastbaren Option für viele Verwaltungsbereiche etwa bei:

- Onlineportalen für Verwaltungsdienstleistungen, z. B. Meldebescheinigung, Gewerbeanmeldung etc.
- E-Mahnverfahren oder Bußgeldportalen
- der Nutzung von E-Kiosken oder Bezahlautomaten in Bürgerämtern
- kommunalen Service-Apps

Die Verwaltung kann somit moderne Bezahloptionen anbieten, ohne in Konflikt mit dem Gebührenrecht zu geraten – ein entscheidender Baustein für ein **rechtskonformes und dennoch bürgerorientiertes Forderungsmanagement**.

Beispiel 1:

Gebührenregelung zur Nutzung von PayPal als Zahlungsweg

Auszug aus der Verwaltungsvorschrift/Gebührensatzung zur Zahlungsabwicklung

§ X – Zahlungsabwicklung über elektronische Bezahlsysteme

(1) Die Zahlung öffentlich-rechtlicher Forderungen kann – neben der Überweisung, dem SEPA-Lastschriftverfahren und der Barzahlung – auch über elektronische Zahlungsdienstleister erfolgen.

(2) Die Stadt/Gemeinde [Name] bietet hierfür unter anderem die Möglichkeit zur Zahlung über den Online-Bezahldienst PayPal an.

(3) Die hierbei anfallenden Transaktionsentgelte werden nicht an die Zahlungspflichtigen weitergegeben, sondern von der Stadt/Gemeinde getragen. Die Zahlung über PayPal erfolgt für den Nutzer gebührenfrei.

(4) Die Verwaltung ist berechtigt, im Rahmen des haushaltsrechtlich Vertretbaren über die Einbindung weiterer Zahlungsdienstleister zu entscheiden, sofern dadurch keine zusätzlichen Kosten für die Bürger entstehen.

(5) Die technischen und organisatorischen Anforderungen zur Zahlungsabwicklung werden in einer gesonderten Verwaltungsvorschrift geregelt.

Beispiel 2:

Verwaltungsvorschrift zur Einführung digitaler Bezahldienste (PayPal-Modell)

Richtlinie zur Abwicklung von Zahlungen über PayPal in der kommunalen Verwaltung

Ziel: Diese Vorschrift regelt die verwaltungsinterne Handhabung und Einbindung des Zahlungsdienstleisters PayPal zur Abwicklung öffentlich-rechtlicher Forderungen der Stadt/Gemeinde [Name].

a) **Rechtsgrundlage**

- § 2 Abs. 1 der Kommunalhaushaltsverordnung (KommHV)
- Gebührenrechtliche Grundsätze gem. KAG [Land]
- Datenschutzgrundverordnung (DSGVO)

b) **Geltungsbereich**

Diese Vorschrift gilt für alle Fachbereiche der Stadtverwaltung, die Zahlungen über PayPal anbieten oder abwickeln.

c) **Abwicklung**

- Die Bezahlung erfolgt über ein von der Verwaltung eingerichtetes, zentrales PayPal-Geschäftskonto.
- Die Transaktionsgebühren werden zentral durch die Stadtkasse erfasst und als Aufwand gebucht.
- Die Zahlungspflichtigen erhalten durch die Nutzung von PayPal keine zusätzlichen Kosten.

d) **Buchung und Nachweisführung**

- Der Zahlungseingang wird automatisiert im Fachverfahren bzw. der Buchhaltungssoftware erfasst.
- Die Zuordnung erfolgt anhand des Transaktionsvermerks (Verwendungszweck, Referenznummer).
- Monatliche Gebührenrechnungen durch PayPal werden mit Belegnachweis dokumentiert und auf das Sachkonto „Zahlungsverkehrskosten" gebucht.

e) **Datenschutz und IT-Sicherheit**

- Die Nutzung erfolgt ausschließlich unter Einhaltung der datenschutzrechtlichen Anforderungen.
- Es ist ein Vertrag zur Auftragsverarbeitung (AVV) mit PayPal gemäß Art. 28 DSGVO abzuschließen.
- Der Zugriff auf das PayPal-Geschäftskonto unterliegt einem Vier-Augen-Prinzip mit dokumentierten Berechtigungen.

f) **Öffentlichkeitsarbeit und Information**

- Auf den städtischen Portalen wird über die neue Zahlungsoption informiert.

- Es wird ausdrücklich darauf hingewiesen, dass die Zahlung über PayPal freiwillig ist und ohne Gebühren für die Nutzer erfolgt.

g) **Inkrafttreten**

Diese Verwaltungsvorschrift tritt am [Datum] in Kraft und gilt bis auf Weiteres.

Fazit

Die Nutzung von PayPal im Forderungsmanagement der öffentlichen Verwaltung bietet weit mehr als eine alternative Zahlungsmethode. Insbesondere **durch die integrierte Kreditierungsfunktion profitieren Verwaltungen von sofortigem Geldeingang**, ohne selbst Ratenpläne einrichten, überwachen oder Zahlungsausfälle kompensieren zu müssen. In Verbindung mit automatisierten Prozessen, verbesserter Bürgerkommunikation und strategischer Steuerungsfähigkeit entsteht ein **digitaler, effizienter und bürgernaher Forderungsprozess**, der sowohl **rechtlich** als auch **technisch auf der Höhe der Zeit** ist.

7. Vermögensauskunft

Die öffentliche Verwaltung sollte – im Rahmen ihrer gesetzlichen Möglichkeiten – die Abnahme der Vermögensauskunft nach § 802c ZPO selbst vornehmen, da dies mehrere fachliche, wirtschaftliche und verfahrensrechtliche Vorteile bietet. Ergänzend kann die Bearbeitung innerhalb eines Amtshilfeersuchens und damit der Kostenbelastung der ersuchenden Behörde eine lukrative Erweiterung des Angebotes sein.

- Ermächtigung durch den Dienstherrn
- alle Vollstreckungsmitarbeiter
- **Ziel:** schnellere und qualitativ bessere Abarbeitung
- ggf. Teilnahme der Sachbearbeiter als Gläubigervertreter
- Anteil der kostenintensiven und erhöht risikobehafteten Vor-Ort-Vollstreckungsverfahren (Außendiensttermine) weiter reduzieren
- Abnahme der Vermögensauskunft in den Geschäftsräumen des Kreises

IX

- Vier-Augen-Prinzip gewährleistet, Schutz der Vollstreckungsmitarbeiter
- im Falle der Zuwiderhandlung: Möglichkeit, einen Haftbefehl zu erwirken
- Fahr- und Rüstzeiten entfallen, ebenso wie Fahrtkosten
- lukratives Verfahren auch für Fremdgläubiger wie Beitragsservice

8. Wirtschaftsauskünfte

Die **Informationsbeschaffung über Wirtschaftsauskünfte** ist für die öffentliche Verwaltung auch bei **gewerblichen Schuldnern** aus mehreren wichtigen Gründen sinnvoll:

- **Verbesserte Bonitätsprüfung und Risikoabschätzung**
  - Wirtschaftsauskünfte liefern **aktuellen Einblick** in die finanzielle Lage des Unternehmens.
  - Informationen zu **Zahlungsverhalten, offenen Forderungen, Insolvenzen** helfen bei der Einschätzung des Forderungsausfallrisikos.
  - Verwaltung kann dadurch **bessere Entscheidungen** bei Ratenvereinbarungen, Stundungen oder Vollstreckungsmaßnahmen treffen.
- **Effizientere Forderungsbeitreibung**
  - Mit belastbaren Daten kann die Verwaltung **gezielter und effektiver Vollstreckungsmaßnahmen** planen.
  - Vor dem Einleiten einer Zwangsvollstreckung erkennt man, ob sich das Unternehmen noch in der Lage befindet, Zahlungen überhaupt zu leisten.
- **Vermeidung von unnötigen Kosten und Aufwänden**
  - Frühzeitige Information über **wirtschaftliche Schwierigkeiten** kann kostenintensive Verfahren vermeiden helfen.
  - Statt aufwendiger Vollstreckungsmaßnahmen können frühzeitig alternative Lösungen, z. B. Ratenzahlung, angeboten werden.

- **Sicherung der Einnahmen für die öffentliche Hand**
  - Eine realistische Einschätzung der Zahlungsfähigkeit erhöht die **Eintreibung von Forderungen** und damit die **Einnahmesicherheit**.
  - Es wird verhindert, dass Forderungen lange offenbleiben oder uneinbringlich werden.
- **Schutz vor Missbrauch und Betrug**
  - Wirtschaftsauskünfte helfen, falsche Angaben oder Scheinfirmen zu erkennen.
  - Es wird verhindert, dass Forderungen gegen juristisch nicht existente oder nicht zahlungsfähige Unternehmen betrieben werden.
- **Unterstützung bei rechtlichen Schritten**
  - Auskünfte enthalten oft Informationen über **Firmeninhaber, vertretungsberechtigte Personen** und mögliche Sicherheiten.
  - Diese Informationen erleichtern z. B. das Einleiten von Haftungs- oder Insolvenzanträgen.

Fazit

Wirtschaftsauskünfte sind ein wichtiges Instrument, um im Forderungsmanagement von gewerblichen Schuldnern **transparente, fundierte und zielgerichtete Entscheidungen** treffen zu können – das spart Ressourcen und erhöht den Erfolg der Forderungseinziehung.

Bezug von Wirtschaftsauskünften

- für eine erste präventive Maßnahme im Forderungsmanagement
- überwiegend für gewerbliche Kundschaft
- bei Privatpersonen: Nachweis eines berechtigten Interesses liegt im Einzelfall vor, wenn der Vertragspartner durch eine bevorstehende Entscheidung ein finanzielles Risiko übernimmt.
- um eine Überprüfung zu gewährleisten: Dafür sind die Gründe für das Vorliegen eines berechtigten Interesses und die Art und Weise ihrer glaubhaften Darlegung zu dokumentieren,

Derzeitig beziehen folgende Stellen/Abteilungen regelmäßig Wirtschaftsauskünfte: Vollstreckung, Pflegesatzverhandler, Auftragsvergabe u. a.

X. Insolvenzüberwachung

X

X. Insolvenzüberwachung

1. Interessen der Verwaltung im Rahmen von Insolvenzverfahren

Die Verwaltung muss im Insolvenzverfahren eine ausgewogene Strategie verfolgen, die sowohl Forderungseintreibung als auch den Erhalt von öffentlichen Interessen berücksichtigt. Dabei ist die Kenntnis der komplexen Insolvenzprozesse und eine enge Zusammenarbeit mit den Insolvenzverwaltern entscheidend. Nachfolgend eine kurze Übersicht der unterschiedlichen, teils parallelen Interessen der Verwaltung:

- **Eintreibung offener Forderungen**
  - Die Verwaltung ist oft **Gläubiger**, z. B. wegen Steuerschulden, Gebühren, Bußgeldern.
  - Ziel: **Sicherung und Realisierung** der Forderungen im Insolvenzverfahren
- **Wahrung der öffentlichen Aufgaben**
  - Sicherstellung, dass **öffentliche Leistungen weiterhin erbracht** werden können, z. B. durch Aufrechterhaltung der Infrastruktur oder Versorgung
  - ggf. Forderungen nachrangig behandeln, um Unternehmen zu sanieren.
- **Vermeidung von Forderungsausfällen**
  - **frühzeitige Information** und **Teilnahme am Verfahren,** z. B. durch Anmeldung der Forderungen und Prüfung der Insolvenztabelle
  - **Unterstützung von Sanierungsmaßnahmen**, um langfristig Einnahmen zu sichern

X

- **Schutz vor Insolvenzverschleppung und Missbrauch**
  - Überwachung der Unternehmensführung, um **Rechtsverstöße** zu **verhindern**
  - ggf. **Einleitung eigener Rechtsmittel,** z. B. Anfechtung von Zahlungen

- **Kooperation mit Insolvenzverwalter und Gerichten**
  - Zusammenarbeit, um **Forderungen** korrekt **anzumelden** und **Informationen auszutauschen**
  - **Sicherstellung**, dass öffentlich-rechtliche **Ansprüche** berücksichtigt werden

Fazit

Manchmal ist es auch schon sinnvoll, mit einem Insolvenzantrag zu drohen, weil man sich damit einen gesprächsbereiten und zahlungswilligeren Schuldner erhofft. Für den säumigen Schuldner hat es in jedem Fall die Konsequenz, dass er bei einer möglichen Eröffnung des Insolvenzverfahrens „raus aus dem Spiel ist" und evtl. mit strafrechtlichen Konsequenzen konfrontiert ist. Zudem hat ein Insolvenzverwalter im Falle von Unternehmen vollen Zugriff auf die betriebsinternen Unterlagen, sodass auch mögliche Regressansprüche im Raum stehen könnten. Für manchen Schuldner eine eher unangenehme Situation.

2. Insolvenzantrag durch einen öffentlich-rechtlichen Gläubiger

Öffentlich-rechtliche Gläubiger (z. B. Finanzämter, Sozialversicherungsträger, Kommunen oder andere staatliche Institutionen) haben grundsätzlich das Recht, einen Insolvenzantrag gegen einen Schuldner zu stellen. Dabei unterliegen sie den gleichen insolvenzrechtlichen Voraussetzungen wie private Gläubiger, es können jedoch besondere verwaltungsrechtliche Aspekte zu beachten sein.

2.1 Definition

Öffentlich-rechtliche Gläubiger sind staatliche Institutionen oder Körperschaften des öffentlichen Rechts, die Forderungen aufgrund gesetzlicher Regelungen oder Verwaltungsakte erheben.

Dazu gehören insbesondere:

- **Finanzbehörden** (z. B. Finanzämter mit Steuerforderungen)
- **Sozialversicherungsträger** (z. B. Krankenkassen mit Beitragsforderungen)
- **Kommunen und Gemeinden** (z. B. Gewerbesteuer, Grundsteuer, Gebühren)
- **Berufsgenossenschaften** (z. B. Beiträge zur Unfallversicherung)

- **Andere öffentliche Stellen** (z. B. Rundfunkbeiträge, Verwaltungsgebühren)

Diese Gläubiger sind – genau wie private Gläubiger – berechtigt, einen Insolvenzantrag zu stellen, wenn die Voraussetzungen der **Insolvenzordnung (InsO)** erfüllt sind.

2.2 Voraussetzungen für einen Insolvenzantrag durch einen öffentlich-rechtlichen Gläubiger

Ein Insolvenzantrag kann nach den Vorschriften der **§§ 14, 17, 19 InsO** gestellt werden. Dabei sind folgende Bedingungen zu erfüllen:

2.2.1 Fälligkeit und Bestehen der Forderung

Die Forderung muss **fällig** sein, d. h., der Schuldner hätte sie bereits leisten müssen. Es dürfen **keine erheblichen rechtlichen Zweifel** an der Forderung bestehen (z. B. ein laufendes Einspruchs- oder Klageverfahren).

Eine Besonderheit besteht bei öffentlich-rechtlichen Forderungen. Forderungen, die aus **Steuern oder Sozialversicherungsbeiträgen** bestehen, werden häufig durch Verwaltungsakte festgesetzt. Solche Forderungen sind **sofort vollstreckbar**, es sei denn, es wurde ein Rechtsmittel mit aufschiebender Wirkung eingelegt.

2.2.2 Zahlungsunfähigkeit des Schuldners (§ 17 InsO)

Der Schuldner ist zahlungsunfähig, wenn er nicht mehr in der Lage ist, seine fälligen Zahlungsverpflichtungen zu erfüllen. Dies liegt vor, wenn er **mehr als 90 % seiner fälligen Schulden nicht innerhalb von drei Wochen begleichen kann**.

Indizien dafür sind:

- erfolglos gebliebene Vollstreckungsversuche
- Zwangsvollstreckungen oder Pfändungen ohne Erfolg
- mehrfache Mahnungen ohne Zahlung

2.2.3 Überschuldung des Schuldners (§ 19 InsO, bei juristischen Personen)

Überschuldung liegt vor, wenn das **Vermögen des Schuldners nicht mehr ausreicht**, um die bestehenden Verbindlichkeiten zu decken, es sei denn, es gibt eine positive Fortbestehensprognose. Diese Regelung gilt nur für juristische Personen (z. B. GmbH, AG).

2.3 Verfahren der Insolvenzantragstellung durch öffentliche Gläubiger

- Antragsberechtigung (§ 14 InsO)
  - Jeder **Gläubiger** kann einen Antrag stellen, wenn er ein rechtliches Interesse daran hat und seine Forderung sowie die Zahlungsunfähigkeit des Schuldners nachweisen kann.
  - Der öffentliche Gläubiger hat also dieselben Rechte wie jeder private Gläubiger.
- Form des Insolvenzantrags
  - Der Antrag ist schriftlich beim zuständigen Insolvenzgericht einzureichen.
  - Er muss enthalten:
    - Höhe und Art der Forderung (inkl. Nachweise wie Bescheide oder Mahnungen)
    - Nachweise zur Zahlungsunfähigkeit, (z. B. erfolglose Vollstreckungsmaßnahmen, eidesstattliche Versicherungen, Kontoauszüge)
- Prüfung durch das Insolvenzgericht
  - Das Gericht prüft, ob ein zulässiger Insolvenzantrag vorliegt.
  - Falls erforderlich, fordert das Gericht weitere Nachweise an oder ordnet ein vorläufiges Insolvenzverfahren an.
  - Falls die Zahlungsunfähigkeit nicht eindeutig belegt ist, kann das Gericht den Antrag ablehnen.

2.4 Besonderheiten für verschiedene öffentliche Gläubiger

- Finanzämter (Steuerforderungen)
  - Steuerforderungen sind meist **öffentlich-rechtlich begründet** und unterliegen nicht der normalen Verjährungsregelungen privatrechtlicher Forderungen.
  - **Erfolglose Zwangsvollstreckung** kann als Indiz für Zahlungsunfähigkeit gewertet werden.

  - Ein Insolvenzverfahren kann auch im Interesse des Fiskus sein, um noch verwertbare Vermögenswerte zu sichern.
- Sozialversicherungsträger (Krankenkassen, Rentenkassen, Berufsgenossenschaften)
  - Sozialversicherungsbeiträge haben einen hohen Stellenwert und unterliegen oft einer **persönlichen Haftung** der Geschäftsführer (§ 266a StGB).
  - Krankenkassen haben bei säumigen Arbeitgebern ein starkes Interesse an einem Insolvenzverfahren, da Beitragsrückstände meist hohe Summen ausmachen.
- Kommunen (Gebühren, Beiträge, Steuern)
  - Städte und Gemeinden haben oft Forderungen aus Gewerbesteuern, Grundsteuern oder Gebühren.
  - Vor Antragstellung prüfen Kommunen häufig alternative Maßnahmen wie **Stundungen oder Ratenzahlungen**, um Schuldner nicht vorschnell in die Insolvenz zu treiben.

2.5 Abwägung: Wann ist ein Insolvenzantrag sinnvoll?

Bevor ein öffentlich-rechtlicher Gläubiger einen Insolvenzantrag stellt, sind folgende Überlegungen wichtig:

- **Wirtschaftlichkeit**
  - Lohnt sich das Verfahren oder sind die Chancen auf eine Befriedigung der Forderungen gering?
  - Sind andere Vollstreckungsmaßnahmen (Pfändung, Zwangsversteigerung) effizienter?
- **Rechtslage**
  - Gibt es noch offene Einsprüche oder Klagen des Schuldners gegen die Forderung?
  - Ist die Forderung unanfechtbar festgesetzt?
- **Sozialpolitische Aspekte**
  - Bei einer Insolvenz können Arbeitsplätze gefährdet werden.
  - Die öffentliche Hand hat oft ein Interesse an einer Sanierung des Unternehmens statt an einer Zerschlagung.

Fazit

Ein Antrag auf Eröffnung eines Insolvenzverfahrens ist zu stellen, wenn

- eine **fällige, unbestrittene Forderung** besteht,
- der Schuldner **zahlungsunfähig oder überschuldet** ist,
- der Antrag den **formellen Anforderungen** entspricht.

Da öffentliche Gläubiger besondere Verantwortung tragen, z. B. Sicherstellung der Sozialversicherung oder Fiskaleinnahmen, sollten sie vor der Antragstellung abwägen, ob eine Insolvenz die sinnvollste Lösung ist oder ob andere Maßnahmen, z. B. Stundung oder Vollstreckung, erfolgversprechender sind.

2.6 Exkurs: Risiken für einen Insolvenzantragsteller

Ein Gläubiger, der einen **Insolvenzantrag** stellt, geht verschiedene Risiken ein, sowohl finanzieller als auch rechtlicher Natur. Diese Risiken sollten vor der Antragstellung sorgfältig abgewogen werden, insbesondere für öffentlich-rechtliche Gläubiger wie Finanzämter oder Sozialversicherungsträger.

2.6.1 Prozessrisiko: Ablehnung des Insolvenzantrags

Ein Insolvenzantrag kann vom Gericht **abgelehnt** werden, wenn

- **die Zahlungsunfähigkeit oder Überschuldung nicht nachgewiesen** werden kann (§ 17 InsO),
- die Forderung **noch nicht fällig** ist oder **rechtlich bestritten** wird,
- der Schuldner **innerhalb der Frist zahlt** oder eine **Sanierungslösung** präsentiert,
- die Insolvenzmasse **nicht ausreicht**, um die Verfahrenskosten zu decken (§ 26 InsO).

Die Folgen einer Ablehnung:

- **Verfahrenskosten** trägt der Antragsteller, falls kein anderes Vermögen vorhanden ist.
- **Eingeschränkte Vollstreckungsmöglichkeiten**, da der Schuldner über die Antragstellung informiert wird und Vermögenswerte beiseiteschaffen könnte

2.6.2 Kostenrisiko: Wer zahlt die Verfahrenskosten?

Wenn das Gericht das Insolvenzverfahren eröffnet, entstehen **Gerichts- und Verwalterkosten**, die aus der Insolvenzmasse bezahlt werden.

- **Gefahr der Masseunzulänglichkeit (§ 26 InsO):**
  - Falls die Insolvenzmasse nicht ausreicht, um die Verfahrenskosten zu decken, kann das Verfahren mangels Masse abgelehnt werden.
  - In diesem Fall kann der Gläubiger auf **den Kosten sitzen bleiben**, wenn er nicht bereits einen Kostenvorschuss geleistet hat.

Praxis-Tipp:
Öffentlich-rechtliche Gläubiger sollten daher prüfen, ob noch verwertbares Vermögen vorhanden ist.

2.6.3 Risiko der Antragsrücknahme und Kostenfolge

Falls der Gläubiger den Insolvenzantrag **zurückzieht**, weil sich die Lage des Schuldners verbessert hat oder eine Einigung erzielt wurde, kann das Gericht dennoch **Kosten festsetzen**, die der Antragsteller tragen muss.

2.6.4 Risiko der Insolvenzanfechtung (§§ 129 ff. InsO)

Wenn der Gläubiger **vor Antragstellung Zahlungen** vom Schuldner erhalten hat, kann der Insolvenzverwalter diese Zahlungen unter bestimmten Umständen anfechten und zurückfordern, insbesondere wenn

- die Zahlung kurz vor der Antragstellung erfolgte (**Druckzahlung**) oder
- der Schuldner schon in finanzieller Schieflage war und der Gläubiger dies wusste.

Die **Folge** daraus ist, dass der Gläubiger bereits erhaltene Zahlungen möglicherweise zurückzahlen muss.

2.6.5 Imageschaden für den Antragsteller

Für öffentlich-rechtliche Gläubiger, (z. B. Finanzämter, Sozialversicherungsträger) kann die Stellung eines Insolvenzantrags negative **öffentliche Wahrnehmung** erzeugen, z. B.:

- Kritik, wenn durch den Antrag Arbeitsplätze verloren gehen
- Vorwürfe, dass der Staat nicht ausreichend Stundungen oder Verhandlungen zugelassen hat

Daher wird oft versucht, **Ratenzahlungen oder Stundungen** als Alternative zu prüfen, bevor ein Antrag gestellt wird.

2.6.6 Risiko der nachrangigen Befriedigung

Im Insolvenzverfahren werden die Gläubiger nach einer bestimmten **Rangordnung** bedient:

1. **Massegläubiger** (z. B. Kosten des Insolvenzverwalters)
2. **Gesicherte Gläubiger** (z. B. Banken mit Sicherheiten)
3. **Normale Insolvenzgläubiger** (z. B. Steuer- und Sozialversicherungs-forderungen)
4. **Nachrangige Gläubiger** (z. B. Gesellschafterdarlehen)

Öffentlich-rechtliche Forderungen gehören oft zur **dritten Kategorie** und erhalten möglicherweise nur einen Bruchteil der offenen Forderungen zurück.

Fazit: Sorgfältige Abwägung erforderlich

Vor der Antragstellung sollte ein Gläubiger insbesondere prüfen:

- Ist die Forderung **fällig und unbestritten**?
- Kann die Zahlungsunfähigkeit **nachgewiesen** werden?
- Gibt es **Alternativen** wie Stundungen oder Ratenzahlungen?
- Ist die Insolvenzmasse hoch genug, um die Verfahrenskosten zu decken?

Öffentlich-rechtliche und private Gläubiger sollten sicherstellen, dass sie nicht am Ende **Kosten tragen, ohne eine Auszahlung zu erhalten.**

XI. Schlussbetrachtung

XI. Schlussbetrachtung

1. Übersicht

Fassen wir nun die Nutzenargumente, die für eine Modernisierung des Forderungsmanagements der öffentlichen Verwaltung sprechen, zusammen:

2. Strategischer Nutzen

2.1 Zukunftssicherheit und digitale Transformation

- Eine Modernisierung unterstützt die strategische Ausrichtung der Verwaltung hin zu einer **zukunftsfähigen, digitalen Infrastruktur**.
- Sie ist ein zentraler Baustein für die Umsetzung von E-Government-Strategien und dem Onlinezugangsgesetz (OZG).

2.2 Imagegewinn und Bürgernähe

- Durch effizientere und transparentere Prozesse verbessert sich die **Außenwirkung** der Verwaltung.
- Bürger und Unternehmen erleben die Verwaltung als **kompetent, serviceorientiert und modern**.

3. Operativer Nutzen

3.1 Effizienzsteigerung

- **Automatisierung von Prozessen** wie Mahnwesen, Zahlungserinnerungen oder Buchungen verringert den Personalaufwand.
- Reduktion von manuellen Fehlerquellen durch **digitale Workflows**.

3.2 Bessere Nachvollziehbarkeit und Transparenz

XI

- Digitale Lösungen ermöglichen **durchgängige Dokumentation**, einheitliche Fallbearbeitung und **Echtzeiteinblicke** in den Forderungsstatus.

3.3 Schnellere Durchlaufzeiten

- **Medienbrüche entfallen**, Kommunikation erfolgt digital, Rückfragen können schneller geklärt werden.
- Interne und externe Schnittstellen, z. B. mit Kassen, Gerichten und Inkassodiensten, werden effizient integriert.

4. Wirtschaftlicher Nutzen

4.1 Erhöhte Liquidität

- **Schnellere Zahlungsflüsse** und höhere Realisierungsquoten werden durch gezielte Maßnahmen und Früherkennung von Ausfallrisiken erzielt.
- Automatisierte Prozesse ermöglichen eine **zeitnahe und konsequente Bearbeitung** von Außenständen.

4.2 Reduzierung von Vollstreckungsaufwänden

- Früherkennung und automatisierte Eskalationsprozesse vermeiden kostenintensive Vollstreckungsmaßnahmen.

4.3 Skalierbarkeit bei gleichbleibenden Ressourcen

- Auch bei steigender Fallzahl kann die Bearbeitung mit gleichbleibender Personaldecke sichergestellt werden.

5. Gesellschaftlicher und rechtlicher Nutzen

5.1 Rechts- und Verfahrenssicherheit

- Einheitliche Vorgaben und digitale Prüfmechanismen sichern die **Einhaltung gesetzlicher Vorgaben**, z. B. in der Haushaltsführung und im Datenschutz.

5.2 Gerechtigkeit und Fairness

- Gleichbehandlung aller Schuldner durch **transparente und regelbasierte Bearbeitung**
- Vermeidung willkürlicher Entscheidungen oder Verfahrensverzögerungen

5.3 Beitrag zur Haushaltskonsolidierung

- Eine konsequentere Einnahmeverfolgung unterstützt die **kommunale Haushaltsstabilität**, reduziert Steuerausfälle und schafft Handlungsspielräume.

6. Umsetzungsvorteile

6.1 Integration in bestehende Systeme

- Moderne Forderungsmanagementlösungen lassen sich modular und **kompatibel zu vorhandenen Fachverfahren** implementieren.

6.2 Förderung durch Bund und Länder

- Finanzielle und technische Förderprogramme zur Verwaltungsdigitalisierung können genutzt werden.

6.3 Motivation und Qualifizierung der Mitarbeiter

- Neue Systeme entlasten nicht nur, sondern bieten auch **bessere Werkzeuge**, die die Motivation und Attraktivität der Tätigkeiten erhöhen.

Fazit

Der Verfasser kann aus seiner Erfahrung heraus nur an die jeweiligen Verantwortlichen appellieren, diese neuen Ansätze positiv zu bewerten – die Rechnungshöfe werden es wohlwollend zur Kenntnis nehmen. Wichtig ist auch, dass zunächst kleine, relativ schnell erreichbare Ziele gesetzt werden. Insgesamt sollte der Weg in den Kontinuierlichen Verbesserungsprozess das Ziel sein. Stillstand ist in diesem Zusammenhang eigentlich schon ein Rückschritt.

Wenn Sie in diesem Zusammenhang Beratungen (egal, ob juristisch, fachlich oder betriebswirtschaftlich) in Anspruch nehmen, wählen sie einen Berater, der (neue) Wege gehen will, und keinen, der Gründe dagegen sucht.

XII. Hilfsmittel

XII

XII. Hilfsmittel

1. Hilfsmittel: Entwicklung einer Strategie für das Forderungsmanagement – ein detaillierter Leitfaden

Die Entwicklung einer effektiven Strategie im Forderungsmanagement ist entscheidend, um **zahlungsfähige Forderungen schnell und effizient zu realisieren**, Risiken zu minimieren und die Liquidität langfristig sicherzustellen. Im Folgenden wird der gesamte Prozess detailliert beschrieben – von der Zielsetzung über die Prozessanalyse bis hin zur Implementierung und Überwachung.

1.1 Zielsetzung und Rahmenbedingungen festlegen

Bevor mit der Entwicklung einer Forderungsmanagementstrategie begonnen wird, sind die **Ziele und Erwartungen** klar zu definieren. Diese Ziele bilden die Grundlage für die gesamte Strategie und deren Umsetzung.

- **Mögliche Ziele des Forderungsmanagements:**
  - Verbesserung der Liquidität
  - Minimierung von Forderungsausfällen und Zahlungsschwierigkeiten
  - Reduzierung der administrativen Kosten
  - Sicherung der Rentabilität
  - Optimierung der Kundenbeziehungen
  - Erhöhung der Transparenz und Kontrolle

Praxis-Tipp:

Die Verwaltung könnte sich z. B. als Ziel setzen, die durchschnittliche Zahlungsverzugsdauer von derzeit 60 Tagen auf 45 Tage zu reduzieren. Gleichzeitig könnte das Ziel sein, die Anzahl der Zahlungsausfälle um 10 % im Jahr zu senken und die Verwaltungskosten für das Mahnwesen durch Automatisierung um weitere 15 % zu reduzieren.

1.2 Ist-Analyse des bestehenden Forderungsmanagements

Um eine fundierte Strategie zu entwickeln, ist es notwendig, den **aktuellen Stand des Forderungsmanagements** festzustellen und zu analysieren. Hierbei werden Schwächen, Ineffizienzen und Potenziale für Verbesserungen identifiziert. Dies umfasst sowohl die Prozesse als auch die verwendeten Werkzeuge und die Kommunikationsstrategien.

- **Aspekte der Ist-Analyse:**
  - **Prozessanalyse:** Wie werden Forderungen erstellt und überwacht? Welche Mahnstufen existieren? Wie lange dauert es, bis eine Forderung beglichen wird?
  - **Kennzahlenanalyse:** Welche KPIs (z. B. durchschnittliche Zahlungsfrist, Außenstandquote, Forderungsausfallquote) sind bereits erfasst?
  - **Kundenanalyse:** Welche Kunden oder Kundengruppen haben häufig Zahlungsprobleme? Welche Zahlungsmethoden nutzen die Kunden überwiegend?
  - **Verwendung von Technologien:** Welche Software und digitalen Tools werden zur Überwachung von Forderungen eingesetzt? Gibt es Automatisierungen im Mahnprozess?
  - **Ressourcenanalyse:** Wie viele Mitarbeiter(-kapazitäten) sind im Forderungsmanagement tätig? Wie viel Zeit und Ressourcen werden in den Mahnprozess investiert?

1.3 Risikomanagement und Bonitätsprüfung

Ein zentrales Element jeder Forderungsmanagementstrategie ist die **Risikominimierung,** insbesondere durch die **Bonitätsprüfung** der Kunden und Vertragspartner. **Maßnahmen im Risikomanagement** können sein:

- **Bonitätsprüfung:** Vor Vertragsabschluss sollten Bonitätsprüfungen durch renommierte Anbieter wie **SCHUFA, Creditreform** oder **Bürgel** erfolgen. So kann das Zahlungsausfallrisiko im Vorfeld erkannt werden.
- **Kreditlimit festlegen:** Bei Kunden mit schlechter Bonität oder hohem Risiko sollte ein **Limit** gesetzt werden, um nicht mehr als das genehmigte Risiko zu vergeben.

- **Vertragsgestaltung:** In den Verträgen können Zahlungsverpflichtungen und Sanktionen bei Zahlungsverzug rechtlich verbindlich geregelt werden (z. B. **Mahngebühren, Zinsen** bei Zahlungsverzug).
- **Überwachung der Zahlungsfähigkeit:** regelmäßige Überprüfung der Zahlungsfähigkeit bestehender Kunden durch Analyse des **Zahlungsverhaltens** und der **Entwicklung ihrer Bonität**

1.4 Definition und Strukturierung der Mahnprozesse

Ein effektiver Mahnprozess ist der Schlüssel zu einem erfolgreichen Forderungsmanagement. Dieser sollte klar und strukturiert sein und den **gesamten Mahnzyklus** abdecken, von der ersten Erinnerung bis hin zur Inkassobeteiligung.

1.4.1 Schritte des Mahnprozesses

1. **Zahlungsziel und Fristen definieren:** Zu Beginn jeder Geschäftsbeziehung sollten klare Zahlungsbedingungen festgelegt werden. Hierbei sind auch **Skonti, Zahlungsfristen** und **Mahngebühren** in den Satzungen festzulegen.
2. **1. Mahnung – Erinnerungsanschreiben versenden:** Diese sollte unmittelbar nach Ablauf der Zahlungsfrist, aber freundlich und höflich sein. Der Kunde sollte an die ausstehende Zahlung erinnert werden.
3. **2. Mahnung – Mahnung mit Androhung von Konsequenzen versenden:** Wenn innerhalb einer festgelegten Frist keine Zahlung erfolgt ist, wird eine 2. Mahnung verschickt, die in der Regel deutlicher und mit **Verzugszinsen** oder **Mahngebühren** verbunden ist.
4. **3. Mahnung – letzte Mahnung mit rechtlichen Hinweisen versenden:** Falls die Forderung immer noch nicht beglichen wurde, sollte eine letzte Mahnung verschickt werden. Hier kann bereits mit rechtlichen Konsequenzen (z. B. Inkasso, Klage) gedroht werden.
5. **Rechtliche Schritte einleiten:** Falls alle Mahnungen erfolglos bleiben, erfolgt die Übergabe an ein **Inkassoverwaltung** oder einen **Rechtsanwalt.**

1.4.2 Automatisierung des Mahnprozesses

Durch **digitale Mahnwesensoftware** kann der gesamte Mahnprozess automatisiert und standardisiert werden. Dies reduziert den administrativen Aufwand, minimiert Fehler und ermöglicht eine konsistente Durchführung der Mahnungen.

1.5 Einführung flexibler Zahlungsmodalitäten

Flexibilität bei den **Zahlungsbedingungen** ist ein wichtiger Bestandteil eines erfolgreichen Forderungsmanagements. Zahlungen müssen für den Kunden so einfach wie möglich gemacht werden, um Zahlungsausfälle zu vermeiden.

Mögliche **Zahlungsmethoden und -modalitäten** können sein:

- **Onlinezahlungssysteme:** Zahlungen sollten über mehrere Kanäle möglich sein, z. B. **SEPA-Lastschrift, Kreditkarte, PayPal, Onlinebanking**.
- **Ratenzahlungen:** Besonders bei großen Forderungen kann eine Ratenzahlung eine gute Lösung sein, um Zahlungen langfristig zu sichern. Erforderlich sind eine genaue Planung und Überwachung der Zahlungen.
- **Frühzahlerrabatte und Skonti:** Um Zahlungen zu beschleunigen, können **Rabatte** oder **Skonti** für frühzeitige Zahlungen gewährt werden.

1.6 Schulung und Kommunikation mit den Mitarbeitern

Ein erfolgreiches Forderungsmanagement benötigt gut ausgebildete und motivierte Mitarbeiter. Daher sollte die **Schulung der Mitarbeiter** ein zentraler Bestandteil der Strategie sein. **Wichtige Themen innerhalb der Schulung sind**:

- **Rechtliche Grundlagen:** Mitarbeiter müssen über die geltenden **gesetzlichen Vorschriften** (Mahngebühren, Verzugszinsen, Datenschutz) informiert sein.
- **Kommunikationstechniken:** Die Kommunikation mit säumigen Zahlern muss geschult werden. Diese, d. h. die Kommunikation, sollte professionell, aber freundlich und kundenorientiert erfolgen.

- **Verwendung von Software:** Die Mitarbeiter sollten mit der **Forderungsmanagementsoftware** vertraut sein, um damit effizient arbeiten zu können.

1.7 KPIs und Monitoring im Forderungsmanagement

Kennzahlen (KPIs) sind essenziell, um die **Effektivität der Strategie** zu messen und kontinuierlich zu verbessern. Es müssen klare **Indikatoren** definiert werden, anhand derer der Erfolg des Forderungsmanagements gemessen und überwacht wird.

- **Wichtige KPIs:**
  - **Durchschnittliche Zahlungsverzugsdauer:** Wie lange dauert es im Durchschnitt, bis eine Forderung beglichen wird?
  - **Forderungsausfallquote:** Anteil der Forderungen, die nicht beglichen werden können
  - **Verwaltungskosten:** Kosten für die Verwaltung des Forderungsmanagements (z. B. Festsetzung Mahngebühren, Personalkosten)
  - **Zahlungseingänge im Verhältnis zu offenen Forderungen:** Wie schnell werden Forderungen beglichen?

Die regelmäßige **Auswertung dieser KPIs** hilft, den Gesamtprozess anzupassen und kontinuierlich zu optimieren.

1.8 Integration von Vollstreckungs- und Rechtsmaßnahmen

Nicht jede Forderung kann erfolgreich über den klassischen Mahnprozess beigetrieben werden. In solchen Fällen müssen Vollstreckungs- **und Rechtsverfahren** zur Anwendung kommen.

Oftmals ist es effizient, Verwaltungshelfer mit dem Forderungseinzug zu beauftragen, insbesondere bei geringen Forderungen (Verlagerung des Bearbeitungsaufwands unter Kosten-Nutzen-Gesichtspunkten).

1.9 Evaluierung und kontinuierliche Verbesserung der Strategie

Eine **Forderungsmanagementstrategie** ist nie „fertig" – sie sollte regelmäßig überprüft und verbessert werden, basierend auf den Erfahrungen und den Ergebnissen der Kennzahlenanalyse. Eine **kontinuierliche Verbesserung** bedeutet u. a.:

- **Feedback einholen:** Mitarbeiter und Kunden können wertvolle Hinweise auf Verbesserungspotenziale geben.
- **Prozessoptimierungen durchführen:** Identifizierte Schwachstellen und ineffiziente Schritte sollten durch die **Kaizen-Methode** oder ähnliche Konzepte kontinuierlich verbessert werden.

1.10 Zusammenfassung

Die Entwicklung einer umfassenden **Forderungsmanagementstrategie** umfasst die folgenden Schlüsselelemente:

1. **Zielsetzung** und Rahmenbedingungen festlegen
2. **Ist-Analyse** des aktuellen Prozesses und der Ressourcen
3. **Risikomanagement** und **Bonitätsprüfung** vor und während der Geschäftsbeziehung
4. **Strukturierte Mahnprozesse** definieren und automatisieren
5. **Flexible Zahlungsmodalitäten** einführen
6. **Schulung und Kommunikation** der Mitarbeiter fördern
7. **Monitoring und KPIs** zur Erfolgskontrolle einsetzen
8. **Inkasso- und Rechtsmaßnahmen** in die Strategie integrieren
9. **Evaluierung und kontinuierliche Verbesserung der Strategie**

XII

2. Hilfsmittel: Checkliste und weitere Fragestellungen zur Strategieentwicklung

2.1 Wichtige Fragestellungen zur Definition der Strategie

- Wie lange ist ein Bürger Kunde der Verwaltung und ab wann nur noch Schuldner?
- Welche Maßnehmen sollen gegenüber dem säumigen Schuldner durchgesetzt werden?
- Gibt es Tabuthemen (z. B. SCHUFA-Meldung)?
- Imagefragen?
  - Was erfolgt im eigenen Namen der Verwaltung?
  - Was erfolgt im Auftrag der Verwaltung durch Dritte?
- **Entscheidungen:**
  - **Make** (Was machen wir selbst?)
  - **Buy** (Was machen wir nicht selbst und kaufen es daher ein?)
  - **Sell** (In welchen Bereichen sind wir so gut und erfolgreich, dass wir diese Leistung sogar für Dritte anbieten können?)
- Aktives Telefoninkasso?
- Wie erfolgt eine Bewertung der Forderungen oder die Ermittlung der Bonität?
- Wie weit gehen wir in der Vollstreckung? Erbenermittlung/-vollstreckung?
- Vollstreckung gegen minderjährige Schuldner (z. B. Coronabußgeld)?
- Betriebswirtschaftliche Rechnungen?
- Kosten-Nutzen-Analysen?
- Säumniszuschläge? (In welcher Höhe? Ab wann?)
- Gestufte Mahnprozesse: Erst-, Wiederholungs- und Dauerschuldner?
- Verrechnung nach Reihenfolge der Zahlungseingänge? §§ 366, 367 BGB?
- Bagatellgrenzen?
- Wer trägt die Verluste für Wertberichtigung und Abschreibung?

„Wie lange ist ein Kunde eigentlich ein Kunde?“		
Strategie	Definition einer einheitlichen Ausrichtung/ Strategie für die Kommune/den Kreis	Abstimmung/Entscheidung mit Gremien, Amtshilfeersuchen?
	Reduzierung des in Forderungen gebundenen Kapitals/Kassenkredite	Ziel: auf ... bis zum ...
	Bereinigung des Portfolios durch endgültige Abschreibungen	
	Reduzierung der Forderungsausfälle	von x % auf y %
	keine eindeutigen Zuständigkeiten	präzise Regelungen in der schriftlich fixierten Ordnung
	Trennung der Leistungs- und Forderungsprozesse	
	präventive Maßnahmen	Zahlungsbedingungen, Bonität Kreditoren

Tabelle 38: Definitionen der unterschiedlichen Strategien

2.2 Überlegungen zur Strategie

- Definition der strategischen Ziele der kommunalen Verwaltung
- Imageschonend: Beitreibung unter neutraler Firmierung
- Kompetenzcenter? Mahnen und Vollstrecken? Spezialvollstreckungen?
- Kompetenzcenter für nachhaltige Bewirtschaftung der befristet/unbefristet niedergeschlagenen Forderungen?
- Forderungsbewertung und Forderungspriorisierung?
- Rechtsform?
- Beteiligungsmodell: interne/externe Gesellschafter?
- Innerhalb/außerhalb des Konsolidierungskreises?
- Verrechnungsmodell (gesetzlich §§ 367, 368 BGB)

- Finanzierungsmodell (verursachergerechte Kostenbelastung)
- Liquiditätsmodell
- Räumliche Abgrenzung (kommunal/regional/Land/Bund)

3. Hilfsmittel: Detaillierter Leitfaden zur kontinuierlichen Verbesserung

3.1 Klare Zieldefinition und Erfolgskriterien

SMART-Ziele festlegen: Formulieren Sie konkrete Ziele, die spezifisch, messbar, akzeptiert, realistisch und terminiert sind. Beispiele können sein:

- Kostenreduktion um 10 % bis zum tt. mm. jjjj
- Steigerung der Mitarbeiterzufriedenheit um 15 % innerhalb von sechs Monaten
- Verbesserung der Prozessdurchlaufzeiten um 20 % bis zum tt. mm. jjjj

Erfolgskriterien (KPIs) definieren: Legen Sie fest, welche Kennzahlen den Erfolg am besten abbilden. Typische KPIs können sein:

- Finanzkennzahlen: Einsparungen, Return on Investment (ROI), Amortisationszeit
- Prozesskennzahlen: Durchlaufzeiten, Fehlerquoten, Anzahl bearbeiteter Einheiten
- Qualitätskennzahlen: Kundenzufriedenheit, Mitarbeiterzufriedenheit, Reklamationsraten

3.2 Baselineerfassung: Ist-Zustand dokumentieren

Datenaufnahme vor der Veränderung: Um den Erfolg zu bewerten, müssen Sie den Ausgangszustand (Ist-Zustand) dokumentieren:

- Erfassung der aktuellen Prozesszeiten und Fehlerquoten
- Bestehende Kostendaten, Umsätze oder qualitative Bewertungen
- Mitarbeiter- und Kundenfeedback, um subjektive Ausgangsbedingungen zu erfassen

Benchmarking: Vergleichen Sie die internen Daten mit Branchenstandards oder Best Practices, um ein objektives Bild vom Ausgangsniveau zu erhalten.

3.3 Quantitative Messmethoden

Messung der KPIs: Erfassen Sie kontinuierlich die zuvor definierten Kennzahlen, um Veränderungen zu beobachten. Mögliche Methoden sind:

- Dashboards und Reportingsysteme: Diese ermöglichen das Monitoring in Echtzeit und erleichtern die Visualisierung von Trends.
- Regelmäßige Soll-Ist-Vergleiche (z. B. monatlich oder quartalsweise), um zu überprüfen, ob die Zielvorgaben erreicht werden.

Finanzanalysen: Führen Sie Kosten-Nutzen-Analysen durch, um den wirtschaftlichen Erfolg zu quantifizieren:

- Berechnen Sie den ROI, indem Sie den finanziellen Nutzen den investierten Kosten gegenüberstellen.
- Analysieren Sie die Amortisationszeit der Investitionen in die Veränderungsmaßnahmen.

Prozessanalysen: Messen Sie Prozesszeiten, Fehlerquoten und die Produktivität vor und nach der Umsetzung, z. B.:

- Reduzierung der Bearbeitungszeit pro Fall
- Anzahl der Prozessschritte oder Fehler, die durch die Veränderung vermieden werden

3.4 Qualitative Messmethoden

Mitarbeiter- und Kundenfeedback: Sammeln Sie regelmäßig Feedback mittels:

- **Befragungen und Interviews:** Strukturierte Interviews oder anonyme Umfragen können Aufschluss darüber geben, wie die Veränderung intern und extern wahrgenommen wird.
- **Workshops und Feedbackrunden:** Diese fördern den direkten Austausch und ermöglichen es, Verbesserungspotenziale frühzeitig zu identifizieren.

Beobachtungen und Fallstudien: Analysieren Sie spezifische Anwendungsfälle, um qualitative Erfolge oder Herausforderungen detailliert zu dokumentieren. Dies kann helfen, Kontextfaktoren zu verstehen, die in quantitativen Daten nicht abgebildet werden.

3.5 Kontinuierliches Monitoring und iterative Anpassung

Regelmäßige Reviews: Planen Sie feste Zeitpunkte (z. B. monatlich oder quartalsweise), an denen der Fortschritt überprüft wird. Diese Reviews helfen, frühzeitig auf Abweichungen zu reagieren und Anpassungen vorzunehmen.

Frühwarnsysteme: Implementieren Sie Mechanismen, die bei Abweichungen von den Zielvorgaben Alarm schlagen. Dies können automatisierte Reports oder regelmäßige Meetings sein.

Iterativer Verbesserungsprozess: Nutzen Sie die gewonnenen Erkenntnisse, um den Veränderungsprozess kontinuierlich zu optimieren. Dies folgt dem Prinzip des „Plan-Do-Check-Act" (PDCA-Zyklus).

3.6 Dokumentation und Kommunikation der Ergebnisse

Transparente Dokumentation: Halten Sie alle Messdaten, Analysen und Erkenntnisse nachvollziehbar fest. Eine lückenlose Dokumentation ist wichtig, um den Erfolg nachvollziehen zu können und als Basis für zukünftige Entscheidungen zu dienen.

Interne Kommunikation: Informieren Sie alle relevanten Stakeholder regelmäßig über den Fortschritt und die erzielten Erfolge. Dies stärkt das Vertrauen in den Veränderungsprozess und kann zur Motivation beitragen.

Externe Berichterstattung (falls relevant): In manchen Fällen ist es sinnvoll, auch externe Berichte zu erstellen, um z. B. Investoren oder Aufsichtsbehörden zu informieren.

Praxis-Tipp: Digitalisierungsprojekt

Eine Verwaltung, die einen papierbasierten Prozess digitalisiert, könnte den Erfolg messen, indem sie die Reduktion der Bearbeitungszeit, die Einsparung an Druck- und Archivierungskosten sowie die Verbesserung der Fehlerquote dokumentiert.

Praxis-Tipp: Kundenzufriedenheitsprogramm

Nach Einführung eines neuen Kundenservices werden regelmäßige Kundenzufriedenheitsumfragen durchgeführt. Ein Anstieg der Zufriedenheit um 15 % im Vergleich zum Ausgangswert gilt als Erfolg.

Praxis-Tipp: Mitarbeiterentwicklungsprogramm

Durch Befragungen und Leistungsbewertungen kann festgestellt werden, ob Mitarbeiter nach Einführung von Weiterbildungsmaßnahmen effizienter arbeiten oder innovativere Lösungen einbringen.

Fazit

Der Erfolg einer Veränderung wird idealerweise über einen Mix aus quantitativen Kennzahlen und qualitativen Rückmeldungen gemessen. Eine gründliche Zieldefinition und Baselineerfassung, kontinuierliches Monitoring, regelmäßige Soll-Ist-Vergleiche sowie transparente Kommunikation sind wesentliche Elemente, um den Veränderungsprozess nachhaltig zu evaluieren. Durch iterative Anpassungen und umfassende Analysen können Verwaltungen sicherstellen, dass Veränderungen nicht nur implementiert, sondern auch langfristig erfolgreich sind.

4. Hilfsmittel: Checkliste zur Beauftragung von Verwaltungshelfern

- **Prüfung der Aufgabenübertragbarkeit**
  - Ist die Aufgabe **nicht hoheitlich** (kein Verwaltungsakt, keine Zwangsvollstreckung)?
  - Besteht eine **genaue Abgrenzung** der Aufgaben zwischen Verwaltung und Helfer?
  - Bleiben die **Verantwortung und Weisungsbefugnis** bei der Verwaltung?
- **Vertragliche Grundlagen**
  - **Leistungsbeschreibung** mit konkreten Aufgaben, Abläufen und Schnittstellen
  - **Vertrag nach § 5 Abs. 1 VwVfG:** Dritte dürfen tätig werden, wenn die Verwaltung verantwortlich bleibt.
  - Vereinbarung zur Vertraulichkeit und Verschwiegenheit
- **Datenschutzrechtliche Anforderungen (DSGVO)**
  - **Auftragsverarbeitungsvertrag (AVV)** gemäß Art. 28 DSGVO abgeschlossen?

  - Prüfung der **technischen und organisatorischen Maßnahmen** (TOMs) dokumentiert?
  - Nur **notwendige Daten** werden übermittelt („Datensparsamkeit").
- **Fachliche und technische Kontrolle**
  - Gibt es **Kontrollmechanismen** für die Einhaltung der Vorgaben?
  - Sind regelmäßige **Stichproben oder Audits** vorgesehen?
  - Gibt es klare **Meldestrukturen bei Fehlern oder Sicherheitsvorfällen?**
- **Transparenz und Dokumentation**
  - Ist die Beauftragung **aktenkundig dokumentiert?**
  - Betroffene Bürger können nachvollziehen, **wer und wie** tätig wurde.
  - Aufgabenverteilung ist für interne Prüfungen **klar nachvollziehbar**.
- **Spezifische Anforderungen im Forderungsmanagement**
  - **Keine erste Mahnung als Verwaltungsakt** durch den Helfer (nur Versand erlaubt)
  - Kein Zugang zu sensiblen Finanzdaten ohne AVV (Auftragsverarbeitungsvertrag gemäß Art 28 DSGVO)
  - Helfer arbeitet **ausschließlich unterstützend**, z. B. Druck, Versand, Datenabgleich.

XIII. Anhang

XIII. Anhang

1. Anhang: Beispielflyer Stundungen der Stadt Essen

Wie kann ich wiederkehrende Forderungen einfach und pünktlich bezahlen?

Wenn Sie der Stadt Essen ein SEPA-Lastschriftmandat erteilen, bezahlen Sie alle wiederkehrenden Forderungen immer bequem und pünktlich (z. B. Grundbesitzabgaben, Gewerbesteuern, Hundesteuern, usw.).

Bitte sorgen Sie für ausreichende Deckung auf Ihrem Konto.

Ebenfalls werden Erstattungen von Guthaben bequem durchgeführt.

Wie erteile ich ein SEPA-Lastschriftmandat?

Das Online-Formular und weitere Informationen zum SEPA-Lastschriftmandat finden Sie im Internet unter: **www.essen.de/sepa**

Finanzbuchhaltung und Stadtsteueramt
Rathaus Porscheplatz
45127 Essen

Service Desk
Rathaus Porscheplatz
Raum 18.11
Tel.: +49 201 88-21888
Fax: +49 201 88-9121888

Impressum

Herausgeberin Stadt Essen
Der Oberbürgermeister
Finanzbuchhaltung und Stadtsteueramt

Foto Stadt Essen

Layout u. Druck Amt für Zentralen Service

Stand Oktober 2019

Stundungen

Erforderliche Unterlagen zur Bearbeitung von Anträgen auf „Ratenzahlung" (Stundungsanträge)

STADT ESSEN

1. Anhang: Beispielflyer Stundungen der Stadt Essen

Voraussetzungen

Unter bestimmten Voraussetzungen können offene und fällige Forderungen in Ratenform gestundet werden (umgangssprachlich Ratenzahlung).

Solche Zahlungserleichterungen sind nur dann möglich, wenn die Einziehung bei Fälligkeit eine **erhebliche Härte** für den Schuldner bedeuten würde.

Diese liegt dann vor, wenn er sich aufgrund ungünstiger wirtschaftlicher Verhältnisse **vorübergehend** in ernsthaften Zahlungsschwierigkeiten befinden würde oder im Fall der sofortigen Vollziehung in diese geraten würde. Zudem darf der **Anspruch nicht gefährdet** sein.

Vergleiche § 27 Kommunalhaushaltsverordnung Nordrhein-Westfalen und § 222 Abgabenordnung.

Einen Stundungsantrag müssen Sie immer persönlich oder schriftlich stellen. Damit der Antrag geprüft werden kann, müssen Sie dem Antrag Unterlagen über Ihre wirtschaftlichen Verhältnisse beifügen (Kopien).

Welche Unterlagen muss ich einem Stundungsantrag beifügen?

1. **Vollständige tabellarische Aufstellung aller monatlichen Einnahmen und Ausgaben der letzten drei Monate**

   Beispiele für Einnahmen:

   Einkünfte aus Arbeitsverhältnissen (Lohn/Gehalt), Kindergeld, Rentenzahlungen, Mieteinnahmen, usw.

   Beispiele für Ausgaben:

   Wohnungsmiete, Nebenkosten, Strom, Telefon, Leasing-Zahlungen, Versicherungen, Treibstoff, Lebensmittel, Bekleidung, Abonnements, usw.

2. **Vollständige Kontoauszüge der letzten drei Monate**

   Kontoauszüge aller Konten (geschäftlich und privat), lückenlos und ohne Unkenntlichmachungen (keine Schwärzungen).

3. **Vermögensaufstellung**

   In der Vermögensaufstellung stellen Sie Ihr gesamtes Vermögen vollständig dar – z. B. Häuser, Wohnungen, Autos, Boote, Sparguthaben, Aktiendepots, Wertgegenstände, usw.

4. **Nichtkreditierungsbescheinigungen**

   Es sind Nichtkreditierungsbescheinigungen aller Banken, mit denen Sie Geschäftsbeziehungen unterhalten, einzureichen. Aus den Bescheinigungen muss hervorgehen, dass Ihnen von dort aus keine bzw. keine weiteren Kredite gewährt werden – auch keine Ratenkredite.

   Kredit-Ablehnungsschreiben reichen nicht aus.

   Der Nachweis über ein bestehendes Pfändungsschutzkonto ersetzt die Nichtkreditierungsbescheinigungen.

5. **Nachweise über Dispositionskredite**

   Höhe und aktuelle Stände der eingeräumten Dispositionskredite aller Ihrer Konten.

6. **Weitere Gläubiger**

   Vollständiges Gläubigerverzeichnis aller Ihrer Gläubiger, bei denen ebenfalls unbezahlte Forderungen bestehen.

   Haben Sie bereits Stundungsvereinbarungen mit anderen Gläubigern (z. B. Finanzamt) getroffen, sind diese durch geeignete Unterlagen nachzuweisen (z. B. Stundungsbewilligungen).

Kann ich schon Zahlungen leisten, obwohl über den Stundungsantrag noch nicht entschieden wurde?

Ja, unabhängig von der Entscheidung über den Stundungsantrag können Sie jederzeit Zahlungen, auch Teilzahlungen, leisten.

Werden die Forderungen gegen mich trotzdem weiter vollstreckt, obwohl über den Stundungsantrag noch nicht entschieden wurde?

Ja, solange Sie die Voraussetzungen für eine Stundung nicht vollständig nachgewiesen haben und solange noch nicht über Ihren Stundungsantrag abschließend entschieden wurde, wird kein Zahlungsaufschub gewährt. Das heißt, dass Vollstreckungsmaßnahmen gegen Sie weiterhin eingeleitet bzw. fortgeführt werden.

Können auch Bußgelder und/oder Zwangsgelder gestundet werden?

Nein, für Bußgelder und Zwangsgelder werden keine Stundungen gewährt.

Dies gilt auch, wenn neben den Bußgeldern und Zwangsgeldern zusätzlich weitere Forderungen bestehen.

In jedem Fall sind zuerst die Bußgelder und Zwangsgelder in voller Höhe zu begleichen, inkl. aller zugehörigen Gebühren und Nebenforderungen.

Quelle: Internet https://media.essen.de/media/wwwessende/aemter/21/vollstreckung/Flyer_Stundung.pdf, abgerufen zuletzt am 03.06.2025

2. Anhang: Beispieldokumente der Landeshauptstadt München

Landeshauptstadt
München
Stadtkämmerei

Stundung/Ratenzahlung (Billigkeitsmaßnahmen)

Checkliste für Antragstellung

für natürliche Personen, Privatpersonen

1. Antrag

Stundungsdauer
Bitte geben Sie in Ihrem Antrag an, für welche zeitliche Geltungsdauer Sie die Stundung begehren. Bei monatlichen Ratenzahlungen (Regelfall) ist auch der monatliche Zahlungstag zu benennen. Die Stundungsdauer darf in der Regel einen Zeitraum von 12 Monaten nicht übersteigen.

Ratenhöhe bei monatlicher Zahlungsweise
In Ihrem Antrag auf Stundung/Ratenzahlung können Sie einen Tilgungsvorschlag unterbreiten. Hierbei ist zu beachten, dass Ihr Vorschlag grundsätzlich eine Tilgung der Forderungen innerhalb von 12 Monaten ermöglichen muss. Wir weisen ausdrücklich darauf hin, dass hierdurch kein Anspruch auf Gewährung Ihrer vorgeschlagenen Ratenhöhe besteht. Die finale Festlegung der zumutbaren Ratenhöhe erfolgt ausschließlich durch die Stadtkasse München aufgrund der Prüfung Ihrer individuellen Einkommens- und Vermögensverhältnisse.

Beginn der Ratenzahlung bei monatlicher Zahlungsweise
Bitte geben Sie in Ihrem Antrag an, zu welchem Zeitpunkt Sie mit Ihrer monatlichen Zahlung beginnen möchten und nehmen Sie diese fristgerecht auf. Zahlungen sind auch bereits vor Erlass des Stundungs-/Ratenzahlungsbescheids möglich.

2. Darlegungsformblatt und Nachweise

Die Auskunftspflicht (Mitwirkungspflicht) des Antragstellers/der Antragstellerin ergibt sich aus § 90 Abgabenordnung (AO).

Handschriftliche Eintragungen im Formblatt sind leserlich und in Druckschrift vorzunehmen.

Das Formblatt kann auch digital ausgefüllt werden.

Beizulegende Nachweise und Angaben
Die von Ihnen im Darlegungsformblatt gemachten Angaben sind durch entsprechende Nachweise zu belegen. Für jeden Teilabschnitt im Darlegungsformblatt sind bestimmte Nachweise beizulegen.
Sobald Sie den entsprechenden Abschnitt ausfüllen, sind die in GROSSBUCHSTABEN aufgeführten Nachweise dem Antrag in Kopie beizufügen.

Sollte der Platz im Dokument für Ihre Angaben nicht ausreichen, legen Sie bitte ein separates Beiblatt dem Formblatt bei, auf dem Sie die weiteren Angaben vornehmen.

Die Stadtkasse München behält sich vor, trotz Vorlage der im Darlegungsformblatt aufgeführten Nachweise, weitere Unterlagen

Geplant.
Gerechnet.
Gestaltet.

Landeshauptstadt München, Stadtkämmerei, Postfach 20 19 51, 80019 München
Fax. 089 233 21288, stadtkasse.ska@muenchen.de 1

anzufordern, wenn dies im Einzelfall zur sachgerechten Ermessensausübung als erforderlich erachtet wird.

Bei einer kürzeren Stundungsdauer (maximal sechs Monate) kann auf die Vorlage von ausführlichen Unterlagen verzichtet werden. Dies ist vom individuellen Einzelfall abhängig.

Falls Sie die geforderten Nachweise per E-Mail an die Stadtkasse übermitteln, achten Sie bitte darauf, dass Sie diese als PDF-Datei Ihrem Antrag beifügen.

3. Nichteinhaltung der Ratenzahlung

Bei wiederholter Nichteinhaltung einer Ratenzahlung ohne zureichenden Grund, werden weitere Anträge auf ratenweise Begleichung von Rückständen abgelehnt und das Zwangsvollstreckungsverfahren uneingeschränkt eingeleitet bzw. fortgesetzt.

Gleiches gilt bei der Nichteinhaltung des vereinbarten Stundungstermins zur Begleichung der bestehenden Forderungen.

Geplant.
Gerechnet.
Gestaltet.

Landeshauptstadt München, Stadtkämmerei, Postfach 20 19 51, 80019 München
Fax. 089 233 21288, stadtkasse.ska@muenchen.de 2

Quelle: Internet https://stadt.muenchen.de/service/info/stadtkasse/10339074/, zuletzt aufgerufen am 11.06.2025; Hauptseite, von da aus können die einzelnen Dokumente abgerufen werden

Absender*in:

Landeshauptstadt München
Stadtkämmerei

Name: ______________________

Vorname: ______________________

An die

Landeshauptstadt München
Stadtkasse
Postfach 20 19 51
80019 München

oder per E-Mail an:

kf.stadtkasse.ska@muenchen.de

Kassenkonto-Nr.: 5.
GP-Nummer:
Bei Zahlungen und Zuschriften bitte immer angeben

Diese Angabe entnehmen Sie bitte der Mahnung bzw. dem Bescheid. Bitte geben Sie diese beiden Nummern bei Zahlungen und sämtlichen Zuschriften immer mit an.

Darlegung der Einkommens- und Vermögensverhältnisse
zum Antrag vom

Angaben zur Person:

Antragsteller*in Name, Vorname		Geburtsdatum
Anschrift (Straße, Ort)	Telefon tagsüber	Beruf
Familienstand		Arbeitgeber
Anschrift des Arbeitgebers		Krankenkasse

Ehegatte*in bzw. Lebenspartner*in Name, Vorname	Geburtsdatum
Beruf	Arbeitgeber
Anschrift des Arbeitgebers	Krankenkasse (Ehegatte*in, Lebenspartner*in)

Weitere unterhaltsberechtigte Personen (z. B. Kinder)			
Name, Vorname	Geburtsdatum	Beruf	Einkommen/ Kindergeld
1.			
2.			
3.			
4.			

Leben diese unterhaltsberechtigten Personen in Ihrem Haushalt?

□ Ja, Nr. ____________ □ Nein

Wenn nein: Grund der Unterhaltspflicht ______________________________

Höhe des Unterhalts: ______________ EUR

Nachweis: AKTUELLEN BESCHEID ÜBER DIE UNTERHALTSPFLICHT

Einkommens- u. Vermögensverhältnisse, S. 1; Quelle: Stadt München

Einkommen:

Wichtiger Hinweis:
Die Angaben zum Einkommen und zu den Belastungen sind zu belegen. Bitte fügen Sie die jeweils für die entsprechenden Abschnitte geforderten Nachweise (in GROSSBUCHSTABEN hinterlegt) bei.

Einkünfte aus Gewerbebetrieb; Selbständiger oder freiberuflicher Tätigkeit

	Antragsteller*in	**Ehegatte*in, Lebenspartner*in**
Art des Gewerbes:	______________	______________
Gegenwärtige Einkünfte monatlich:	______________	______________
	KJ ________ ________ EUR	KJ ________ ________ EUR
Einkünfte in den letzten 3 Jarhen	KJ ________ ________ EUR	KJ ________ ________ EUR
	KJ ________ ________ EUR	KJ ________ ________ EUR

Nachweise: LETZTER EINKOMMENSSTEUERBESCHEID UND NACHWEIS ÜBER AUFTRAGSLAGE

Einkünfte aus unselbstständiger Arbeit bzw. Renten

Antragsteller*in Netto	**Ehegatte*in, Lebenspartner*in** Netto
Personal-/ Renten-Nr.	Personal-/ Renten-Nr.
Art der Rente / Rententräger	Art der Rente / Rententräger
Die Zahlung erfolgt ☐ monatlich ☐ wöchentlich	Die Zahlung erfolgt ☐ monatlich ☐ wöchentlich

Nachweise: LOHN-/ GEHALTSNACHWEISE DER LETZTEN DREI MONATE BZW. AKTUELLER RENTENBESCHEID

Einkünfte aus Vermietung und Verpachtung

☐ Nein ☐ Ja	**Antragsteller*in**	**Ehegatte*in, Lebenspartner*in**
Objekt: ______ Mieter*in / Pächter*in: ______ Anschrift: ______	Miete / Pacht monatlich: ________ EUR	Miete / Pacht monatlich: ________ EUR
Objekt: ______ Mieter*in / Pächter*in: ______ Anschrift:	Miete / Pacht monatlich: ________ EUR	Miete / Pacht monatlich: ________ EUR

Nachweise: LETZTER EINKOMMENSSTEUERBESCHEID UND KOPIE DES MEIT-/ BZW: PACHTVERTRAGS UND ANGABEN ÜBER BRUTTOMIETE BZW. BRUTTOPACHT UND WERBUNGSKSTENO auf einem separaten Blatt

Bezug von Wohngeld
☐ Nein ☐ Ja Höhe des Wohngeldes monatlich ________ EUR; Bewilligungsstelle, Az. ________
Nachweis: AKTUELLER WOHNGELDBESCHEID

Bezug von Leistungen nach dem Arbeitsförderungsgesetz bzw. SGB II

Antragssteller*in ☐ Nein ☐ Ja	Ehegatte*in, Lebenspartner*in ☐ Nein ☐ Ja
erwerbslos seit ________	erwerbslos seit ________
Höhe der Leistung monatl. / wöchentl. ________ EUR	Höhe der Leistung monatl. / wöchentl. ________ EUR

Nachweis: AKTUELLER SOZIALLEISTUNGSBESCHEID

Bezug von Leistungen nach SGB XII

Antragssteller*in ☐ Nein ☐ Ja	Ehegatte*in, Lebenpartner*in ☐ Nein ☐ Ja
Höhe der Leistung monatl. / wöchentl. ________ EUR	Höhe der Leistung monatl. / wöchentl. ________ EUR

Nachweis: AKTUELLER SOZIALLEISTUNGSBESCHEID

Falls Sie Ihren Lebensunterhalt nicht aus den o. g. Einkommen bzw. Leistungen bestreiten, geben Sie hier bitte an, womit Sie Ihren Lebensunterhalt finanzieren (ggf. Erläuterungen auf einem Blatt):

Einkommens- u. Vermögensverhältnisse, S. 2; Quelle: Stadt München

Vermögen:

A) Bank- und Postgirokonten

IBAN	bei Kreditinstitut	Kontostand
		_____ EUR
		_____ EUR
		_____ EUR

Nachweise: KONTOAUSZÜGE DER LETZTEN DREI MONATE

B) Sparverträge, Bausparverträge, Lebensversicherungen Wertpapiere o.ä.

Sind die oben genannte Verträge vorhanden? ☐ Nein ☐ Ja Art: ________

Institut, Vertrags-Nr.	Wert
	_____ EUR
	_____ EUR
	_____ EUR

Nachweis : AKTUELLE DEPOTAUSWERTUNG
KONTOAUSZUG IHRES BAUSPARVERTRAGS ODER IHRER LEBENSVERSICHERUNG

C) Besitz von Grundvermögen

Ist Grundvermögen vorhanden? ☐ Nein ☐ Ja

Straße, Hausnummer, Flurnummer, Wohnungsnummer, Postleitzahl, Ort

erworben am	Verkehrswert / Kaufpreis	Belastungen (Grundschulden/Hypotheken)	Valutierung der Grundschulden / Hypotheken
_____	_____ EUR	_____	_____ EUR
_____	_____ EUR	_____	_____ EUR

(Ggf. gesondertes Blatt verwenden)

Belastungen:

	monatlich		monatlich
Miete / Hausgeld	_____ EUR	Krankenversicherung	_____ EUR
Grundsteuer/ Grundstücksgebühren	_____ EUR	Unfall-/ Haftpflichtversicherung	_____ EUR
Gas / Wasser / Strom	_____ EUR	Lebensversicherung	_____ EUR
Telefon	_____ EUR	Hausrat-/ Rechtsschutzversicherung	_____ EUR
Rundfunk / Fernsehen	_____ EUR	Unterhaltszahlungen	_____ EUR
Fahrtkosten	_____ EUR	Lebenshaltungskosten	_____ EUR
Laufende Autokosten	_____ EUR	Sparbeträge	_____ EUR
Sonstige monatliche bzw. Laufende Ausgaben für _____	_____ EUR	Sonstige monatliche bzw. laufende Ausgaben für _____	_____ EUR

Monatliche Kredittilgungen / bereits bestehende Stundungen bzw. Ratenzahlungen

Kreditgeber / gewährende Steller der Stundung bzw. Ratenzahlung	Monatliche Rate bzw. Stundungsende	Derzeitige Kredithöhe
1. bei _____	_____	_____ EUR
2. bei _____	_____	_____ EUR
Ursprüngliche Kredithöhe: Nr. __ _____ EUR	Derzeitige Kredithöhe:	Nr. __ _____ EUR
Nr. __ _____ EUR		Nr. __ _____ EUR

Nachweise: KREDITVEREINBARUNG UND
BESTÄTIGUNG DER RESTSCHULDHÖHE

Einkommens- u. Vermögensverhältnisse, S. 3; Quelle: Stadt München

Sonstiges:

Pfändung / Abtretung des Einkommens
Ist Ihr Einkommen (Lohn, Gehalt, Rente, sonstige Bezüge) vollkommen oder teilweise ...

- ...gepfändet ☐ Ja, in Höhe von ________ EUR von ________________________ seit ____________
- ...verpfändet ☐ Ja, in Höhe von ________ EUR von ________________________ seit ____________
- ...abgetreten ☐ Ja, in Höhe von ________ EUR von ________________________ seit ____________
  ☐ Nein, es liegt weder eine Pfändung noch eine Abtretung vor.

Vermögensauskunft

Wurde die Vermögensauskunft abgeleistet / abgegeben? ☐ Nein ☐ Ja, am____________

Aktenzeichen des Gerichts: ________________

Kraftfahrzeug

Besitzen Sie ein Kraftfahrzeug? ☐ Nein ☐ Ja

Fabrikat: ______________ Typ: ________________ Baujahr: ____________

Sicherheitsleistung:

Kann zur Sicherung der Forderung(en) eine Sicherheitsleitung (Bankbürgschaft, Grundschuld, Lohn- oder Gehaltsabtretung) erbracht werden?	☐ Nein ☐ Ja Falls ja, welche? ________________

Daten zur Stundung / Ratenzahlung:

Die Stundung wird bis zum ____________________________ (tt.mm.jjjj) beantragt.

Monatliche Rate in Höhe von ____________________________ EUR

Beginn der Ratenzahlung zum. ____________________________ (tt.mm.jjjj)

Nachweis: NACHWEIS ÜBER DIE EINRICHTUNG EINES DAUERAUFTRAGS

☐ Ich versichere, dass ich die vorstehenden Angaben wahrheitsgemäß nach bestem Wissen und Gewissen gemacht habe. Die Informationen zu den Datenschutzhinweisen gem. Art. 13 Datenschutz-Grundverordnung (DSGVO) habe ich Kenntnis genommen und erkläre mich hiermit einverstanden.

Hinweis:

Im Rahmen der Bearbeitung von Billigkeitsanträgen bei Grund- und Gewerbesteuerforderungen kann ggf. ein Kontenabruf nach § 93 Abs. 7 Abgabenordnung durchgeführt werden.

Ort, Datum Unterschrift

Einkommens- u. Vermögensverhältnisse, S. 4; Quelle: Stadt München

Landeshauptstadt
München
Stadtkämmerei

Stundung/Ratenzahlung (Billigkeitsmaßnahmen)

Checkliste für Antragstellung

für juristische Personen, Unternehmen oder vergleichbare Organisationen

1. Antrag

Stundungsdauer
Bitte geben Sie in Ihrem Antrag an, für welche zeitliche Geltungsdauer Sie die Stundung begehren. Bei monatlichen Ratenzahlungen (Regelfall) ist auch der monatliche Zahlungstag zu benennen. Die Stundungsdauer darf in der Regel einen Zeitraum von 12 Monaten nicht übersteigen.

Ratenhöhe bei monatlicher Zahlungsweise
In Ihrem Antrag auf Stundung/Ratenzahlung können Sie einen Tilgungsvorschlag unterbreiten. Hierbei ist zu beachten, dass Ihr Vorschlag grundsätzlich eine Tilgung der Forderungen innerhalb von 12 Monaten ermöglichen muss. Wir weisen ausdrücklich darauf hin, dass hierdurch kein Anspruch auf Gewährung Ihrer vorgeschlagenen Ratenhöhe besteht. Die finale Festlegung der zumutbaren Ratenhöhe erfolgt ausschließlich durch die Stadtkasse München aufgrund der Prüfung der Betriebswirtschaftlichen Auswertung und den individuellen betrieblichen Verhältnissen.

Beginn der Ratenzahlung bei monatlicher Zahlungsweise
Bitte geben Sie in Ihrem Antrag an, zu welchem Zeitpunkt Sie mit Ihrer monatlichen Zahlung beginnen möchten und nehmen Sie diese fristgerecht auf. Zahlungen sind auch bereits vor Erlass des Stundungs-/Ratenzahlungsbescheids möglich.

2. Nachweise

Die Auskunftspflicht (Mitwirkungspflicht) des Antragstellers/der Antragstellerin ergibt sich aus § 90 Abgabenordnung (AO).

Bitte achten Sie bei der Übermittlung der Betriebswirtschaftlichen Auswertung, dass dieser Nachweis einen Betrachtungszeitraum von mindestens sechs Monaten widerspiegelt.

Die Stadtkasse München behält sich vor, trotz Vorlage der Betriebswirtschaftlichen Auswertung, weitere Unterlagen anzufordern, wenn dies im Einzelfall zur sachgerechten Ermessensausübung als erforderlich erachtet wird.

Bei einer kürzeren Stundungsdauer (maximal sechs Monate) kann auf die Vorlage von ausführlichen Unterlagen verzichtet werden. Dies ist vom individuellen Einzelfall abhängig.

Falls Sie die geforderte Betriebswirtschaftliche Auswertung bzw. weitere Nachweise per E-Mail an die Stadtkasse übermitteln, achten Sie bitte darauf, dass Sie diese als PDF-Datei Ihrem Antrag beifügen.

Geplant. Gerechnet. Gestaltet.

Landeshauptstadt München, Stadtkämmerei, Postfach 20 19 51, 80019 München
Fax. 089 233 21288, stadtkasse.ska@muenchen.de 1

Checkliste für Antragstellung – jur. Personen, S. 1; Quelle: Stadt München

3. Nichteinhaltung der Ratenzahlung

Bei wiederholter Nichteinhaltung einer Ratenzahlung ohne zureichenden Grund, werden weitere Anträge auf ratenweise Begleichung von Rückständen abgelehnt und das Zwangsvollstreckungsverfahren uneingeschränkt eingeleitet bzw. fortgesetzt.

Gleiches gilt bei der Nichteinhaltung des vereinbarten Stundungstermins zur Begleichung der bestehenden Forderungen.

Geplant. Gerechnet. Gestaltet.

Landeshauptstadt München, Stadtkämmerei, Postfach 20 19 51, 80019 München
Fax. 089 233 21288, stadtkasse.ska@muenchen.de

2

Checkliste für Antragstellung – jur. Personen, S. 2; Quelle: Stadt München

Landeshauptstadt München
Stadtkämmerei

Stadtkasse
Postfach 20 19 51
80019 München

Von der Bank auszufüllen

Bestätigung der Bank über Kreditmöglichkeiten

Zahlungspflichtige/r: ____________________

____

Konto Nr. bei der Bank ____________________

Kassenkonto-Nr. 5. GP-Nr.:

Der/ die oben genannte Zahlungspflichtige hat bei der Landeshauptstadt München wegen einer Verbindlichkeit i.H.v. **EUR** um Stundung nachgesucht.
Es wird daher ersucht, wegen eines Kreditbetrages in genannter Höhe nachstehende Fragen zu beantworten:

Seit wann besteht die Geschäftsbeziehung? seit: ____________

Gegenwärtiger Kreditrahmen	betrieblich EUR	privat EUR
Wie hoch ist der gegenwärtige Kreditrahmen ?		
Der Kreditrahmen ist derzeit beansprucht in Höhe von		
Der Kreditrahmen kann gegenwärtig ausgedehnt werden auf		

Künftige Ausdehnung des Kreditrahmens

☐ uns sind derzeit keine Umstände bekannt, die die Kreditwürdigkeit in naher Zukunft verändern könnten

☐ uns sind vom Kunden folgende Informationen zugegangen, die die Kreditwürdigkeit beeinflussen:

____

____

☐ laut Kundenangaben wird sich die finanzielle Situation wie folgt ändern:

____

____

☐ **Ein Kredit wird nicht eingeräumt** wegen (Mehrfachnennungen möglich)

- ☐ unzureichender Einkommenslage
- ☐ unzureichender Liquiditätslage
- ☐ unzureichender Ertragslage
- ☐ unzureichender Vermögenslage
- ☐ weil die bisherige Kontoführung keine Krediteinräumung rechtfertigt
- ☐ sonstiger Gründe, und zwar:

____

Die obigen Angaben beziehen sich auf die vorhandene Geschäftsverbindung/ Aktenlage. Eine gesonderte Prüfung betriebswirtschaftlicher Auswertungen wurde vorgenommen/ nicht vorgenommen (Unzutreffendes bitte streichen).

____________________ ____________________
Ort, Datum Unterschrift, Stempel der Bank

Vom Zahlungspflichtigen auszufüllen

Geschäftliche Beziehungen zu weiteren Banken bestehen ☐ ja ☐ nein
(entsprechende Bankbestätigungen sind beigefügt)
Ich ermächtige mein Kreditinstitut, die gewünschte Auskunft an die Stadtkasse zu erteilen.

____________________ ____________________
Ort, Datum Unterschrift des Zahlungspflichtigen

Formular: Bankbestätigung über Kreditmöglichkeiten; Quelle: Stadt München

Landeshauptstadt
München
Stadtkämmerei

Informationen zum Datenschutz

Datenschutzhinweise – Art. 13 Datenschutz-Grundverordnung (DSGVO)

1. **Bezeichnung der Verarbeitungstätigkeit**

   Billigkeitsmaßnahmen

2. **Name und Kontaktdaten der Verantwortlichen**

   Landeshauptstadt München
   Stadtkämmerei
   Stadtkasse – Kommunale Forderungen
   Landsberger Str. 30-36
   80339 München
   E-Mail: kf.stadtkasse.ska@muenchen.de

3. **Zwecke und Rechtsgrundlagen der Datenverarbeitung**

   Die bei Ihnen erhobenen Daten stellen einen Überblick über Ihre wirtschaftlichen und finanziellen Verhältnisse dar und werden als Grundlage für die Entscheidung über Ihren Billigkeitsantrag herangezogen.
   Im Rahmen Ihres Billigkeitsantrags sind Sie verpflichtet, uns diese Daten zur Verfügung zu stellen. Denn die Stadtkasse muss prüfen, ob alle Möglichkeiten ausgeschöpft wurden, die Forderungen zu begleichen (z.B. durch Verkauf von vorhandenem Vermögen oder die Inanspruchnahme von Bankkrediten). Es erfolgt keine elektronische Speicherung dieser Daten.
   Rechtsgrundlage ist Art. 6 Abs. 1 Buchst. b, c und e DSGVO in Verbindung mit den Vorschriften des Kommunalabgabengesetzes, der Abgabenordnung, des Bayerischen Verwaltungszustellungs- und Vollstreckungsgesetzes und weiteren Gesetzen.

4. **Empfänger oder Kategorien von Empfängern der personenbezogenen Daten**

   Ihre personenbezogenen Daten werden weitergegeben an:

   Eigenbetrieb der LH München it@M (IT-Dienstleister) zur regelmäßigen Erhebung, Verarbeitung oder Nutzung der Daten im Auftrag.

5. **Dauer der Speicherung der personenbezogenen Daten**

   Die Daten werden zur Erfüllung gesetzlicher Aufbewahrungspflichten gemäß § 147 Abgabenordnung (AO) bzw. Kommunaler Haushaltsverordnung gespeichert. Die dort vorgegebenen Fristen betragen größtenteils mindestens zehn Jahre.

   Die personenbezogenen Daten werden darüber hinaus, soweit dies erforderlich ist, auch aufgrund der gesetzlichen Verjährungsvorschriften gemäß des Bayerischen Verwaltungsverfahrensgesetzes sowie des Bürgerlichen Gesetzbuches bis zu 30 Jahre gespeichert, wobei die regelmäßige Verjährungsfrist drei Jahre beträgt.

1

Informationen zum Datenschutz, S. 1; Quelle: Stadt München

6. **Betroffenenrechte**

Nach der Datenschutz-Grundverordnung (Art. 15 bis 18, 21 DSGVO) haben Sie das Recht auf Auskunft, Berichtigung, Löschung, Einschränkung der Verarbeitung und auf Widerspruch.

Eine Einschränkung dieser Rechte ergibt sich aus der Datenschutz-Grundverordnung selbst sowie aus weiteren Bundes- und Landesgesetzen (zum Beispiel Abgabenordnung, Bayerisches Datenschutzgesetz).

Des Weiteren steht Ihnen das Recht auf Beschwerde bei der zuständigen Aufsichtsbehörde zu (Art. 77 DSGVO).

Eine ausführliche Zusammenstellung der wichtigsten Informationen und Ihnen zustehenden Rechte erhalten Sie aus unserem Informationsblatt „Allgemeine Informationen zur Umsetzung der datenschutzrechtlichen Vorgaben der Artikel 12 bis 14 der EU-Datenschutz-Grundverordnung in der Stadtkämmerei der Landeshauptstadt München", das Sie online abrufen können:
https://stadt.muenchen.de/infos/datenschutz-ska.html

Sofern Sie Online-Inhalte nicht einsehen können, sind wir gerne bereit, Ihnen diese Zusammenstellung in für Sie geeigneter Form zur Verfügung zu stellen. Sofern Sie dies wünschen, nehmen Sie bitte Kontakt zu uns auf. Das Informationsblatt liegt auch an unserer Infothek in Landsberger Str. 30-36 aus.

7. **Kontaktdaten des behördlichen Datenschutzes**

Den behördlichen Datenschutz der Landeshauptstadt München erreichen Sie per Mail unter datenschutz@muenchen.de oder postalisch unter Marienplatz 8, 80331 München.

Informationen zum Datenschutz, S. 2; Quelle: Stadt München

Landeshauptstadt
München
Stadtkämmerei

Einverständniserklärung zur unverschlüsselten elektronischen Kommunikation mit der Stadtkämmerei der Landeshauptstadt München nach § 87a Abs. 1 Abgabenordnung (AO)

Grundsätzlich dürfen personenbezogene Daten zahlungspflichtiger Personen bzw. Gesellschaften, die dem besonderen Datenschutz (insbesondere dem Steuergeheimnis) unterliegen, nur auf dem verschlüsselten elektronischen Weg oder auf dem Postweg übermittelt werden.

Sollte diese Einverständniserklärung für die elektronische, unverschlüsselte Übermittlung erteilt werden, kann der durch Sie autorisierte Informationsaustausch auch als unverschlüsselte E-Mail erfolgen. Die Bekanntgabe von Bescheiden erfolgt weiterhin auf dem Postweg und ist hiervon nicht umfasst. Die Zustimmung ist für jede Person gesondert zu erteilen. Sollte es sich um eine Angelegenheit handeln, von welcher mehrere Personen gleichzeitig betroffen sind (z.B. Gesamtschuldner*innen) und nicht alle Personen der unverschlüsselten elektronischen Kommunikation zustimmen, so antwortet Ihnen die Stadtkämmerei per Post.

Diese Erklärung gilt ausschließlich für den Informationsaustausch mit der Stadtkämmerei.

Die Landeshauptstadt München, Stadtkämmerei, weist ausdrücklich darauf hin, dass ggf. auch unberechtigte Dritte von dieser Korrespondenz Kenntnis erlangen bzw. den elektronischen Informationsaustausch manipulieren könnten.

Es liegt in Ihrem Ermessen, ob Sie einer unverschlüsselten Kommunikation mit der Landeshauptstadt München, Stadtkämmerei, zustimmen.

Bitte beachten Sie die Hinweise auf Seite 3 dieser Erklärung.
Füllen Sie alle Felder leserlich aus und kreuzen Sie Zutreffendes an.

Name, Vorname bzw. Firma:	
Straße und Hausnummer:	
Postleitzahl und Ort:	
GP-Nummer:**	
Kassenkonto-Nr.:**	5.

**Diese Einwilligung gilt für sämtliche Forderungen, für welche der Informationsaustausch rechtlich zulässig ist (Auflistung, siehe Seite 3) des*der Einverständniserklärenden bei der Landeshauptstadt München und kann nicht auf einzelne Kassenkonto-Nrn. beschränkt werden. Die Angabe der oben genannten GP-Nummer und Kassenkonto-Nr. dient lediglich der Identifizierung des*der Erklärenden.

Einverständniserklärung zur unverschlüsselten elektron. Kommunikation, S. 1; Quelle: Stadt München

Bei Körperschaften, Personenvereinigungen, Vermögensmassen oder nicht geschäftsfähigen bzw. beschränkt geschäftsfähigen Personen erfolgt die gesetzliche Vertretung oder die Vertretung aufgrund Vollmacht durch:

Name, Vorname:	
Straße und Hausnummer:	
Postleitzahl und Ort:	
Funktion/Zustelleigenschaft:	

Die gesetzliche Vertretung ist, soweit diese noch nicht der Landeshauptstadt München, Stadtkämmerei, bekannt ist, entsprechend nachzuweisen. Im Fall einer Betreuung ist neben diesem Nachweis auch ein Nachweis über die Reichweite der Betreuung vorzulegen.

Hiermit erkläre ich mein ausdrückliches Einverständnis zur unverschlüsselten elektronischen Kommunikation mit der Stadtkämmerei der Landeshauptstadt München. Dies umfasst den Informationsaustausch mit mir selbst bzw. der gesetzlichen Vertretung oder einer bevollmächtigten Person/Gesellschaft.

Die Erklärung gilt nur für den*die genannte*n Pflichtige*n bzw. Schuldner*in und ist für jede*n Pflichtige*n bzw. Schuldner*in jeweils gesondert zu erteilen.

Ich bitte, den künftigen Informationsaustausch per unverschlüsselter E-Mail über folgende E-Mail-Adresse durchzuführen:

E-Mail-Adresse:	

Diese Einverständniserklärung umfasst folgendem Informationsaustausch:

- ☐ die gesamte nach § 87a Abs. 1 AO elektronisch zulässige Kommunikation mit der Stadtkämmerei (Auflistung, siehe Seite 3)
- ☐ Sonstiges: ____________________

Diese Erklärung wird freiwillig erteilt und ist jederzeit widerruflich.

Als Einverständniserklärende*r ist mir bewusst, dass die Landeshauptstadt München, Stadtkämmerei, unverschlüsselt mit mir kommuniziert. Mir sind die Risiken bewusst, die dadurch entstehen und ich erkläre mich damit ausdrücklich einverstanden. Die Hinweise der Landeshauptstadt München, Stadtkämmerei, welche auf Seite 3 dieser Einverständniserklärung abgedruckt sind, habe ich zur Kenntnis genommen.

____________________ Ort, Datum

____________________ Unterschrift (und leserliche Namenswiedergabe)

Einverständniserklärung zur unverschlüsselten elektron. Kommunikation, S. 2; Quelle: Stadt München

Wichtige Hinweise:

Die Mitarbeitenden der Landeshauptstadt München, Stadtkämmerei, kommunizieren auf dem unverschlüsselten elektronischen Weg, sofern die betroffene Person bzw. Gesellschaft hierzu ausdrücklich das Einverständnis erklärt hat. Bei Hausverwaltungen ist ggf. für jede verwaltete Wohnungseigentümergemeinschaft eine gesonderte Einverständniserklärung zu erbringen.

Auf einen möglichen Missbrauch der Daten wurde bereits ausdrücklich hingewiesen. Schadensersatzansprüche hinsichtlich eventueller Manipulationen können gegen die Landeshauptstadt München nicht geltend gemacht werden.

Sollte sich die, der Kommunikation zugrunde liegende E-Mail-Adresse ändern, so ist eine erneute Einverständniserklärung zu erteilen.

Diese Erklärung ist per Post an die Landeshauptstadt München, Stadtkämmerei, zu übermitteln. Die Unterschrift muss in jedem Fall sichtbar sein.

Diese Einwilligung gilt für sämtliche Forderungen des*der Einverständniserklärenden bei der Landeshauptstadt München und kann nicht auf einzelne Kassenkonto-Nrn. beschränkt werden. Diese Einwilligung begründet keinen Rechtsanspruch auf die unverschlüsselte Kommunikation per E-Mail. Die Stadtkämmerei behält sich die Kommunikation auf dem Postweg weiterhin vor, sofern rechtliche, technische oder sonstige Hinderungsgründe bestehen. Sollten derartige Hinderungsgründe bestehen, müssen diese seitens der Stadtkämmerei nicht erläutert werden.

Die Einwilligung kann jederzeit schriftlich, per E-Mail oder durch persönliche Erklärung bei der Stadtkämmerei widerrufen werden. Der Widerruf wird zum Zeitpunkt des Zugangs bei der Stadtkämmerei wirksam.

Die Einwilligung in den unverschlüsselten Informationsaustausch ist auf Grundlage von § 87a Abs. 1 AO bei folgenden Forderungsarten rechtlich zulässig:

- Gewerbe- und Grundsteuer
- Forderungen nach dem Bayerischen Kommunalabgabengesetz (z.B. Erschließungsbeiträge, Benutzungsgebühren, Hunde- und Zweitwohnungsteuer)
- Forderungen nach dem Bayerischen Abfallwirtschaftsgesetz zur Erhebung von Beiträgen und Gebühren der kommunalen Abfallentsorgung
- Forderungen nach dem Bayerischen Kostengesetz für Amtshandlungen der Kommunen sowie nach weiteren landes- und bundesrechtlichen Kostenvorschriften

Insbesondere bei folgenden Forderungsarten ist die Übermittlung rechtlich nicht zulässig:

- Forderungen nach dem Ordnungswidrigkeitengesetz
- Zwangsgeldforderungen
- Privatrechtliche Forderungen der Landeshauptstadt München

Einverständniserklärung zur unverschlüsselten elektron. Kommunikation, S. 3; Quelle: Stadt München

3. Anhang: Digitalisierung öffentlich-rechtlicher IT-Systeme

3.1 Herausforderungen und Chancen

Die Digitalisierung von IT-Systemen im öffentlich-rechtlichen Sektor ist ein zentraler Bestandteil der modernen Verwaltungsmodernisierung. Sie bietet zahlreiche Chancen, bringt jedoch auch Herausforderungen mit sich. Die fortschreitende Digitalisierung beeinflusst nicht nur interne Prozesse, sondern auch die Art und Weise, wie Bürger, Unternehmen und Verwaltung mit der Verwaltung interagieren.

3.2 Herausforderungen

1. Komplexität der bestehenden IT-Landschaft

Viele öffentlich-rechtliche IT-Systeme basieren auf veralteten Strukturen, die oft nicht kompatibel mit modernen digitalen Lösungen sind. Die Migration solcher Systeme erfordert erhebliche Investitionen und eine durchdachte Strategie, um technische und organisatorische Herausforderungen zu bewältigen.

2. Datenschutz und IT-Sicherheit

Die Einhaltung der Datenschutzgrundverordnung (DSGVO) und anderer gesetzlicher Vorgaben ist eine wesentliche Herausforderung. Die Speicherung, Verarbeitung und Sicherung sensibler Bürgerdaten muss höchsten Sicherheitsstandards entsprechen, um Datenmissbrauch und Cyberangriffe zu verhindern.

3. Fachkräftemangel und Know-how

Der öffentliche Dienst leidet unter einem zunehmenden Fachkräftemangel, insbesondere im IT-Bereich. Die Gewinnung und Bindung qualifizierter IT-Fachkräfte stellt eine große Herausforderung dar, da die Konkurrenz durch die Privatwirtschaft groß ist.

4. Interoperabilität und Standardisierung

Die Vielzahl an IT-Systemen und Verwaltungsprozessen auf Bundes-, Landes- und Kommunalebene erschwert eine einheitliche Digitalisierung. Eine Standardisierung von Schnittstellen und Datenformaten ist erforderlich, um reibungslose Abläufe zwischen verschiedenen Systemen zu gewährleisten.

5. Akzeptanz und organisatorischer Wandel

Die Einführung neuer digitaler Prozesse erfordert eine kulturelle Transformation innerhalb der Verwaltung. Mitarbeiter müssen geschult und für den digitalen Wandel sensibilisiert werden, um Widerstände abzubauen und die Effizienz der neuen Systeme zu maximieren.

3.3 Chancen

1. Effizienzsteigerung und Kostenersparnis

Durch die Automatisierung von Verwaltungsprozessen können Ressourcen effizienter genutzt und Kosten gesenkt werden. Digitale Workflows reduzieren manuelle Arbeitsschritte und beschleunigen Bearbeitungszeiten.

2. Bessere Bürgerservices

Digitale Verwaltungsdienste ermöglichen eine schnellere und bequemere Interaktion mit Behörden. Onlinedienste wie digitale Antragsstellungen und elektronische Akten erleichtern Bürgern den Zugang zur Verwaltung und erhöhen die Servicequalität.

3. Erhöhte Transparenz und Nachvollziehbarkeit

Digitale Systeme bieten bessere Möglichkeiten zur Dokumentation und Nachverfolgbarkeit von Verwaltungsvorgängen. Dies fördert Vertrauen und Transparenz in behördlichen Entscheidungen und Abläufen.

4. Nachhaltigkeit und Ressourcenschonung

Die Digitalisierung reduziert den Papierverbrauch und den Bedarf an physischen Verwaltungsgebäuden. Dies trägt zur Umweltfreundlichkeit und zur Reduzierung des CO_2-Fußabdrucks bei.

5. Innovationspotenzial durch künstliche Intelligenz und Automatisierung

Moderne Technologien wie KI und Machine Learning können Verwaltungsprozesse weiter optimieren. So können z. B. intelligente Chatbots die Bürgerkommunikation verbessern, während automatisierte Datenanalysen die Verwaltungsentscheidungen unterstützen.

Fazit
Die Digitalisierung öffentlich-rechtlicher IT-Systeme bietet große Chancen, birgt jedoch auch erhebliche Herausforderungen. Eine erfolgreiche Umsetzung erfordert neben einer sehr guten Vorbereitung eine ganzheitliche Strategie, die technische, organisatorische und personelle Aspekte berücksichtigt. Investitionen in IT-Sicherheit, Fachkräfte und Standardisierung sind essenziell, um die Vorteile der Digitalisierung voll auszuschöpfen und eine moderne, effiziente Verwaltung zu etablieren.

4. Anhang: Darstellung der Kennzahlen in Tabellenform

Days Sales Outstanding (DSO) – durchschnittliche Forderungslaufzeit		
Kennzahlen-kategorie	X	Liquiditäts- und Effizienzkennzahlen
		Risiko- und Ausfallkennzahlen
		Prozesskennzahlen
Definition	Der DSO-Wert gibt an, wie lange es im Durchschnitt dauert, bis Kunden eine Forderung bezahlen.	
Berechnung (Formel)	*DSO = (Forderungen aus Lieferungen und Leistungen/Umsatz) × 360*	
Zielwert	branchenabhängig, häufig unter 40 Tagen angestrebt	
Optimierungs-möglichkeiten	– kürzere Zahlungsziele setzen (z. B. von 30 auf 14 Tage) – frühzeitige Mahnungen versenden – Skontoanreize für schnelle Zahlung gewähren	

Tabelle 39: Darstellung der Kennzahlen zur durchschnittlichen Forderungslaufzeit

Forderungsquote (Debitorenquote)		
Kennzahlen-kategorie	X	Liquiditäts- und Effizienzkennzahlen
		Risiko- und Ausfallkennzahlen
		Prozesskennzahlen
Definition	Diese Kennzahl zeigt, wie hoch der Anteil der offenen Forderungen am Gesamtumsatz ist.	
Berechnung (Formel)	*Forderungsquote = (Forderungen aus Lieferungen und Leistungen/Gesamtumsatz) × 100*	
Zielwert	unter 20 %	
Optimierungs-möglichkeiten	– Automatisierung der Rechnungsstellung – Einsatz digitaler Zahlungsmethoden – Einführung von Vorauszahlungen bei Neukunden	

Tabelle 40: Darstellung der Kennzahlen zur Forderungsquote

Mahnquote		
Kennzahlen-kategorie	X	Liquiditäts- und Effizienzkennzahlen
		Risiko- und Ausfallkennzahlen
		Prozesskennzahlen
Definition	gibt an, wie viele Rechnungen gemahnt werden müssen	
Berechnung (Formel)	*Mahnquote = (Anzahl der Mahnungen/gesamte Rechnungen) × 100*	
Zielwert	unter 10 %	
Optimierungs-möglichkeiten	– Bonitätsprüfung vor Vertragsabschluss – Zahlungserinnerungen vor der ersten Mahnung – Einführung von Lastschriftverfahren	

Tabelle 41: Darstellung der Kennzahlen zur Mahnquote

Forderungsausfallquote		
Kennzahlen-kategorie		Liquiditäts- und Effizienzkennzahlen
	X	Risiko- und Ausfallkennzahlen
		Prozesskennzahlen
Definition	misst den Anteil der Forderungen, die endgültig nicht bezahlt werden	
Berechnung (Formel)	*Forderungsausfallquote = (uneinbringliche Forderungen/Gesamtumsatz) × 100*	
Zielwert	möglichst unter 2 %	
Optimierungs-möglichkeiten	– strenge Bonitätsprüfung bei Neukunden – Einsatz von Kreditversicherungen – frühzeitiges Inkassoverfahren	

Tabelle 42: Darstellung der Kennzahlen zur Forderungsausfallquote

Anteil zweifelhafter Forderungen		
Kennzahlen-kategorie		Liquiditäts- und Effizienzkennzahlen
	X	Risiko- und Ausfallkennzahlen
		Prozesskennzahlen
Definition	gibt an, welcher Anteil der offenen Forderungen als unsicher gilt (z. B. laufende Insolvenzverfahren)	
Berechnung (Formel)	*Anteil zweifelhafter Forderungen = (zweifelhafte Forderungen/Gesamtforderungen) × 100*	
Zielwert	unter 5 %	
Optimierungs-möglichkeiten	– stärkere Nutzung von Wirtschaftsauskunfteien – Einbindung von Factoringdienstleistern	

Tabelle 43: Darstellung der Kennzahlen zur Anteil zweifelhafter Forderungen

Automatisierungsquote der Zahlungseingänge		
Kennzahlen-kategorie		Liquiditäts- und Effizienzkennzahlen
		Risiko- und Ausfallkennzahlen
	X	Prozesskennzahlen
Definition	zeigt, wie viele Zahlungen automatisch zugeordnet werden	
Berechnung (Formel)	*Automatisierungsquote = (automatisch zugeordnete Zahlungen/Gesamtanzahl der Zahlungseingänge) × 100*	
Zielwert	über 90 %	
Optimierungs-möglichkeiten	– Einführung von standardisierten Rechnungsnummern – Nutzung von Künstlicher Intelligenz zur Zuordnung	

Tabelle 44: Darstellung der Kennzahlen zur Automatisierungsquote der Zahlungseingänge

Durchschnittliche Bearbeitungszeit einer Forderung		
Kennzahlen-kategorie		Liquiditäts- und Effizienzkennzahlen
		Risiko- und Ausfallkennzahlen
	X	Prozesskennzahlen
Definition	gibt an, wie lange eine Forderung von der Rechnungserstellung bis zum Zahlungseingang benötigt	
Berechnung (Formel)	(für einzelne Forderung): *Datum Forderungserledigung – Datum Forderungsentstehung – (Wochenendtage, Feiertage)*	
	(für alle Forderungen): *Summe Bearbeitungszeiten aller Forderungen/Anzahl der erledigten Forderungen*	
Zielwert	unter 30 Tage	
Optimierungs-möglichkeiten	– Digitalisierung der Rechnungsverarbeitung – automatisierte Mahnprozesse	

Tabelle 45: Darstellung der Kennzahlen zur Durchschnittlichen Bearbeitungszeit einer Forderung

Kosten pro Mahnung/Forderungseinzug		
Kennzahlen-kategorie		Liquiditäts- und Effizienzkennzahlen
		Risiko- und Ausfallkennzahlen
	X	Prozesskennzahlen
Definition	misst die Kosten für das Mahnwesen pro Fall	
Berechnung (Formel)	*Kosten pro Mahnung = Gesamtkosten Mahnwesen/ Anzahl der Mahnungen*	
Zielwert	möglichst niedrig	
Optimierungs-möglichkeiten	– Einführung von Self-Service-Portalen für Kunden – Nutzung von E-Mail-Mahnungen statt postalischer Mahnungen	

Tabelle 46: Darstellung der Kennzahlen zu den Kosten pro Mahnung/ Forderungseinzug

XIII

5. Anhang: Sonderparkerlaubnis für Mitarbeiter der öffentlich-rechtlichen Vollstreckungsbehörde

Mitarbeiter der **öffentlich-rechtlichen Vollstreckungsbehörde** (z. B. kommunale Vollstreckungsbeamte, Gerichtsvollzieher oder Finanzbeamte) benötigen häufig eine **Sonderparkerlaubnis**, um während der Ausübung ihrer dienstlichen Tätigkeiten kurzfristig oder dauerhaft an Orten zu parken, an denen das Parken normalerweise nicht gestattet ist.

5.1 Rechtsgrundlage für die Sonderparkerlaubnis

Die Vergabe von Sonderparkerlaubnissen für Vollstreckungsbeamte erfolgt auf Basis der **Straßenverkehrsordnung (StVO)**, insbesondere:

- **§ 45 StVO** → Regelungen zur Erteilung von Ausnahmen
- **§ 46 Abs. 2 StVO** → Ausnahmegenehmigungen für besondere Fahrzeuge oder Personen
- **§ 1 VwVG (Verwaltungsvollstreckungsgesetze der Länder)** → regelt Vollstreckungsmaßnahmen (länderspezifische Vorschriften zur Vollstreckung)

Da Vollstreckungsbeamte oft in **bewohnerbeschränkten Parkzonen, Halteverbotszonen oder Ladezonen** tätig werden müssen, um Zwangsvollstreckungen, Pfändungen oder andere Maßnahmen durchzuführen, wird ihnen häufig eine **dienstliche Parkerlaubnis** gewährt.

5.2 Wer kann die Sonderparkerlaubnis beantragen?

Die Sonderparkerlaubnis können beantragen:

- Vollstreckungsbeamte von Kommunen, Städten und Gemeinden
- Gerichtsvollzieher, die für Amtsgerichte tätig sind
- Finanzbeamte, die mit der Eintreibung öffentlicher Forderungen betraut sind
- Mitarbeiter des Hauptzollamts für Zwangsvollstreckungen

Voraussetzung: Die Sonderparkerlaubnis wird **nur für dienstlich genutzte Fahrzeuge** oder **Diensteinsätze mit privaten Fahrzeugen** erteilt.

5.3 Welche Parkvorteile bietet die Sonderparkerlaubnis?

- Parken im eingeschränkten Halteverbot (Zeichen 286, 290 StVO)
- Parken in bewirtschafteten Zonen ohne Parkschein
- Parken in Bewohnerparkzonen ohne Bewohnerausweis
- kurzfristiges Parken in Ladezonen während einer Vollstreckungsmaßnahme
- Parken in Fußgängerzonen außerhalb der Lieferzeiten (nur mit Sondergenehmigung)

Nicht erlaubt sind:

- Parken auf Behindertenparkplätzen (ohne gesonderte Berechtigung)
- Blockieren von Rettungswegen oder Feuerwehrzufahrten
- langfristiges Parken in nicht erlaubten Zonen

5.4 Beantragung der Sonderparkerlaubnis

Die Sonderparkerlaubnis wird bei der **örtlichen Straßenverkehrsbehörde** (z. B. Stadtverwaltung, Landratsamt) beantragt.

Für die Beantragung sind in der Regel folgende Unterlagen erforderlich:

- **Dienstbescheinigung oder Bestätigung des Arbeitgebers** (Nachweis der Tätigkeit in der Vollstreckung)
- **Fahrzeugschein** (wenn ein Dienstfahrzeug genutzt wird)
- **Ggf. Kfz-Halterbescheinigung** (bei privater Fahrzeugnutzung)
- **Angaben zu den Einsatzgebieten** (falls die Erlaubnis für bestimmte Bezirke gilt)

Für die Genehmigung fallen zudem **Gebühren** an. Die Kosten variieren je nach Stadt/Gemeinde, in der Regel zwischen **20 und 150 EUR jährlich.** Für kurzfristige Einsätze (z. B. Parkgenehmigung für einen Tag) können **Einzelerlaubnisse erteilt** werden.

XIII

5.5 Gültigkeit und Einschränkungen

- **Gültigkeitsdauer:** in der Regel **ein bis drei Jahre**, dann muss sie neu beantragt werden; bei Änderung des Dienstverhältnisses **sofort zurückzugeben**
- **Sichtbarkeit:** Die Sonderparkerlaubnis muss **deutlich sichtbar** hinter der Windschutzscheibe angebracht werden. Einige Städte nutzen **digitale Genehmigungen**, die mit dem Kennzeichen verknüpft sind.
- **Missbrauch vermeiden:** Die Genehmigung **gilt nur für dienstliche Zwecke**.

  Private Nutzung kann zu **Bußgeldern oder Entzug der Parkerlaubnis** führen.

Fazit
Die Sonderparkerlaubnis erleichtert Vollstreckungsbeamten ihre Arbeit erheblich, da sie Fahrzeuge während dienstlicher Maßnahmen auch in Halteverbotszonen oder Bewohnerparkbereichen abstellen können. Die Erlaubnis muss jedoch **ordnungsgemäß beantragt, sichtbar angebracht und ausschließlich dienstlich genutzt** werden.

6. Anhang: Beispielhafte Gliederung für eine Dienstanweisung Stundung, Niederschlagung und Erlass

Anmerkung: Es sind die jeweils gültigen Vorgaben für die schriftlich fixierte Ordnung zu berücksichtigen!

1.	**Grundsatz**
2.	**Anwendungsbereich**
3.	**Rechtsgrundlagen**
3.1.	Rechtsgrundlagen bei privatrechtlichen Ansprüchen
3.2.	Rechtsgrundlagen bei öffentlich-rechtlichen Ansprüchen
3.2.1.	Sonstige Steuern, Gebühren und Beiträge
3.2.2.	Sonstige öffentlich-rechtliche und privatrechtliche Ansprüche
4.	**Zuständigkeiten**
4.1.	Sachliche Zuständigkeit
4.2.	Ermächtigungs-/Kompetenzgrenzen
5.	**Stundung**
5.1.	Begriff
5.2.	Voraussetzungen
5.3.	Antrag
5.3.1.	Erhebliche Härte
5.3.2.	Gefährdung des Anspruches
5.3.3.	Sicherheitsleistung
5.4.	Versagung bei Böswilligkeit
5.5.	Stundungsfrist
5.5.1.	Allgemeines
5.5.2.	Hinausschieben der Fälligkeit
5.5.3.	Ratenzahlungen
5.5.4.	Überprüfung der wirtschaftlichen Verhältnisse
5.5.5.	Vorzulegende Unterlagen
5.5.6.	Höhe der monatlichen Rate
5.6.	Verzinsung
5.6.1.	Verzinsung privatrechtlicher Ansprüche
5.6.2.	Verzinsung öffentlich-rechtlicher Ansprüche
5.7.	Feststellung der rückständigen Forderung (Einbeziehung Fachdienst Finanzen)
5.8.	Mitteilung der Entscheidung über Stundungsanträge
5.9.	Überwachung des Zahlungseinganges

6.	**Niederschlagung**
6.1.	Begriff
6.2.	Voraussetzungen
6.2.1.	Befristete Niederschlagung
6.2.2.	Unbefristete Niederschlagung
6.3.	Verfahren
7.	**Erlass**
7.1.	Begriff
7.2.	Voraussetzungen
7.2.1.	Antrag
7.2.2.	Besondere Härte
7.3.	Form
7.3.1.	Form bei privatrechtlichen Ansprüchen
7.3.2.	Form bei öffentlich-rechtlichen Ansprüchen
7.3.3.	Formbedürftige Verpflichtungserklärungen
8.	**Bearbeitung (Akten und IT-Systeme)**
8.1.	Eintragungen in Akten
8.2.	Eingaben in IT-Systeme
9.	**Inkrafttreten, Aufhebung von Vorschriften**

7. Anhang: Hessischer Beauftragter für Datenschutz und Informationsfreiheit (Auszug aus Tätigkeitsbericht 2005)

Auszug aus dem 34. Tätigkeitsbericht des Hessischen Beauftragten für Datenschutz und Informationsfreiheit[34]

6. Kommunen

6.1 Forderungsmanagement von Kommunen

Die Einbeziehung von privaten Inkassobüros und Auskunfteien ist bei privatrechtlichen Forderungen von Kommunen rechtlich zulässig. Öffentlich-rechtliche Forderungen sind hingegen von der Kommune selbst zu verfolgen. Die angespannte Haushaltslage der Kommunen verleitet zu immer neuen Experimenten, mit denen Geld in die leeren kommunalen Kassen geholt werden soll. So wird jetzt erwogen und teilweise auch praktiziert, private Inkassobüros mit der Beitreibung kommunaler Forderungen zu beauftragen. Erfolg bei der Realisierung von Forderungen verspricht man sich ferner aus Verträgen mit der SCHUFA, um so deren Adressbestände zum Auffinden säumiger Schuldner nutzen zu können.

6.1.1 Einbeziehung von Inkassobüros und Übertragung von Forderungen

Wenn Forderungen verkauft werden, werden in den meisten Fällen auch personenbezogene Daten der Schuldner gegenüber dem Inkassobüro offenbart. Bei der Beurteilung der Frage, ob dies datenschutzrechtlich zulässig ist, ist zu unterscheiden zwischen privatrechtlichen und öffentlich-rechtlichen Forderungen.

6.1.1.1 Privatrechtliche Forderungen

Auch Gemeinden schließen zahlreiche privatrechtliche Verträge wie z. B. Miet- und Pachtverträge ab. Forderungen aus solchen Verträgen können von der öffentlichen Hand unter den gleichen rechtlichen Bedingungen abgetreten werden, wie dies ein privater Vermieter tun könnte. Die Rechtsverhältnisse unterscheiden sich in diesem Fall nicht. Im rein privatrechtlichen Handlungsrahmen einer Kommune gehen die §§ 398 ff. BGB als spezialgesetzliche Übermittlungsnormen denen des HDSG vor. Etwas anderes gilt lediglich dann, wenn zusätzliche datenschutzrechtliche Bestimmungen zu beachten

[34] Quelle: https://datenschutz.hessen.de/sites/datenschutz.hessen.de/files/2022-08/2005_34_tb.pdf, S. 161–163, zuletzt abgerufen am 4. 6. 2025.

sind, etwa wenn es sich um Miet- oder Pachtforderungen gegenüber eigenen Bediensteten aus der vergünstigten Überlassung von Wohnungen/Grundstücken handelt.

6.1.1.2 Öffentlich-rechtliche Forderungen

Der „Verkauf" von kommunalen öffentlich-rechtlichen Forderungen ist hingegen rechtlich als Übertragung von Hoheitsgewalt zu verstehen. Dadurch gehen Datenzugriffsrechte auf Private über, ohne dass eine förmliche Beleihung erfolgt. Anders als bei einer Beauftragung Dritter verbleiben der Kommune beim Verkauf auch keine Steuerungsmöglichkeiten mehr. Im Übrigen hat der Gesetzgeber die Vollstreckung zugunsten der Gemeinden dahingehend geregelt, dass sie durch eigene Vollziehungsbeamte oder die des Kreises durchgeführt werden (§ 16 HessVwVG). Ein Verkauf öffentlich-rechtlicher Forderungen ist damit datenschutzrechtlich unzulässig.

6.1.2 Vereinbarung mit der SCHUFA

Da säumige Schuldner ihren melderechtlichen Verpflichtungen häufig nicht nachkommen, ist auch beabsichtigt, den Adressdatenbestand der SCHUFA zu nutzen, die häufig genauere Informationen hat als die Meldebehörden. Die Besonderheit eines Vertragsabschlusses mit der SCHUFA besteht darin, dass dieser hinsichtlich der Übermittlung von Daten und ihrer Nutzung auf Gegenseitigkeit beruht. D. h., will eine Kommune den Datenbestand der SCHUFA nutzen, muss sie sich ihrerseits verpflichten, Daten über ihre Schuldner zur Verfügung zu stellen. Diese Daten stehen dann auch anderen Vertragspartnern der SCHUFA zur Verfügung. Bei der Bewertung einer Anfrage zum Abschluss eines Vertrages mit der SCHUFA habe ich ebenfalls eine Unterscheidung zwischen privatrechtlichen und öffentlich-rechtlichen Forderungen vorgenommen. Soweit es um die Adressdatenermittlung im Zusammenhang mit privatrechtlichen Forderungen geht, habe ich dem „normalen" Vertragsverfahren mit der SCHUFA zugestimmt. D. h., die Kommune ist berechtigt, Abfragen nach Adressen über säumige Schuldner vorzunehmen. Der Tatbestand der Anfrage wird dann auch allen anderen Vertragspartnern der SCHUFA bekannt, nicht allerdings, wer angefragt hat. Als Gegenleistung verpflichtet sich die Kommune, alle titulierten Forderungen namentlich mit Vollstreckungsinhalt an die SCHUFA zu melden, und zwar unabhängig davon, ob im Einzelfall eine Anfrage zur Adressermittlung an die SCHUFA erfolgte. Nach erfolgreicher Beitreibung erfolgt seitens der Kommune ein Erledigungsvermerk an die SCHUFA. Bei der Beitreibung öffentlich-rechtlicher Forderungen habe ich einem Vertragsabschluss mit der SCHUFA und damit der Möglichkeit der Nutzung der Adressdaten unter folgenden Bedingungen zugestimmt: Bei der SCHUFA wird nur der Tatbestand der Anfrage zu einem bestimmten Schuldner den anderen Vertragspartnern zur Verfügung gestellt. Nicht gespeichert werden die anfragende Stelle, Daten über das Schuldverhältnis oder Art der Forderung.

XIV. Literaturverzeichnis

34. Tätigkeitsbericht des Hessischen Datenschutzbeauftragten Professor Dr. Michael Ronellenfitsch, vorgelegt zum 31. Dezember 2005 gemäß § 30 des Hessischen Datenschutzgesetzes vom 7. Januar 1999, Stand 2005, https://datenschutz.hessen.de/sites/datenschutz.hessen.de/files/2022-08/2005_34_tb.pdf, S. 161–163, zuletzt abgerufen am 4. Juni 2025.

XIV

Der Hessische Beauftragte für Datenschutz und Informationsfreiheit, Auskunfteien, Häufig gestellte Fragen, Wiesbaden, 2022, https://datenschutz.hessen.de/sites/datenschutz.hessen.de/files/2022-11/faq-auskunfteien_20220728.pdf, zuletzt abgerufen am 12. Juni 2025.

Der Präsident des Hessischen Rechnungshofs, Konsolidierungsbuch für 2025, Erfahrungen zur Haushaltskonsolidierung aus der überörtlichen Prüfung kommunaler Körperschaften, Darmstadt, 2024, https://rechnungshof.hessen.de/sites/rechnungshof.hessen.de/files/2024-11/konsolidierungsbuch_2025.pdf, zuletzt abgerufen am 11. Juni 2025.

Fisher, Roger; Ury, William; Patton, Bruce, Das Harvard-Konzept: Die unschlagbare Methode für beste Verhandlungsergebnisse, 25. überarbeitete Aufl., Frankfurt-New York, Campus-Verlag, 2015.

Keilmann, Ulrich; Moericke, Michael, Bewerten Sie Ihr Portfolio!, in: Der Neue Kämmerer, 27. Januar 2025, F.A.Z. Business Media.

Keilmann, Ulrich; Moericke, Michael, Schlummernde Millionen effizient einfordern, in: Innovative Verwaltung, Ausgabe 3, 2024, S. 34 ff., Springer Gabler.

Rödl & Partner, Status Quo und Perspektiven des kommunalen Forderungsmanagements in Deutschland, Köln, 2009.

Diverse Gesetze und Vorschriften:
https://www.gesetze-im-internet.de/.

XV. Stichwortverzeichnis

XV

XV

Notizen